运动健康100分
YunDongJianKang100Fen

科学拉伸

提高柔韧性的秘诀

李山 陈信芝 著

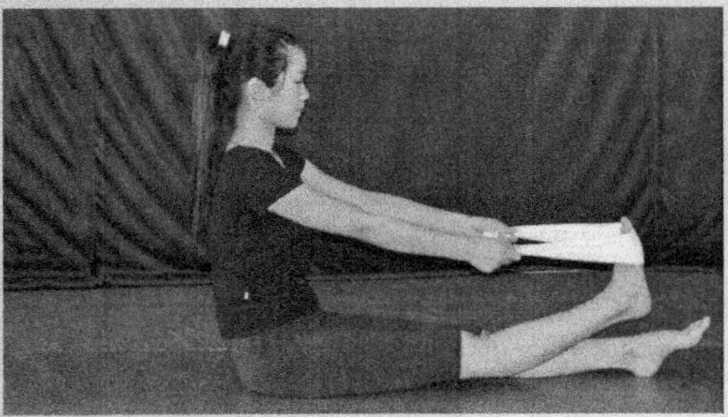

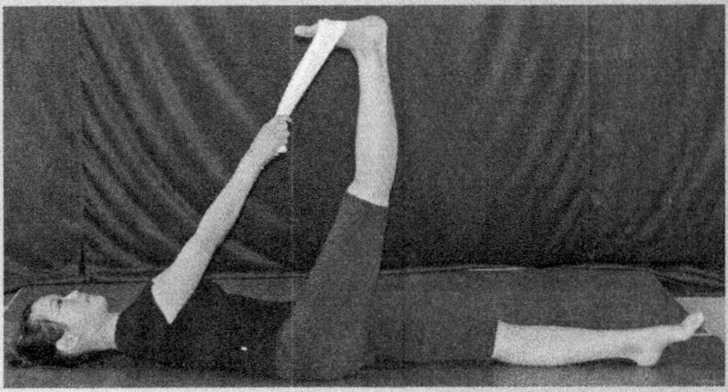

人民体育出版社

图书在版编目（CIP）数据

科学拉伸：提高柔韧性的秘诀 / 李山，陈信芝著. -- 北京：人民体育出版社，2022
（运动健康100分）
ISBN 978-7-5009-5773-7

Ⅰ. ①科… Ⅱ. ①李… ②陈… Ⅲ. ①身体训练 Ⅳ. ①G808.14

中国版本图书馆CIP数据核字(2020)第050679号

*

人 民 体 育 出 版 社 出 版 发 行
北京中献拓方科技发展有限公司印刷
新 华 书 店 经 销

*

787×960 16开本 16.75印张 275千字
2022年11月第1版 2022年11月第1次印刷

*

ISBN 978-7-5009-5773-7
定价：75.00元

社址：北京市东城区体育馆路8号（天坛公园东门）
电话：67151482（发行部） 邮编：100061
传真：67151483 邮购：67118491
网址：www.psphpress.com
（购买本社图书，如遇有缺损页可与邮购部联系）

前言

柔韧性是指肌肉、肌腱、韧带以及跨（过）关节筋膜等组织的长度和伸展性。良好的柔韧性可以提高人体运动幅度、协调性和动作效率，并有助于肌肉放松，减少运动损伤。运动训练和比赛中，若没有良好的柔韧性，运动员将无法加大运动的幅度，动作速度与力量就不能充分发挥出来，从而直接影响动作质量和比赛结果。另外，运动员如果在训练或比赛前后没有充分拉伸，将不能保证肌肉的伸展性和弹性，容易产生肌肉疲劳，也会埋下运动损伤的隐患。经验表明，优秀运动员都习惯在训练或比赛前后安排专门时间进行系统的柔韧或拉伸练习，从而保证训练和比赛质量，促进机体恢复。

近年来，柔韧训练（拉伸或伸展训练）日益受到教练员、运动员、健身者的高度重视，训练的系统性和实用性也得到较大的提高。然而，柔韧性（训练）究竟要达到什么标准，却要因人、因项而定，关节“僵硬”和“过度柔软”都不可取。如果训练中过度发展柔韧性将会减弱关节活动的稳定性，影响身体姿势的本体感觉敏感度，反而会增加运动损伤的概率。另外，柔韧性如何练？不同训练方法和形式间有何区别？从专项角度，哪些方法和手段更加有效？这些问题还需要进一步探索。因此，对于教练员、运动员或健身人士来说，必须了解柔韧素质在不同运动项目中的特点，学会科学、系统地制定柔韧训练计划与目标，建立一整套提高运动成绩、预防运动损伤、促进恢复的柔韧训练体系。

为了满足运动训练、健身人群提高柔韧训练科学性的需要，笔者在参考运动训练理论、运动人体解剖与生理学知识，结合各专项训练理论基础上，编写了这本目的明确、专项突出、实用性强的《科学拉伸：提高柔韧性的秘诀》。全书分为上篇和下篇，共六章。上篇为柔韧训练科学基础，包括柔韧训练基础理论、柔韧训练原则与方法、柔韧训练实施与操作、柔韧性测量与评定。下篇为柔韧训练实践探索，包括柔韧训练常用手段与方法应用、不同运动项目柔韧训练的特点。其中陈信芝撰写上篇，约7万字，李山撰写下篇，约20.5万字。

本书可作为教练员与运动员、体育教师、健身人士柔韧训练指导用书。书中不足之处，望专家、读者批评指正。

目 录

上篇 柔韧训练科学基础

下篇　柔韧训练实践探索

上篇

柔韧训练科学基础

第一章　柔韧训练基础理论

第一节　柔韧训练的相关概念及重要性

一、肌肉解剖学名称

柔韧训练是针对身体各部位肌肉、肌腱和韧带组织进行的功能性牵拉与柔性练习。对人体各部位肌肉和韧带系统的了解是进行有效柔韧训练的基础。明确人体各部位肌肉名称及肌肉（肌腱）起止点有助于提高柔韧训练的目的性和针对性。

（一）人体前部主要肌肉（群）名称

胸锁乳突肌、斜方肌上部、三角肌前束、三角肌中束、胸大肌锁骨部、胸大肌胸肋部、肱二头肌、前锯肌、腹直肌、腹内斜肌、腹外斜肌、肱桡肌、掌长肌、腕屈肌、阔筋膜张肌、耻骨肌、缝匠肌、长收肌、股薄肌、股直肌、股外肌、股中肌、股内肌、腓肠肌、胫骨前肌、腓骨长肌、（腿）趾长伸肌、比目鱼肌等（图1–1）。

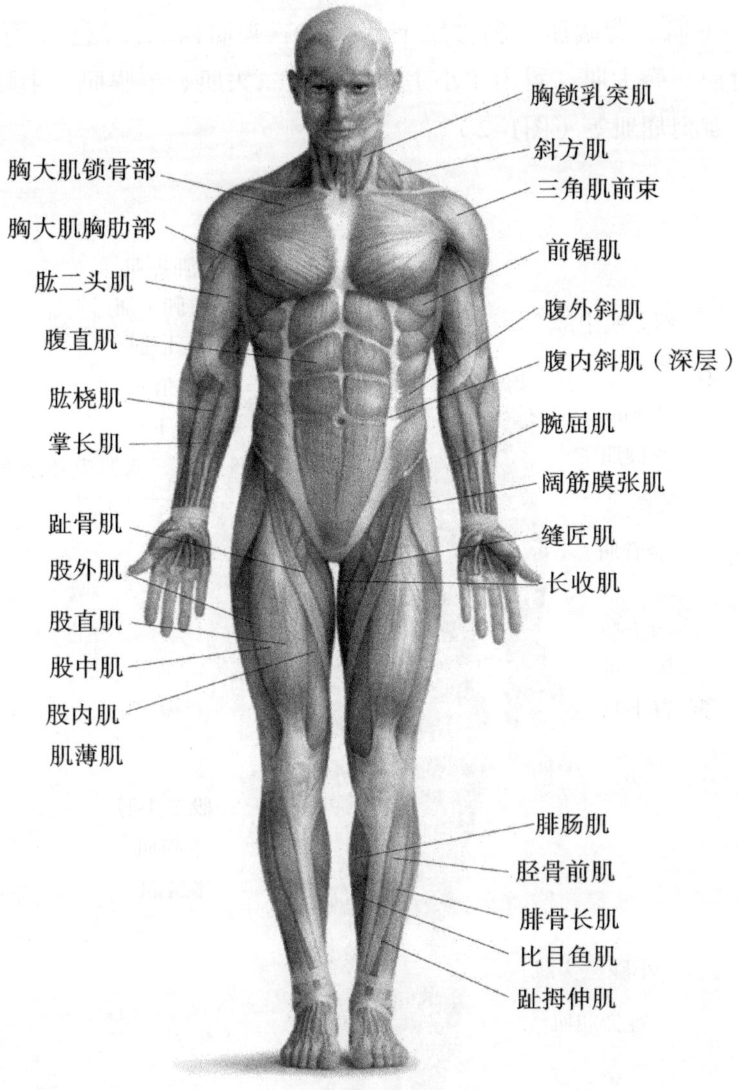
胸锁乳突肌
斜方肌
胸大肌锁骨部
三角肌前束
胸大肌胸肋部
前锯肌
肱二头肌
腹外斜肌
腹直肌
腹内斜肌（深层）
肱桡肌
腕屈肌
掌长肌
阔筋膜张肌
趾骨肌
缝匠肌
股外肌
长收肌
股直肌
股中肌
股内肌
肌薄肌
腓肠肌
胫骨前肌
腓骨长肌
比目鱼肌
趾拇伸肌

图1–1

（二）人体后部主要肌肉（群）名称

肩胛提肌、菱形肌、三角肌后束、斜方肌中部、大圆肌、小圆肌、冈下肌、肩胛下肌、背阔肌、斜方肌下部、肱三头肌内、外侧头、肱三头肌长头、竖脊肌、臀大肌、臀中（小）肌部、股二头肌、半膜肌、半腱肌、小腿三头肌、趾拇屈肌等（图1–2）。

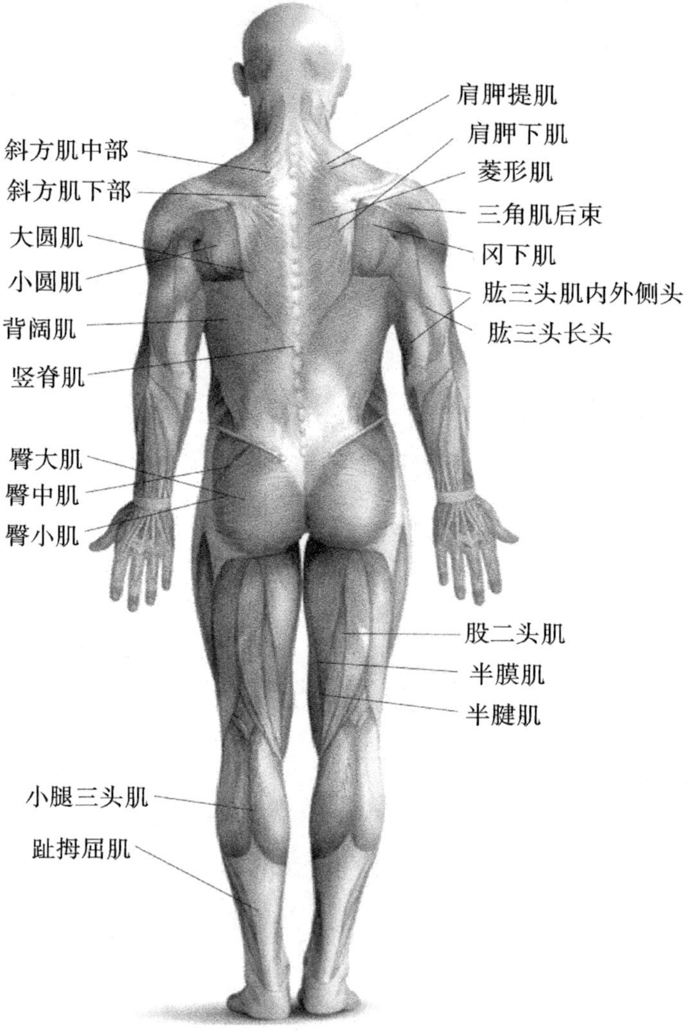

图1–2

二、关节动作的解剖学术语

关节动作专业术语的使用将保证柔韧训练过程及要求的准确性，同时在选择设计练习手段时，也会提高手段的针对性。

（一）人体解剖体位和基本切面

标准解剖体位为身体直立，双臂下垂，掌心向前，双脚并拢。

（1）水平面将身体分为上下两部分，且与地面平行。

（2）矢状面沿前后方向将身体分为左右两部分。

（3）额状面沿左右方向将身体分为前后两部分。

（二）人体各关节的运动形式

1. 各关节在水平面内的运动

● 肩胛骨水平旋内/旋外（水平屈/水平伸）

参与肩关节水平旋内的肌肉：胸大肌近胸骨部分、胸大肌近锁骨部分、三角肌前束、肩胛下肌、大圆肌、背阔肌、喙肱肌（辅助）、肱三头肌（辅助）。

参与肩关节旋外的肌肉：背阔肌、大圆肌（辅助）。

● 肩关节水平内/外回旋

参与肘关节向内回旋的肌肉：肩胛下肌、背阔肌（辅助）、大圆肌（辅助）、胸大肌（辅助）、三角肌前束（辅助）。

参与肘关节向外回旋的肌肉：冈下肌、小圆肌、三角肌后束（辅助）。

● 前臂旋内/旋外

参与前臂旋内的肌肉：旋前圆肌、旋前方肌、肱桡肌、肘肌（辅助）。

参与前臂旋外的肌肉：肱二头肌、旋后肌。

● 脊柱回旋

参与脊柱回旋的肌肉：腹内斜肌、腹外斜肌、腹直肌、竖脊肌。

● 髋关节内/外回旋

参与髋关节向内回旋的肌肉：臀中肌前部、臀小肌前部、阔筋膜张肌。

参与髋关节向外回旋的肌肉：臀大肌、臀中肌前部、臀小肌前部、梨状肌、闭孔肌、缝匠肌、髂腰肌、臀大肌、大收肌。

● 膝关节内/外回旋

参与膝关节向内回旋的肌肉：缝匠肌、半腱肌、半膜肌、股薄肌。

参与膝关节向外回旋的肌肉：股二头肌（长头和短头）。

2. 各关节在矢状面内的运动

● 肩关节屈伸

参与肩关节屈的肌肉：三角肌前束、胸大肌近骨部分、喙肱肌。

参与肩关节伸的肌肉：背阔肌、大圆肌、三角肌后束。

● 肘关节屈伸

参与肘关节屈的肌肉：肱二头肌、肱肌、肱桡肌。

参与肘关节伸的肌肉：肱三头肌长头、肱三头肌外侧头、肱三头肌内侧头、肘肌。

● 腕关节屈伸

参与腕屈的肌肉：屈腕肌群。

参与腕伸的肌肉：伸腕肌群。

● 脊柱屈伸

参与脊柱屈的肌肉：腹直肌、腹内斜肌、腹外斜肌、髂腰肌。

参与脊柱伸的肌肉：竖脊肌、髂肋肌、最长肌、棘肌、臀大肌、斜方肌。

● 髋关节屈伸

参与髋关节屈的肌肉：腰大肌、髂肌、股直肌、阔筋膜张肌、臀小肌前部、臀中肌前部、缝匠肌、耻骨肌、股薄肌、长收肌、短收肌。

参与髋关节伸的肌肉：臀大肌、股二头肌长头、半膜肌、半腱肌、臀中肌后部、大收肌。

● 膝关节屈伸

参与膝关节屈的肌肉：半腱肌、半膜肌、股二头肌、腓肠肌、缝匠肌、股薄肌。

参与膝关节伸的肌肉：股直肌、股内肌、股外肌、股中肌。

● 踝关节屈伸

参与踝关节屈的肌肉：小腿三头肌（腓肠肌和比目鱼肌）、腓骨长肌、腓骨短肌、拇长屈肌、胫骨后肌、趾长屈肌。

参与踝关节伸的肌肉：胫骨前肌、拇长伸肌、趾长伸肌。

3. 各关节在额状面内的运动

● 肩关节内收/外展

参与肩关节内收的肌肉：背阔肌、胸大肌、大圆肌、冈下肌、小圆肌（辅助）、喙肱肌（辅助）、肱二头肌短头（辅助）。

参与肩关节外展的肌肉：三角肌中束、冈上肌。

● 肩胛骨上旋/内收/外展/上提

参与肩胛骨上旋的肌肉：斜方肌上部、前锯肌、斜方肌下部。

参与肩胛骨内收的肌肉：菱形肌、斜方肌。

参与肩胛骨外展的肌肉：前锯肌。

参与肩胛骨上提的肌肉：肩胛提肌、斜方肌上部、菱形肌。

● **脊柱侧屈**

参与脊柱侧屈的肌肉：腹内斜肌、腹外斜肌、腹直肌、竖脊肌、腰方肌、髂腰肌。

● **髋关节内收/外展**

参与髋关节内收的肌肉：大收肌、长收肌、短收肌、耻骨肌、股薄肌、臀大肌下部。

参与髋关节外展的肌肉：臀中肌、臀小肌、阔筋膜张肌、臀大肌上部、梨状肌（辅助）、闭孔肌（辅助）、缝匠肌（辅助）。

● **踝关节内翻/外翻**

参与踝关节内翻的肌肉：拇长伸肌、胫骨前肌、胫骨后肌、趾长屈肌、拇长屈肌、小腿三头肌。

参与踝关节外翻的肌肉：腓骨长肌、腓骨短肌、小腿三头肌腓侧、趾长伸肌外侧。

三、柔韧训练的基本概念

柔韧训练是常规性训练内容。实践中，无论是教练员、运动员还是健身人员，都应该掌握柔韧训练有关概念以及概念之间的区别和联系。对基本概念的了解有助于更好地掌握与利用拉伸技术。

（一）柔韧性

柔韧性或柔韧素质（flexibility）简称ROM（Range of Motion），通常指关节活动的（最大）范围（Anshel，1991），其中包含关节在不同方向活动的（最大）幅度。柔韧性也可以理解为跨关节肌肉、肌腱、韧带的伸展性，如踝关节屈曲及趾屈的最大幅度称为踝关节的柔韧性。

运动中，柔韧性表现为人体在不同方向上关节活动的能力以及肌肉、韧带的伸展能力。柔韧性的好坏取决于关节的灵活性、结构，以及韧带、肌肉的弹性和神经系统对肌肉的调节能力等。运动员的柔韧性是指与完成专项动作有关的肌肉、关节（最大）活动范围大小的能力。身体中每个关节的运动幅度具有特异性。各关节间柔韧性不存在相关性，柔韧性与身体比例、体表面积、肌肉围度、体重存在一定的相关性。

（二）结缔组织

结缔组织（connective tissue）是支持身体各结构的组织，发挥防御、保护、贮藏、转运、支持和修复作用。对柔韧性有明显影响的结缔组织主要有胶原结缔组织和弹性结缔组织。胶原结缔组织会使活动受限，弹性结缔组织有利于大幅度的活动。

柔韧性的提高主要是肌肉和筋膜组织的伸展性提高，由于它们富含弹性组织，因此更有利于长度的改变。但对韧带和肌腱而言，过度发展柔韧性会造成关节牢固性降低，从而增加了受伤的几率。对结缔组织的正确牵拉可以有效提高关节的活动范围。

（三）内稳态

内稳态（homeostasis）是对稳定状态维持的趋势和能力。作为有机体，人体具有维持内（外）环境稳定的方式，但超过内稳定具备的能力时，就会导致损伤或严重后果。内稳定可以延伸到分子甚至亚分子水平，在适度的刺激下，内稳定可以适应，其能力得到提高。

柔韧训练就是对肌肉、韧带等组织内稳定性的刺激，在受到刺激后，这些组织会出现分子层面的适应性及结构与功能性的变化，从而使这些组织在质和量上出现加强。

（四）一般柔韧素质

一般柔韧素质（general flexibility）指适应于一般身体、技术、战术等训练所具备或需要的关节或跨关节结缔组织活动及伸展能力。由于各运动项目或动作对各关节、部位活动范围有不同程度的要求，一般柔韧素质常用来表示（最）主要关节的活动能力。

（五）专项柔韧素质

专项柔韧素质（specific flexibility）指专项运动需要的专门性关节或跨关节结缔组织活动及伸展能力。不同运动项目对关节活动范围或结缔组织伸展能力具有特异性和针对性，重点集中在主要运动的关节及肌肉（群）的活动范围上。专项柔韧素质是提高专项运动（技术）水平不可缺少的条件之一。如短跑、跨栏运动员髋关节灵活性及肌肉伸展性，排球、标枪运动员肩关节灵活性与肌肉等软组织伸展性等。柔韧性的专项化或专门化还体现在关节或部位的柔韧性上，如标枪运动员投掷臂的肩关节的柔韧性就比对侧的肩关节好，足球运动员下肢的柔韧性（相对而言）就比上肢好等。

（六）柔韧训练

柔韧训练（stretching training）是指针对性发展、保持或恢复柔韧性的系统性操作程序，是对肌肉、肌腱、韧带等组织有目的、系统化的拉伸练习。柔韧训练是过程性、计划性、专项性和个体化相结合的身体运动能力训练。

（七）主动性柔韧训练

主动性柔韧训练（active stretching or unassisted or stretching）是指运动员自身采用一定方法发展、保持柔韧性的训练。主动性柔韧训练可分为主动静力性柔韧训练和主动动力性柔韧训练。此种练习是由练习者（运动员）本人主动用力完成各种练习的训练方法。

（八）被动柔韧训练

被动柔韧训练（passive stretching or assisted stretching）是指在教练员或队

友的（外力）协助下，依靠外力发展、保持运动员柔韧性的训练。被动牵拉与主动牵拉间的差距越大，说明该运动员柔韧性的潜力越大。需要指出，被动拉伸发展柔韧与运动员本身疼痛或不舒服的程度及拉伸的耐受性有很大关系，同时，软组织在运动限度内的拉伸程度取决于作用在肢体上的力。也就是说，被动拉伸难以控制，需要运动员和同伴或教练员长时间磨合，逐渐找到最佳的被动拉伸的“度”。

（九）静力柔韧训练

静力柔韧训练（static stretching）是指运动员在静止状态下对肌肉、肌腱、韧带等结缔组织进行拉伸（拉长），保持静止不动（一段时间），使这些软组织受到持续刺激来发展或保持柔韧性的训练方法。

（十）动力柔韧训练

动力柔韧训练（dynamic stretching）是指在运动状态下，通过增加动作幅度，使肌肉、结缔组织在可控速度下得到拉伸，从而发展和保持柔韧性的方法。动态拉伸包括各种形式的屈、伸、外展、内收、扭转、绕环等动作。

（十一）“PNF”柔韧训练法

“PNF”（本体感觉神经肌肉易化法）柔韧训练法（proprioceptive neuromuscular facilitation）是指运动员在被动状态下，采用牵拉目标及对抗肌保持—放松、收缩—放松—保持—收缩等程序发展、保持柔韧性的训练方法。

（十二）主动孤立柔韧训练

主动孤立柔韧训练（active isolated stretching）是将牵拉组织进行孤立、有针对性的静力或动力性柔韧训练的方法。孤立柔韧训练目标突出、针对性强，适用于发展某些柔韧性差的部位或关节。

四、柔韧训练的重要性

在运动中，柔韧性十分重要，适宜的柔韧性不仅可以提高运动能力，还可以减少运动损伤。

（一）柔韧训练有助于提高运动能力

柔韧训练的主要目的是增加运动关节的活动范围。柔韧能力对运动员来说更为重要，运动员关节及身体各部位活动范围的大小决定着运动中“力量–速度”组合的表现和发挥，其原理是通过增加运动幅度提高“肌肉–肌腱”单位内储存的弹性势能，并快速在随后的动作中释放出来，从而增加如出手速度或起跳速度等。柔韧能力的提高除了可以促进力量、发展速度，对缩短肌肉练习后恢复时间和改善“僵硬感”也非常有效。赛前热身中的柔韧练习可以帮助运动员做好身体和心理上的准备。

（二）柔韧训练有助于预防运动损伤

柔韧训练的另一个重要作用是预防运动损伤及缓解肌肉等软组织疼痛。肌肉紧张和运动损伤的发生存在必然联系，适宜的柔韧训练可以预防发生在肌肉–骨连结处、肌肉、肌肉–肌腱桥、肌腱和肌腱连结处的运动损伤。采用T–R–S法（紧张–放松–拉伸）进行的拉伸训练可以降低发生在肌肉、肌腱组织的扭伤、拉伤及炎症等风险。

在训练后，肌肉往往处于紧张状态，拉伸肌肉，尤其是原动肌（完成动作的主要用力肌肉），可以降低延迟性或减轻训练后肌肉酸痛感，加速肌肉酸痛的消除。一定程度上，柔韧训练还可以预防因长期不运动（如长期伏案、石膏固定等）造成的肌肉萎缩或能力下降。同时，柔韧训练对训练中肌肉拉伤、韧带损伤以及过度使用带来的伤痛都有预防作用，还可以减轻或缓解运动后肌肉酸痛、下背疼痛和痉挛等现象。

五、柔韧训练的作用

（一）有助于缓解肌肉疼痛与痉挛，加速肌肉恢复

短而紧的肌肉在做动作时比长肌肉容易受伤。因此，变短肌肉的柔韧训练至关重要。腰部肌肉和屈髋肌短且柔韧性差是引起腰背痛的常见原因，此外，膝部韧带过短也会引发腰部问题。经常做伸展性练习有助于预防或减轻肌肉变短、肌肉痉挛和肌肉扭伤。局部肌肉疼痛可能是由轻微的反射性挛缩引起的，静力性伸展可以缓解这种轻微的挛缩，进而减轻肌肉疼痛。同时，拉伸还可以促进肌肉组织血液循环，缓解疲劳，加速肌肉恢复。

（二）抑制“肌肉痛点”兴奋性，激活深层肌肉

当身体长时间处于静止状态，或肌肉长期过度负荷、疲劳、受凉，就会在肌筋膜上产生“结点”或“扳机点”，从而引起肌肉僵硬和局部疼痛。经常做一些柔和、持续的肌肉伸展练习，再配合肌肉按摩、滚压，则能抑制肌肉痛点的兴奋性，缓解疼痛。

（三）促进运动技能提高

良好的柔韧性是提高专项运动成绩的保证。例如，跨栏运动员必须有良好的腰背和髋关节灵活性才能顺利越过栏架；游泳运动员则需要肩和踝关节具备良好的柔韧性才能进行有力的划水动作；跳水运动员的手必须能触到脚趾才能完成漂亮的空中对折动作；髋部良好的柔韧性有助于短跑运动员增大步幅；击剑运动员腿部的韧带和内收肌必须具有良好的灵活性才可以突刺到更远的距离；跳高和投掷运动员则需要利用肌肉伸屈时的弹性势能完成起跳和最后用力。

（四）有助于提升其他运动素质

柔韧素质具有桥梁的作用，其好坏会直接或间接地影响其他素质的发展与发挥。良好的柔韧性和协调性能提高运动员的神经支配能力和肌肉控制能力，从而提高技术的合理性与有效性。同时柔韧性训练还可以增加肌肉的弹性成分，提高肌肉力量的利用率，从而提升动作表现。

（五）改善运动的功能性

柔韧训练对于需要久坐工作的人尤为重要。伸展练习有助于提高驾驶员关节灵活性，使其头颈部转动自如，能够向后转越过肩部观察到一些盲点，从而有助于完成平行停车以及倒车活动。脊柱的灵活性不仅对驾驶员重要，对人们的日常活动如系鞋带、高处取物以及扭转动作等也很重要。随着年龄的增长，组织会失去弹性，柔韧性和肌肉力量都会下降，久而久之会影响运动的功能性，增加跌倒的风险。因此，柔韧训练可以提高和保持人体运动的功能性。

第二节　柔韧训练解剖学与生理学基础

一、关节的组成与柔韧训练

关节由肌肉、肌腱、骨骼、软骨、韧带组成。肌腱连接肌肉和骨组织，肌腱与肌肉构成肌肉–肌腱组织（单位）。肌肉具有伸展性和收缩性，伸展性为柔韧训练提供了先决条件，柔韧性所表现出的伸展性主要针对肌肉、肌腱和韧带组织。

骨骼和软骨组织为柔韧训练提供了支撑系统，软骨组织为关节的活动提供了顺畅的工作条件。韧带则用于连接骨骼。对骨骼来说，韧带主要起稳定和强化作用。青少年在青春期由于生长发育快，关节会因为肌肉与骨骼的快速生长受到更大的压力，柔韧性因此会受到影响，出现柔韧性下降、运动损伤增加的现象。在青少年“拉条”阶段，关节发育落后于骨骼的生长，缺少必要、系统的柔韧训练，韧带和肌肉组织就不能更好地保护关节。成年后，缺乏锻炼会造成关节活动能力下降，柔韧训练则可以避免或减缓成年人的“紧缩”趋势。柔韧训练更是延长运动员运动寿命的基本保证。

柔韧训练的目的是有效适度地发展关节的柔韧性。柔韧训练因人而异，因项而异，应避免采用对关节产生不良影响的练习手段，以及过度开发柔韧性。

二、肌肉结构、特性与柔韧训练

一块肌肉由若干根肌肉纤维组成。肌纤维包含许多肌原纤维，它们是由肌肉蛋白质组成的圆柱体，这些蛋白质使得肌肉细胞能够收缩。肌原纤维包含两类平行于纤维长轴方向的肌丝，这些肌丝以六边形模式排列，分为粗丝和细丝。粗丝由称为肌球蛋白的蛋白质组成。在分子层次上，粗丝是由排列成圆柱体的肌球蛋白分子组成的轴状物。细丝由另外一种称为肌动蛋白的蛋白质组成，许多肌动蛋白分子聚合在一起构成一条双螺旋链。收缩过程中，肌球蛋白粗丝通过形成横桥抓住肌动蛋白细丝。粗丝将细丝拉近，使肌小节变短。

肌肉纤维能收缩，具有弹性，前者决定了肌肉在收缩时克服阻力，完成工作，后者决定了肌肉能够被拉伸，保证肌肉能更好地工作。准备活动会使肌肉得到有效的预热而提高柔韧度。当一块肌肉收缩时，产生的拉力通过肌腱传递到骨，从而产生关节或肢体运动。当肌肉被拉长时，肌动蛋白与肌球蛋白的作用与收缩时相反，肌肉拉长使肌动蛋白与肌球蛋白反作用加强，当牵拉加强，细丝相对位移加剧，肌节的牵拉能力和牵拉抵抗力主要由细丝承担，这种对抗力称为“静息拉力”。

结缔组织由肌内膜、肌束膜和肌外膜组成，结缔组织的伸展性直接影响肢体的柔韧性。肌肉中有两种神经感受器，分别为肌梭和高尔基腱器官。作为本体感受器，它们的功能不同。肌梭主要感受肌纤维长度变化，高尔基腱器官主要感受肌肉张力变化。肌肉具有一种内置式保护机制，即牵张反射，主要用来防止肌肉做过度牵拉造成损伤。当一块肌肉被快速拉伸时，机制发挥作用，这块肌肉就会立刻开始收缩，防止出现肌肉拉伤。

柔韧训练本质上是使肌肉内部结构发生改变而直接影响柔韧性。其基本原理在于经过系统规律的柔韧训练，肌小节的数量会增多，新的肌小节续接在原有肌原纤维的末端，因此，肌小节数量的增加会使肌肉长度增加。另外，柔韧训练可以持续性改变肌肉中筋膜鞘——肌内膜、肌束膜、肌外膜的长度。其他被改变的组织还有肌腱、韧带、筋膜以及疤痕组织。柔韧性决定了运动的幅度，而幅度的增大直接增加了肌肉和结缔组织对牵拉的耐受力。关节的活动幅度因为柔韧训练或专项（舞蹈、武术、体操等）训练而增加。

三、（反）牵张反射与柔韧训练

牵张反射是指神经系统维持肌肉紧张性及防止损伤的运行机制，是在神经支配下，肌肉对突然或无法预料的长度增加的反射。牵张反射的机制为，被快速拉长的肌肉刺激肌纤维中的肌梭，肌梭形状的改变引发被拉长的肌肉快速缩短。

柔韧训练中，尤其是动力性柔韧训练时，牵张反射不可避免。牵张反射是一种保护性机制，为了保护被快速拉长的肌肉过度牵拉而导致损伤所发出的肌肉收缩保护指令。该保护机制对发展柔韧性，尤其在动力性柔韧训练中，往往会阻碍柔韧性的提高。当肌梭感应器被启动后，它会反射性地放松对抗肌，收缩主动肌。

当肌肉被（快速）拉长时，肌肉中肌梭神经就会启动中枢神经中的运动神经，运动神经启动后会反馈式地收缩被拉长的肌肉，于是肌肉会条件反射性地缩短，从而保护肌肉不被拉伤。“膝腱反射”就是最好的例子，当膝关节韧带被突然拉长时，股四头肌会迅速收缩，形成牵张反射。

在静力牵拉时，由于只有微小的肌肉活动，牵张反射不会启动；当弹振式拉伸发生时，牵张反射会迅速启动扮演“保镖”的角色。

肌肉的牵张反射机制提示我们，在柔韧训练中，运动员采用大量弹振式柔韧训练，会引发牵张反射，使被牵拉的肌肉收缩，其伸展度就会受到影响。因此，不建议实践中进行大幅度快速振摆式的柔韧训练。

肌肉中的高尔基腱器官主要对肌肉收缩张力做出反应，同时也会对肌肉拉长有反应。换句话说，高尔基腱器官在预防肌肉过度牵拉和收缩时，都会刺激中枢神经产生所谓的“反牵张反射”。主动肌收缩用力，对抗肌会反射式地放松，这被称为“反牵张反射性抑制”或“交互抑制”。肌肉最大等长（静力）收缩时，高尔基腱器官被激活，使得对抗肌放松。对抗肌等长收缩时的放松被称为“自生抑制”。经过正确训练，可以弱化高尔基腱器官的反应敏感度，这被称为主动肌运动神经元去抑制。

反牵张反射的应用启示：第一，在维持一个能够在肌肉中产生较大拉力的位置时，这时拉力消失并可以使肌肉被拉得更长一些；第二，运用收缩-放松技术，通过被牵拉目标主动收缩，反牵张式放松对抗肌来达到进一步牵拉被牵拉目标的目的。

四、柔韧性的解剖学、生理学影响因素

身体生物力学特征、身体结构以及年龄和性别都是影响柔韧性的先天因素，这些因素通过训练是无法改变的，但训练能够在很大程度上提高与肌肉及关节有关的训练学因素。

（一）关节结构

关节结构决定了活动范围。球状关节，如肩关节、髋关节是活动幅度（范围）最大的关节。相对而言，肘关节和膝关节的活动幅度较小。关节周围组织体积及跨关节肌肉、肌腱、韧带组织伸展性同样影响柔韧性。

（二）肌肉结构与围度

肌肉收缩结构是柔韧性的主要限制因素。肌肉的伸展性及肌肉收缩时运动单位的特性将影响肌肉的拉伸能力。肌肉围度过大也会影响关节活动幅度，如肱二头肌和胸大肌发达会影响肱三头肌的牵拉（柔韧度）。如果肌肉体积大，

可以通过调整训练计划来减弱其对柔韧性的影响。

（三）年龄与性别

通常情况下，年轻人比老年人的柔韧性好，女性比男性柔韧性好，性别之间的差异主要与身体解剖结构不同有关。儿童骨和肌肉弹性好，关节韧带的伸展性较大，其伸展性随着年龄的增加而下降。上年纪后，肌肉纤维退化，被结缔组织替代，因此，柔韧性下降。也就是说，随着年龄的变化，影响柔韧性的首要因素是身体结缔组织的改变。

牵拉会刺激结缔组织间润滑液的产生和保持，这样就阻止了粘连。其他随年龄改变影响柔韧性的因素还有：钙沉淀增加、结缔组织脱水增加、结缔组织粘连和交叉连接增加、组织化学结构急剧改变、含脂肪纤维和肌细胞（胶原纤维）的置换等。

（四）结缔组织

肌腱、韧带、关节囊、筋膜对柔韧性产生的影响有一定的限度。结缔组织的弹性和可塑性是影响关节活动幅度的重要因素。

（五）温度

温度对柔韧性的影响主要在于肌肉、韧带等组织在不同温度下的伸展性和灵活性有所不同。温度越低，肌肉、韧带等组织的伸展性就越差。柔韧训练的最佳（外界）温度为18℃。在冬季室外训练时，要注意热身时间与热身效果，应避免在低温环境中进行柔韧训练。

（六）疲劳与情绪状态

柔韧性会因为疲劳状态下神经-肌肉系统的反应速度、协调能力的下降而降低。运动中肌肉用力程度减弱、注意力不集中直接影响关节、肌肉活动能力。情绪低落会降低肌肉主动用力拉伸的能力，直接影响训练效果。

（七）力量训练

力量训练，尤其是大强度、大运动量、小幅度的力量训练，如健美训练会影响柔韧性。为了避免身体柔韧性下降，在力量训练或日常训练中应注意主动肌和被动肌练习要同时进行，保证二者协调均衡发展，而且尽量采用全程（关节活动幅度）性练习。通过合理的力量训练同样可以提高身体的柔韧性。

第三节　柔韧训练的基本常识与禁忌

一、柔韧性的基本常识

（一）缺乏运动、受伤或生病会降低柔韧性

关节长期缺乏全幅度的运动会导致肌肉和韧带变短、灵活性降低。例如，长时间维持静止姿势、不健康的姿态或工作姿势，以及身体某部分维持固定不动的造型（如骨折固定），都会导致软组织变短和灵活性受限。

关节炎、关节软骨钙化以及受伤都会损害关节，引起关节疼痛进而影响柔韧性。过分发展一部分肌群而忽略其对抗肌的片面练习，将导致肌肉发展不平衡，也会限制柔韧性。

（二）关节过于松弛容易受伤，且会消耗过多能量

关节过度灵活被称作“关节松弛”。专家认为，关节过于灵活的人很容易发生运动性损伤，特别是膝关节和踝关节，而且还容易形成早期关节炎。如“关节松弛”者在步行和慢跑时要比那些关节柔韧性适中或关节较“紧”的人

消耗更多的能量。

肘、膝关节过于伸展，对运动来说并不是有效的姿态，因为在关节过分伸展的情况下，肌肉的牵拉角度就会变小，俗称“使不上劲”。例如，做俯卧撑时，如果肘关节过于伸展，接着做下一次时就会变得慢且费劲，需要花更多力量去弯曲肘关节。对于关节过于松弛的人来说，经常锻炼关节周围的肌肉是非常必要的。

（三）经常活动关节是维持关节正常活动幅度的关键

“用进废退”的原理特别适用于身体柔韧性。关节如果在正常的活动范围内不能得到经常性的运动，便会损失柔韧性与灵活度。要维持现有的柔韧性，就要经常做关节正常活动范围内的各种动作和拉伸练习。

（四）足够地拉长肌肉是提升柔韧性的重要手段

研究显示，肌肉拉伸超过其正常长度的10%时，柔韧性可以得到最大限度的发展。如果拉伸练习没有达到足够的负荷，就不会对柔韧性产生足够的影响。

从解剖学角度来看，柔韧训练目的在于提高肌肉和软组织伸展能力，即让肌肉或韧带的起止点尽量分离。例如，站姿单腿支撑（肋木）体前屈拉伸大腿后群及小腿三头肌，动作要求膝关节伸直，足背屈（向上勾脚尖）的目的是使跟骨结节向前，使小腿三头肌起止点分离得更远。上体前屈的目的是使坐骨结节向后，使股后肌群起止点离得更远。另外，支撑腿内旋（脚尖向身体内旋转）带动骨盆绕垂直轴旋转，使拉伸腿的坐骨结节进一步后移，更好地拉伸股后肌群。

（五）身体每个关节的柔韧性都有其特殊性

人体由很多个关节组成，没有一个柔韧性测试能够代表所有关节的柔韧性。例如，膝部和腰部肌肉过紧可以通过坐位体前屈的测试来反映，但各个独立关节的柔韧性却不能从这个测试中得到反映。这是因为进行坐位体前屈测试时两腿必须伸直，因此根本无法区分测试的结果到底是“膝部柔韧性”还是“腰部柔韧性”，所以这个测试在测量柔韧性方面缺少针对性。

（六）柔韧性与年龄和性别

随着儿童年龄的增加，柔韧性不断增加，但到青春期以后，柔韧性开始逐渐降低。按照一般规律，女孩的柔韧性要好于男孩，主要是由于关节解剖结构上的差异，成年人柔韧性的性别差异较小。

（七）为了发展力量而牺牲柔韧性是不必要的

如果力量训练方法不当，可能会导致肌肉僵硬或关节活动范围受限。因此，进行力量训练时，主动肌和对抗肌同样都应训练，并要求关节全幅度的练习，应做到伸展练习时要强调用力，而做力量练习时要强调伸展。

（八）柔韧训练不可攀比

柔韧训练是个体化的工作，如果和队友（同伴）一起训练，不要在柔韧性上相互攀比。换句话说，个体在柔韧性上的差异不能完全代表运动能力的优劣，科学的柔韧训练不应过分追求极限，应该观察长期变化。根据每位运动员的实际情况制订切实可行的柔韧训练计划，突出个体之间的训练差异。

因此，柔韧训练是长期经常性训练。对运动员来说，每周至少3次才能保证良好的训练效果，每天适度练习也不会带来损伤或不良影响。

二、柔韧训练应适可而止

对某些运动项目的运动员而言，过度发展柔韧可能使关节不够牢固，增加韧带受伤或关节错位的危险。

关节松动是指当关节过度放松或活动幅度超过关节正常活动范围时出现的现

象。关节松动可能是造成位置感降低的一个因素，也可能增加急性或慢性损伤的风险。有些专家认为，关节的过度松动可能导致运动员关节炎的过早发展。

如果遇到下列情况，应严格控制或停止柔韧训练。

第一，骨骼障碍；第二，最近发生过骨折，或骨折刚刚痊愈；第三，关节内或关节周围出现急性或慢性炎症；第四，骨质疏松；第五，在关节运动或肌肉牵拉时出现剧烈疼痛；第六，最近发生扭伤或拉伤；第七，关节牢固性不足等。

三、对柔韧训练的质疑

一些教练指出，静态拉伸与训练或比赛无关，如足球运动员不需要劈叉，只要能完成倒钩或侧身凌空踢球即可，动态（即运动中）拉伸就可以满足上述要求。也有学者指出，比赛前的静态拉伸对比赛无益。研究发现，静态拉伸后，肌肉的离心力量降低了7%~9%。也有研究发现，静态拉伸后肌肉最大输出功率下降明显。

相反，动态拉伸能够增加肌肉温度和弹性，对提高成绩和预防损伤有明显效果。有人也对静态拉伸对运动损伤的预防作用提出了疑问，即静态拉伸对预防损伤无益。澳大利亚一名军医对士兵进行了为期一年的研究，他让一部分士兵在热身活动中进行静态拉伸，另一部分不做任何拉伸，结果显示，两组在运动损伤率上并无差异。

近年来，也有学者提出正常人在锻炼之前进行柔韧训练会增加受伤几率的观点。其理论根据是，准备活动中的柔韧训练给肌肉、关节带来较大的冲击或刺激，如果肌肉拉伸不当会受到强力牵拉反而容易受伤，关节也一样。另外，肌肉受到（静态）牵拉后，其爆发力或力量水平在接下来的时间里出现减弱的现象。例如，在疾跑前如果进行相关肌肉的牵拉，那么这些肌肉在随后跑步时出现力量减弱的现象，同时还会因为肌肉等软组织的微创而影响力量与速度的发挥。为此，有人提出，在疾跑前不需牵拉肌肉。提出此观点的学者则支持在运动后进行柔韧训练或练习，因为此时软组织稳定性上升，肌肉协调性提高，牵拉效果更好。

虽然在柔韧训练能否提高运动成绩、预防损伤问题上还有一定分歧，但柔韧训练的有效性和特殊作用还是得到了教练员、运动员和健身人士的广泛认可。

四、柔韧训练的误区

（一）千篇一律的柔韧训练

现实中，一些运动员做着千篇一律的柔韧练习。例如，一提到练柔韧，运动员就会习惯性地按顺序做那些自己熟悉的动作，不问为什么，不知所以然。失衡的柔韧训练也会增加运动损伤的风险。例如，忽视后群肌的柔韧会增加后群肌拉伤的隐患。

身体姿势和动作决定了哪些肌肉被动用，经常被使用的肌肉会受到额外的锻炼，而不经常使用的肌肉就存在发展有限的问题。如果肌肉在训练中得不到均衡发展，将制约运动成绩提高，埋下损伤的隐患。因此，柔韧训练要“知其然还要知其所以然”。均衡、多样、优先等基本训练原则应在训练中得到贯彻。只有这样，柔韧训练才能发挥出应有的作用。

（二）过犹不及的柔韧训练

过度拉伸会降低肌肉的紧张度，肌肉紧张度降低后，身体会通过绷紧肌肉与之抗衡。因此，应记住“过犹不及”的道理，在每个阶段，都要从低水平的肌肉绷紧开始练习，一段时间后，当这种紧张感降低了，才可进行下一阶段（增加拉伸幅度，提高肌肉绷紧度）的练习。

（三）拉伸肌肉的柔韧训练

拉伸不仅仅是拉肌肉，还有筋膜（分为包裹身体的表层筋膜及包裹肌肉的深层肌筋膜）、肌腱、韧带等连接组织。筋膜连接肌纤维、肌肉群（块），也就是说，拉伸应是对包括筋膜在内的肌肉肌腱、韧带等组织的拉伸。因此，应从观念明确，柔韧训练是包括肌肉、筋膜、韧带、肌腱等组织的拉伸练习。例如，球类运动员经常会抱怨腘绳肌僵硬或紧张，与筋膜紧缩有很大关系。

第二章　柔韧训练原则与方法

第一节　柔韧训练基本原则

训练原则是教练员和运动员在训练过程中必须遵守的训练基本规律和科学原理。训练原则也可称为训练准则，源于训练实践，又是用于指导训练实践的训练标准。了解并掌握训练原则的目的在于更好地控制训练过程，提高科学化训练水平，为运动成绩的提高提供根本保证。柔韧素质的特点决定了其训练的特殊性，因此，在贯彻运动训练基本原则的同时，需要着重强调一些专门性训练原则。以下介绍七种专门性突出的柔韧训练基本原则。

一、顺序原则

顺序原则（order principle）是指在柔韧训练中按照一定先后顺序进行训练的准则。柔韧训练中，训练的程序或顺序直接影响训练效果。实践中，通常以“主次”和“体积”为基本的训练顺序。

主次训练顺序是指在柔韧训练中将最为主要的身体部位或运动参与部位放在前面。例如，相比之下，背部、臀部和大腿后群肌应是优先进行训练的部位。因为这些部位的柔韧训练影响身体其他部位的热身效果。体积训练顺序是指将大肌群放在前面训练，小肌群放在后面训练的安排。一般来说，动作通常发自身体的核心部位（躯干和臀部），因此，由核心部位出发逐步向外进行的柔韧训练能够收到更好的训练效果。

躯干与下肢柔韧训练推荐的顺序是：背部（躯干）→臀部（骨盆）→大腿

后群肌→缝匠肌→股四头肌→小腿、踝关节和足部；上肢（及颈部）柔韧训练推荐的顺序是：肩部→手臂、手腕→颈部。训练实践中，可根据时间、训练特性等因素对顺序做适当的调整。

二、全面原则

全面原则（all-round principle）是指柔韧训练中应保证训练内容、方法、手段的系统性及多样性的训练准则。全面原则有两层含义：一是在柔韧训练中要全面拉伸大肌肉群和小肌肉群，或主次肌肉群，使活动肌肉得到充分伸展，针对同一肌肉（群），采用不同形式的柔韧训练方法与手段，使被拉伸目标（肌）得到全面的拉伸。二是柔韧训练不仅可以作为独立的部分存在，也可以作为热身和整理活动的有机组成部分。全面原则不仅要求运动训练的系统性和多样性，同时还要求运动员将柔韧训练贯穿于训练（课）的始终，进行长期、系统、有序的训练。充分、有效的拉伸练习有助于消除肌肉内生成的乳酸和代谢产物，加速机体能源物质的恢复及氧气运输和储备，为下一次训练做好准备。

全面原则需要教练员和运动员根据柔韧训练内容、方法、手段以及负荷之间的内在联系，对柔韧训练过程进行全面的设计与组织实施。

三、互补原则

互补原则（complementary principle）是指柔韧训练中应根据训练需要，对不同训练方法进行组合或调整，从而达到取长补短、发挥各自优势的训练准则。也就是说，柔韧训练方法都有各自的局限性和适用条件。针对某一训练目标而言，某个或某几个训练方法会更加实用，但对全面发展和同步提高的训练目的来说，应该将不同的柔韧训练方法组合在一起，通过结合不同目标和训练方法，实现促进运动成绩提高的最终目的。

因此，在柔韧训练方法和手段的选择上，既不能依靠单一的或固定的训练模式及方法，也不能不加区分地将各种方法盲目地组合在一起，而是要根据各项目特点以及各种训练方法的差异性和优劣，进行合理的组合。

只有将各种训练方法有机地组合在一起，综合发挥其优势，才能更好地发展和保持柔韧水平。互补原则主要表现为主动与被动训练相结合、动力与静力训练相结合、课上为主课下为辅相结合等，如静态拉伸与动态拉伸组合、主动拉伸的同时配合“PNF”拉伸、重点肌肉（关节）与薄弱环节拉伸相结合等。

四、专项原则

专项原则（specificity principle）是指在柔韧训练中从专项需要与特点出发，围绕具体项目进行有目的、针对性强的训练准则。柔韧训练的目的是直接或间接提高运动成绩，柔韧训练不仅要系统、科学地安排，而且要紧密结合专项特点。柔韧训练专项化主要体现在训练肌肉群、韧带、肌腱、结缔组织的拉伸与专项保持一致或相近。例如，短跑专项需要运动员具备良好的大腿前后肌群、髋关节周围肌群、小腿与踝关节肌群以及肩关节肌群等部位的柔韧性，结合短跑动作形式，对这些部位柔韧的开发可以提高短跑运动中髋、膝、踝、肩关节的运动范围，增加动作舒展性和协调性。

作为体能训练的重要组成部分，柔韧训练的任务是提高专项技术所需的运动能力，主要表现为专项技术所需要的动作起止点、关节角度、动作幅度以及各部位间的位置关系等，这些都是选择训练方法以及设计训练手段必须考虑的因素。因此，柔韧训练不仅要与专项化训练的阶段目标相结合（例如，准备期进行的柔韧训练主要针对专项所需肌群进行全面的发展，竞赛期就应突出专项技术特征，使柔韧训练与专项所需的动作要求相一致），而且要根据技术训练的具体内容、所处阶段等来合理安排柔韧训练。另外，专项技术训练也应根据柔韧训练的发展程度来制订具体的训练内容，二者决不能各自为阵，互不关联。

五、早期发展原则

早期发展原则（early-developed principle）是指柔韧训练应从儿童少年时期有计划、有目的地开展的训练准则。由于儿童、少年柔韧性可塑性大，在这一时期可着重进行柔韧训练，使获得的柔韧素质保持下去，这对今后运动成绩的提高、减少运动损伤具有特殊的意义。

儿童的肌肉弹性好，关节韧带伸展幅度大。通常情况下，年龄越小，柔韧性越好。柔韧性随着年龄的增长而下降。其中，脊柱柔韧性（灵活度）在7~10岁提高显著，肩关节柔韧性（灵活度）在12~13岁提高显著，髋关节柔韧性（灵活度）在7~10岁提高最明显。因此，根据儿童（少年）柔韧性特点，在7岁就可开始柔韧性训练，在12岁前使柔韧性得到较好的发展。

从专项角度考虑，在柔韧性开发时间上，可根据不同项目的要求和特点而定。体操、艺术体操、跳水、武术等对柔韧性要求高的运动项目，会更早（4~7岁）开始进行柔韧性训练。

在贯彻早期发展原则时，柔韧训练中应注意适度、全面、均衡。需要特别指出的是，如果仅仅因为儿童、少年柔韧性的优势而进行过度开发（同时忽视了力量等素质训练），往往会造成关节松动、（习惯性）关节脱位、急慢性肌肉、韧带拉伤等严重后果。另外，在方法上应多以静力为主，学习并逐渐掌握"PNF"拉伸法，在训练过程中，应逐渐增加训练难度和多样性，这样不仅可以提高柔韧训练效果，而且会降低柔韧训练产生的枯燥感和单调感。

六、优先原则

优先原则（priority principle）是指柔韧训练中着重突出柔韧性薄弱环节，提前或优先进行训练的准则。不同部位肌肉、韧带等软组织及关节柔韧性存在差异，这不仅与个体差别有关，还与专项运动能力及特点有关。因此，在开发柔韧性时，有必要对个体柔韧性进行全面的测量与评定。通过柔韧的测试与评定，可以发现柔韧薄弱部位或薄弱关节，在训练时优先训练这些部位，集中精力着重发展这些部位或关节的柔韧性。

薄弱环节的柔韧训练应安排在体力和精力充沛时，保证身体能够承受较大负荷强度、负荷量和足够的训练时间。优先原则除训练部位外，还可以引申为在阶段性或周期训练中柔韧训练目标的优先、柔韧负荷强度的优先、柔韧能力发展的优先以及柔韧训练手段的优先等。此外，柔韧训练的优先原则并非一次、两次的浅尝辄止，而要坚持训练的长期性。

对不同训练水平的运动员在贯彻优先原则上也应有所区别。对初级运动员来说，由于身体先天和后天训练形成的发育和发展失调，出现某些部位柔韧性相对薄弱等情况，即有赖于优先训练进行强化。对高水平运动员来说，应侧重训练方法和手段优先以及专项性动作优先，在训练中针对某一具体部位，精选方法与手段，结合专项要求，进行“短平快”的强化训练。

运用优先训练原则时应防止局部负担过重，必须规定训练时间，不能因为侧重“优先”部分而忽略和影响其他训练内容。

七、超负荷原则

超负荷原则（overload principle）是指在柔韧训练中应不断打破柔韧性阈限，获得新的柔韧性的训练准则。从训练适应角度看，当在给机体施加一个较大运动负荷的初期，机能反应较强烈，训练效果也比较明显。但随着机体对该训练负荷的逐渐适应，机能反应便会越来越小，训练效果也越来越不明显。在此情况下若要继续提高运动水平，则必须适度增加运动负荷，以引起新一轮的反应及适应过程。

从运动负荷角度考虑，超负荷是指当运动员对某一负荷刺激基本适应后，必须适时、适量地增大负荷使之超过原有负荷，只有这样，运动能力才能持续增长。柔韧训练中，具体的超负荷体现在柔韧训练的强度、密度、难度、次数、组数、持续及间歇时间等因素逐渐的增加或不断变化、组合，要不断给机体新的刺激。

柔韧训练的目的在于通过系统地施加运动负荷，使运动员的运动能力不断增长。而运动能力的提高，实质上就是对抗拉伸负荷或强度能力的提高。

由于超负荷容易造成过度训练或运动损伤，因此，在实际操作时应格外注意超负荷的“度”或“节奏”，不能过急、过频、过大地进行超负荷刺激。即便是高水平运动员，在柔韧训练中实施超负荷训练也要以台阶式的超负荷为主，换句话说，应该让运动员对相应的拉伸负荷（强度和量）有一个充分的适应，然后在此基础上再施加新的负荷。

另外，超负荷训练并不是无休止地循环下去，而是在特定阶段或周期中进行，如根据竞赛训练安排，将超负荷原则主要应用在准备期及竞赛前期的训练中，而在竞赛期只是对原有柔韧性进行保持性训练，无须再进行超负荷训练，同时在过渡期应进行必要的调整，使机体得到充分的恢复。可见，柔韧性的超负荷训练是在周期训练的背景下交替、重复地进行。

第二节　柔韧训练基本方法

根据柔韧训练的主客体而言，可分为主动拉伸和被动拉伸。前者包含静态拉伸和动态拉伸，后者包含单纯被动牵拉和“PNF”法牵拉。下面分别介绍这四种柔韧训练方法。

一、静态拉伸法

（一）常规静态拉伸法

静态拉伸（static stretching）是指身体部位在固定静止的状态下所进行的肌肉等组织适时拉伸的柔韧训练方法。这种肌肉预先被拉长后静止状态保持一段时间的拉伸练习或操作称为静态柔韧训练。静态拉伸法也可指在缓慢动态拉伸的基础上达到一定程度后保持静止进行拉伸训练的方法。

静态拉伸应在缓慢的动作中逐渐达到训练的幅度要求。静态拉伸所达到的训练要求为个体感觉到被牵拉肌肉组织出现适度的不适为宜（如感觉肌肉被拉紧），但不能出现剧烈的疼痛。练习时，保持某一牵拉姿势20~30秒，每个动作重复2遍。每周训练5~7次，每次尽量进行全身性柔韧训练。

在静态拉伸训练中，也存在一些变化，如在放松的同时拉长肌肉。静态拉伸法的优势在于：第一，不启动牵张反射；第二，缓解肌肉训练后的酸痛；第三，受伤几率低；第四，不大费体力；第五，各个项目都可以使用。然而，不正确、长时间的静态拉伸也会导致肌肉损伤。

静态拉伸时，身体始终保持放松，自然呼吸。缓慢进行目标肌的动作牵拉，逐渐感受肌肉被牵拉，在此基础上，增加强度保持10~15秒。牵拉过程中不要振摆，如果必要，继续增加强度，直到疼痛感出现，并逐渐加剧。当痛感加剧时，可逐渐降低强度。

（二）变式静态拉伸法

Sven A. Sölveborn（1985）认为柔韧性与力量等运动能力同等重要，他支持静态拉伸的方法。Sölveborn提出的拉伸方法可以简化为T-R-S，即Tighten（T）：用力收缩肌肉（但无肌肉缩短或肢体活动）10~30秒；Relex（R）：放松2~3秒；Stretch（S）：轻缓地拉伸肌肉，尽可能将肌肉拉伸开，并保持该姿势20~30秒。T-R-S方法对提高柔韧性是高效、快速的，这种方法不仅适用于运动员，同样可供康复患者、健身人士选择。

T-R-S法简便易学，不需要特殊器械，并可全年训练而无副作用。男女老少及专业和业余运动员均可采用。

在整个过程中，保持平静且有节奏的呼吸，不要憋气，使身体保持舒适的姿势（姿态）。也就是说，拉伸的最佳效果是在放松时获得的。采用“T-R-S”需按照以下的顺序和练习手段进行：①胸部肌肉；②背部和颈部；③大腿内收肌；④小腿后群肌；⑤大腿前群肌；⑥小腿前群肌；⑦大腿股后肌；⑧髋及臀部肌肉。

二、动态拉伸法

动态拉伸法（dynamic stretching）是指身体在大（全）幅度条件下进行的摆动式或匀速拉伸肌肉（等组织）的柔韧训练法。动态拉伸分为弹震式和可控式，弹震式是与地面或支持物有反弹性接触，可控式是流畅、有意识地进行控制速度、幅度的动态拉伸法，是专项化的柔韧训练方法。

相比之下，动态拉伸较静态拉伸更具活动性。动态拉伸通常安排在一般性热身活动后，主要以准备专项训练和比赛为目的。动态拉伸对关节、肌肉等组织具有动态的强化刺激，是专项热身的重要组成部分。动态拉伸较静态拉伸自由，起动与结束都是动态的。在增加关节柔韧度上，二者似乎不相上下，但动态法在操作中更容易受伤，尤其是有旧伤时，受伤风险更高。

动态法的基本训练程序是：每组全幅度拉伸10次，重复1~2组。各组逐渐增加幅度和强度。

动态拉伸比摆动式或弹震式（ballistic stretch）拉伸能更好地描述肌肉动态运动特征。动态性柔韧训练是为专项化训练与比赛创造相应的活动空间（条件），作为静力与专项活动之间的纽带。可见，动态拉伸是更贴近专项运动的柔韧训练法。

三、被动拉伸法

被动拉伸法（assisted or passive stretching）是运动员在教练员或队友辅助下进行的肌肉等组织拉伸的柔韧训练方法。被动拉伸较主动拉伸的优势在于能够有效地提高关节的活动范围，可超过主动静力牵拉的范围，被动拉伸还可以有效开发柔韧潜力，但安全性是被动拉伸法的关键问题。

通过实践的磨合，教练员或队友与运动员会逐渐形成训练默契，掌握牵拉强度和持续时间，并且可以相互辅助练习，成组训练。某种程度上，这种柔韧训练形式增加了队员之间的沟通和团队气氛。作为主动牵拉一方，应掌握正确的牵拉技术，首先，拉伸动作应缓慢可控；其次，在被动训练中，不能有明显的疼痛感。在训练中应掌握强度与时间尺度，保持及时沟通。

四、"PNF"拉伸法

"PNF"拉伸法（proprioceptive neuromuscular facilitation）即本体感觉神经肌肉易化法，是指利用人体本体感受性神经肌肉互动特性而进行的柔韧训练方法。"PNF"是特殊形式的被动拉伸（法），在保证安全的前提下，正确的操作要领非常重要。"PNF"拉伸通过主动肌和被动肌交替收缩与放松，利用牵张反射原理，抑制肌肉收缩从而达到有效拉伸的目的。"PNF"拉伸实施过程中，被牵拉目标（主动肌）收缩力减小，ROM增加。

另外，"PNF"拉伸中由于肌肉等长与向心收缩，力量得到增长。与静力法相比，"PNF"拉伸会使主动肌放松、等长收缩和向心收缩，使被动肌放松和向心收缩。“PNF”拉伸对同伴（队友）或教练员要求较高。首先，队友或教练员必须懂得如何使用“PNF”法，以及其原理或机制；其次，为了避免运动损伤，应循序渐进。一般情况，“PNF”拉伸有三种基本形式，即“保持—放松”“收缩—放松”“缓慢—反向—保持—放松”。另外，还有“收缩—保持—放松—运动”和“收缩—运动—放松”等形式。

以股二头肌为例，“PNF”拉伸“收缩—保持—放松—运动”的程序为：在队友或教练员对股二头肌施力时，运动员大腿后群肌等长收缩，保持5~10秒，然后放松10秒，随后进一步施力，重复上述程序，连续做3次。在做股二头肌“PNF”拉伸时，用语言指导运动员完成柔韧训练，如在施力时说“对抗”，在牵拉后说“放松”。另一种形式的练习是运动员主动收缩股二头肌，在预（规）定的范围内，在拉伸中不断地收缩和放松。能够进行“PNF”的部位有小腿三头肌、踝关节、胸肌、缝匠肌、股二头肌、伸髋肌群、股四头肌和屈髋肌群等。

五、四种柔韧训练方法的比较

首先，静态拉伸会减少或降低肌梭的活动度或参与度，也就是说，在静态拉伸时，牵张反射并未启动，肌梭不再发挥感知肌肉长度突然改变的功能。静态柔韧训练的优势还有：第一，不需要专门的场地和器械，易学易练；第二，消耗能量较少；第三，有充足的时间来调整牵张反射的敏感度；第四，可以有暂时性长度的变化，如果牵拉强度大，会通过激活高尔基腱器官而引起肌肉的放松。但静态拉伸的缺点也显而易见，即与运动实际有较大的距离，专项性不突出，静态柔韧训练对协调性发展不明显。

其次，从专项化的角度而言，动态性柔韧训练更贴近（绝大部分）运动本身，动态拉伸主要安排在专项性准备活动中。静态拉抻在发展柔韧性的效果上不逊于动态拉伸，主要原因是它不涉及牵张反射，可以尽量减少损伤。但总体而言，静态柔韧训练在专项契合度上要低于动态柔韧训练，因此，提倡二者有机结合起来。动态拉伸安排在准备活动中，静态拉伸放在训练课的结束部分。

最后，被动拉伸中运动员本身不必费力气，肌肉处于放松状态，一定程度上节省了体力。但需要指出，由于被动柔韧训练时运动员本身无需用力，肌肉得不到有效锻炼，对专项柔韧性发挥作用有限。与此对应的柔韧训练法是主动拉伸，它与专项联系更紧密。

另外，“PNF”法最早应用于医学正骨疗法，被作为一种理疗康复技术。实践证明，“PNF”法对提高关节柔韧性十分有效。这种方法合理地利用了“肌肉等长收缩继发性放松”和“反牵张反射原理”，前者在拉长肌肉等长收缩后进行快速牵拉，反复交替直至肌肉牵拉到最大幅度，后者利用了主动肌主动收缩时对抗肌放松的反牵张原理，可对对抗肌进行进一步有效拉伸。“PNF”法能够更有效地获得逐渐增加的牵拉空间。“PNF”法的另一个好处是提高了运动员训练的兴趣以及增进了队友或教练员与队员之间的协作关系。

由于“PNF”拉伸是被动牵拉的一种特殊形式，格外需要协同配合。在“PNF”拉伸练习过程中思想要集中，身心要结合，目标肌要明确，保证动作姿势始终规范。因此，如果想要“PNF”法最大限度地发挥作用，必须掌握正确的技术。

综上所述，各种柔韧训练方法都存在一定的局限性，在实际训练中，首先应分析专项动作结构、神经-肌肉等方面的特征，对柔韧训练方法进行针对性评估，选择、组合最佳的柔韧训练方法与手段，取长补短，这样才能保证最佳的训练效果。

第三章　柔韧训练实施与操作

第一节　柔韧训练实施要素

一、柔韧训练的装备

柔韧训练不需要复杂的设备，一条毛巾、一组肋木、一块方垫、一条弹力绳、一副重量适中的哑铃、宽松的着装就可以完成一堂柔韧训练课。使用这些设备主要是提高柔韧训练的效果，并在条件上提供保证。柔韧训练的设备（器材）还有单杠、双杠、吊环、肋木、杠铃、拉伸架等。

二、柔韧训练的时间与时机

人体（运动员）柔韧水平在一天之中表现不同，通常上午10—11点和下午4—5点柔韧性最好，清晨表现最低。因此，柔韧训练最好控制在以上两个时间段内，选择适宜的训练时段可以起到事半功倍的效果。夏天天气热，柔韧训练时间可适当缩短；冬季天气寒冷，柔韧训练可适当增加时间。研究表明，腘绳肌（股后肌）持续30秒的静态拉伸和持续1分钟的静态拉伸效果相同。因此，同一块肌肉，单组训练时间一般不超过30秒，可重复2~3组。训练课中的柔韧训练时间根据目的不同，一般控制在15~60分钟。

柔韧训练安排的时机不同则有不同的意义和要求。不同时机的拉伸发挥不同的作用，而且如何拉伸也有很大区别，在什么时间拉伸也有不同的观点。

（一）安排在训练课的开始或前半部分

准备活动的目的主要是提高肌肉内血流量和身体中心温度，提高神经兴奋性以及运动系统的灵活性和协调性。柔韧训练本身并不能有效提高身体温度，因此，柔韧训练应安排在一般性准备活动之后。热身中拉伸的目的是加速神经兴奋性以及肌肉等组织的血液循环，因此，多采用动态性拉伸方法（如匀速式、摆动式等）。同时，需注意在力量训练前不建议进行静态柔韧训练，这样会影响肌肉力量的发挥。在训练课开始阶段，针对每个特定肌肉的柔韧训练可分别安排1~2个手段，进行1~2组针对性练习。

（二）安排在训练课结束阶段

训练课结束阶段，运动员身体温度达到较高水平，关节充分活动，僵硬度明显降低，在整理活动中加入柔韧训练既有效又安全。相比之下，静态性拉伸更适合整理活动，通过副交感神经系统降低肌肉紧张度，缓解精神和肌肉运动后的压力。因此，柔韧训练可放在其他训练内容之后，特别是力量训练后。例如，针对每个训练后的肌肉，选择1~2个手段，进行2~3组拉伸练习。

三、柔韧训练的基本程序

纳入训练计划的柔韧训练基本程序是：热身→拉伸→运动（训练）→再次拉伸→整理（放松活动）。

首先，拉伸练习可安排在准备活动后。在慢跑、跳绳或其他准备活动之后进行动态柔韧训练，可以有效降低损伤，这样安排的效果比直接进行拉伸更充分、更有效、更安全。例如，慢跑中可以穿插进行侧向交叉步、跨步跳等练习。一般性准备活动应保证一定强度，增加体温至出汗，但不能造成疲劳，影响正常训练。天气较冷时，准备活动的强度应加大。类似慢跑、跳绳等热身活动时间一般为5~10分钟。一般性柔韧训练的内容安排要遵循体积原则和主次原则。专项性柔韧训练要突出针对性和个体差异，结合项目运动特点，选择、设计相应的训练手段。柔韧训练方法要主动与被动相结合，静力与动力相结合。柔韧训练手段要兼顾主动肌和被动肌的同步发展。对于动力性专门化柔韧训练（手段），建议完成2~3组，每组重复10~15次。静态拉伸时可采用15~30秒牵拉，放松5秒或1分钟，后继续牵拉15~30秒的模式重复2~3遍。柔韧训练的间歇期可做一些肌肉按摩或抖动活动，舒缓牵拉组织。

另外，拉伸完某块肌肉后，随后应拉伸其对抗肌。如在拉伸腘绳肌（大腿后群肌）之前应先拉伸股四头肌（大腿前群肌），这样会获得更好的效果。在练习顺序上，如果身体两侧的柔韧性有差异，可先从较差一侧开始拉伸。如果两侧大腿后群柔韧不一或下背部有问题，两腿不要同时拉伸，可一次只拉伸一侧。

整理活动中的柔韧训练主要是缓解大强度训练课后肌肉酸痛以及加速代谢产物的排出，有助于加速疲劳消除，舒展训练肌肉，有效缓解肌肉僵硬感。柔韧训练在训练结束后进行，此时身体温度较高，牵拉更安全、有效。

四、柔韧训练的强度

柔韧训练的强度主要靠主观感受来定，按照牵拉时身体感觉等级由弱到强可分为适宜、中度、不舒服、疼痛、不能忍受。柔韧训练中，运动员凭自身特点和训练目标确定牵拉的强度，一般而言，肌肉、肌腱等结缔组织牵拉至紧张而不疼痛为适宜强度。

柔韧训练过程中，应逐渐明确每个练习所要牵拉的肌肉，并将牵拉的力量集中在目标肌上，使目标肌得到最大程度的拉伸。具体的方法是不断通过主观感受加强对肌肉拉伸强度的控制。

对伤后康复运动员柔韧训练来说，首先应严格控制训练的强度和时间，在伤病恢复后逐步进行；其次，注重运动员主观感受；再次，在长期、渐进的训练中找到最佳的拉伸强度。另外，如果要增加柔韧训练强度，可以在达到最大拉伸时收缩该肌肉，然后再次进行拉伸。

许多人对拉伸的认识存在误区，认为如果拉伸没有疼痛感觉就不起作用，但往往是舒服或适宜的拉伸才是有效的。如果拉伸时总伴有较强烈的疼痛感，身体的自然反应会使肌肉紧张以防止进一步被拉长，若在这种情况下还继续拉伸，肌肉反而容易受到损伤。所谓“软组织屏障”（soft tissue barrier）是当拉伸开始感觉到一些阻力但没有不舒服或疼痛感的那个位置或区间（段）。

柔韧训练可以通过增加牵拉幅度、同伴增加力度、在负重状态下、使用特殊设备等途径提高强度。负重状态下，主要是通过重力作用牵拉肌肉。在负重情况下，被牵拉的肌肉应尽量保持放松和稳定，重量大小的确定应根据个人能力，遵循循序渐进的基本原则。静态拉伸时，负重量相对大一些，动态拉伸时，负重量应较小，并使速度可控。

同伴助力时，可以达到自身所能达到的最大牵拉幅度，完成自身难以完成的练习动作，可以采用“PNF”法，在渐进中有效提高关节、肌肉活动范围。同伴助力时，交流非常重要，及时反馈可以保证训练的安全性。静态拉伸过程中，首先要确定“可牵拉区域”，通过自我疼痛感受来判断这一区域的大小。正确拉伸方向或方位是提高牵拉幅度的基本保障。垫高支撑点和增加间距等是提高静态拉伸效果的基本途径。

五、柔韧训练中的呼吸

呼吸节奏会影响心率及血压。适宜的呼吸会促进柔韧性的发展。呼吸同样可以调节肌肉和软组织的生物节律，如通过对交感神经的调节来缓解肌肉紧张，进而提高拉伸幅度（ROM）。

相比之下，人体用力克服阻力在憋气时力量最大，吸气时其次，呼气时力量最小。在柔韧训练过程中，也存在类似的现象。在呼气时，肌肉的紧张度是最低的，因此，如果进行短时间柔韧训练，在完成过程中应呼气；如果持续时间较长，应采用浅吸气、长呼气的方式，增加被牵拉肌肉的放松程度，有助于肌肉更好地拉伸。

提高肌肉的放松能力，尤其是主动肌的放松能力。在柔韧练习中，呼吸要慢且有节奏。在牵拉开始之前呼气，开始后缓慢吸气，在牵拉时，可以出声计数，以防止憋气。也就是说，柔韧训练时不要暂停（憋气）呼吸，应该很缓慢且深深地呼吸；暂停呼吸会使负氧债增加，动作不协调，肌肉受伤的可能性增加。拉伸练习中呼吸的节奏比数数（心里默念30秒）更重要。因此，在拉伸练习时，不应只注意完成规定的时间，而是要特别注意呼吸的节奏和对应拉伸肌肉（身体）的感觉。另外，也可以利用呼吸的节奏或肌肉反应决定哪些肌肉需要更长时间的拉伸，哪些肌肉不用。

六、柔韧训练的顺序

在安排柔韧训练（课）时，应注意拉伸部位或肌肉顺序，要按照一定顺序进行。通常情况下，深层肌肉应放在浅层肌肉之前拉伸。如下肢髋关节的柔韧性主要受髋关节囊以及髋部屈肌伸展性的限制，因此提高髋部柔韧性主要通过拉伸髋关节深层韧带、肌腱以及屈肌组织来实现。

拉伸练习的基本顺序是：从深层关节（囊）周围组织到浅层肌肉及软组织，或从单关节组织到多关节组织，或从较短到较长的肌肉及软组织等。

对抗肌对主动肌的抑制会影响主动肌的收缩能力，如髋关节屈肌的僵硬度对髋关节伸肌具有较大的影响。当髋关节伸肌，如臀大肌不能很好地完成伸展动作时，股后肌肉（腘绳肌）就会参与并发挥协同肌的作用，即当主动肌不能完成运动时，协同肌就会从协同的角度发挥重要作用。但在这种情况下，腘绳肌需要承受更大的压力，因此拉伤的可能性就会增大，如果髋关节屈肌得到有效拉伸，就会缓解伸肌的紧张度，提高其收缩能力并且降低协同肌拉伤的概率，从而有效避免运动损伤。

另外，拉伸通常先从中心部位开始，即背部、臀部和大腿后群肌。通过拉伸这些肌肉群影响身体其他部位肌群，使全身灵活性被充分调动。推荐的拉伸顺序如下：第一，躯干和下肢：①背部（躯干），②臀部（骨盆），③大腿后群肌，④腹股沟（大腿内收肌），⑤股四头肌，⑥腓肠肌及踝、脚；第二，颈部和上肢：①肩部肌群，②手臂、手腕、手，③颈部。

七、柔韧训练的注意事项

（一）柔韧性开发要适度

如果在柔韧训练中始终有疼痛感，那么柔韧训练效果就会受影响。柔韧训练的度以牵拉到难受之后稍稍放松一点为宜。柔韧训练应是运动员个人的事情，不要当作比赛或队友间的较量，要因人而异，针对开发。如果在柔韧训练过程中感觉肌肉结缔组织持续性疼痛，活动幅度减小，则说明柔韧训练过度。柔韧性的发展程度应从项目特点和需要出发，有些项目没有必要最大限度地发展运动员的柔韧素质，过度发展会影响关节结构的稳固性和体态，对其他素质产生不良影响，尤其对力量或爆发力素质产生较大的负面作用。可见，柔韧性的开发需要掌握好“度”。

（二）柔韧性开发要互补

运动中存在“柔韧补偿”的现象，即在完成（专项）动作时，某些关节（部位）的柔韧性不足会通过加强相关关节或部位的柔韧性来补偿，这样会增加相关关节或部位过度拉伸或功能失调的可能性，如赛艇运动员髋关节柔韧性不足，通过弯曲腰部或胸部脊柱来满足运动幅度的需要，这种补偿很多时候是有害的，即可能导致腰部（下背部）或胸部疼痛。如果某块肌肉感到格外紧张，最好的办法是拉伸对抗肌。

（三）柔韧性开发要互利

力量训练中，在重量适中的条件下进行负重离心，也可以使离心收缩的肌肉得到有效牵拉。柔韧训练在提高关节或肌肉活动范围的同时可以促进力量表现，从而提高爆发力和最大力量水平。力量训练不会使柔韧性降低，事实上，在一些情况下反而会提高柔韧性。力量训练动作正确、合理，柔韧训练适度、有效，二者可以达到共同进步的效果。如果想要在力量训练的同时增加柔韧性，必须注意以下几点：第一，使柔韧训练成为整体训练的有机组成部分；第二，主动肌和被动肌要得到同步训练；第三，整个肌肉或肌肉群进行全幅训练，适度增加被动环节的训练时间，在离心收缩过程中，肌肉拉长，依然收缩用力抗阻。力量训练后应做柔韧练习，使训练的肌肉得到有效的牵拉和舒展，使肌肉柔而不软，韧而不僵。

（四）柔韧性开发要预防受伤

柔韧训练中注意保证头部与背部在一条直线上。如果在柔韧训练时采用双膝着地的跪姿练习，那么脚趾应指向后方，不应让双脚内侧着地承受身体重量，这样会给膝关节造成不正确的压力。在每个柔韧练习开始和结束时均要小心且缓慢进行。在拉伸到最大极限时不要做振摆动作。

如果有关节或韧带、肌肉损伤，在柔韧训练中应避免弹震式练习；背部有伤或疼痛，应避免体前屈练习；在静力柔韧训练中，强度要适中；在肌肉受伤时，进行“PNF”训练要格外小心；在超负荷牵拉时，静力收缩或主动肌牵拉应时刻监控，受伤或感到肌肉、关节、肌腱疼痛时，应停止训练。

第二节　柔韧训练具体操作事宜

柔韧训练在操作过程中应根据训练方法的适用条件和训练对象柔韧性特点进行诊断、区分，并在此基础上制定训练目标、设计训练计划、检验训练效果等。

一、柔韧性的诊断

肌肉不同形式的收缩及其结果或表现直接决定柔韧训练的方法与手段。换句话说，不是所有的肌肉都需要拉伸训练，可能有些肌肉已经过度拉伸，需要进行力量训练。

因此，对柔韧性的诊断需要了解肌肉收缩特性及表现。肌肉收缩的一种表现是“高张力肌肉”（Hypertonic muscles），如果肌肉缩短或紧张是由于习惯性向心收缩，那么这些肌肉就被称为“高张力肌肉”。如长时间坐在电脑前、驾驶或手臂长时间放于身体前面时，胸肌张力就会慢慢增加，诊断的结果是肌肉紧张。拉伸这些肌肉可以使其恢复正常的肌张力和肌长度。

肌肉收缩的另一种表现是“离心性紧张肌肉”（Eccentrically stressed

muscles），通常是由于姿势紧张，肌肉处于长时间缓慢拉伸状态造成的紧张，不是缩短紧张，而是延长紧张。这是因为肌肉处于离心收缩状态，试图使肌肉恢复到正常长度。菱形肌离心性紧张就是一个典型的例子，部分人出现的"圆肩"与高张力的胸肌有直接关系。附着在脊柱和肩胛骨的菱形肌通常需要对抗胸肌的拉力，将肩胛骨拉回到正常位置，从而引起离心性肌紧张，诊断结果是菱形肌紧张和酸痛。缓解或纠正这种情况不是继续拉伸菱形肌，而是需要进行菱形肌力量训练，同时拉伸胸肌，达到胸背部肌肉力量及收缩状态的平衡。可以说，当胸肌被拉伸放松后，菱形肌会自动获得正常肌力和张力。可见，纠正姿势不平衡时，拉伸练习应先于力量训练。

二、柔韧训练目标的制定

一般来说，柔韧训练有三类目标：一是提高柔韧性；二是保持或维持柔韧性；三是伤后柔韧性恢复。在制定训练目标时，应根据运动员自身需要区别对待。提高柔韧性是通过主动或被动牵拉肌肉、肌腱、韧带及结缔组织实现适宜的运动范围。

以保持柔韧性为目标，大众可以保证一周3~5次的柔韧训练，专业运动员应保证每天1~2次、每周6~7天的训练频率。

三、柔韧训练计划的设计

如果仅将柔韧训练作为准备活动的一部分来安排，对于有些运动项目则显得简单，对柔韧性要求高的项目，应制定专门的柔韧训练计划来发展柔韧性。因此，柔韧训练必须制定科学、详细的计划，并严格执行。短期、系统的柔韧训练会对柔韧性产生良好的影响。每天进行10~15分钟全身性柔韧训练，3~4周就会提高关节和肌肉的灵活性。但柔韧性的提高与保持是渐进且长期持续性训练的过程，停训或中断训练柔韧性会出现消退。实践证明，牵拉的频率越高，强度越大，柔韧性的发展越快。一般人在开始柔韧训练的第一周会出现肌肉僵硬或酸痛的现象，当身体逐渐适应有规律的训练后，柔韧性会持续提高。柔韧性的保持需要持续的训练，如果停止柔韧训练，获得的柔韧性会随时间的增加逐步消退。柔韧性提高快，消退也快，因此柔韧性的保持显得格外重要。柔韧训练的长期化、系统化和专项化是各运动项目柔韧训练应贯彻的方针。

制订柔韧训练计划，第一，要确定目标，根据个体及项目特点，在加强柔韧薄弱环节的基础上，全面提高柔韧性；第二，要突出重点，所谓重点是与专项联系紧密的肌肉群或关节，加强对抗肌（或后群肌）柔韧训练的比例；第三，在长期训练过程中，可以采用阶段变化训练负荷的方式，也可以采用保持性训练方式，即不让原有柔韧（性）下降；第四，柔韧训练应进行阶段性诊断与评价，对照目标修订或调整训练计划。计划制定过程中应重点考虑以下四个问题。

（一）专项性

柔韧在不同运动项目、关节、肢体（侧）、速率（度）等方面都是专门化的，具有明显的专项特征或专项需要。也就是说，对某个运动项目而言，柔韧训练计划的制定需要考虑柔韧性的特殊类型，并且始终以专项特征及需要为依据。例如，棒球、篮球、网球、游泳、田径、自行车运动员对柔韧的特殊要求决定了应制定不同的训练计划。

（二）多样性

将主动与被动柔韧训练相结合，静力与动力柔韧训练相结合，针对相同的部位或关节，柔韧训练手段不断调整、变化，做到全面开发、相互补充。在训练中应贯彻动静搭配、手段多变、弱势优先的训练原则。

（三）力量同行

在主动性柔韧训练中肌肉力量对柔韧性的提高起到重要的作用。在发展柔韧的同时，应加强力量训练，处理好柔韧与力量训练的关系。例如，静力剪刀腿和动力剪刀腿双腿伸展幅度有差距（静力幅度大于动力幅度），此时应加大动力时的用力程度，确定用力肌肉，进行针对性训练。良好的柔韧性一定要有力量做支撑。可见，主动性柔韧一定要和被动柔韧一起做。

静态柔韧练习应放在力量练习后，动态柔韧练习应放在速度和弹跳练习前，这样不仅可以使韧带、肌肉和肌腱组织保持相应的弹性和伸展性，而且还可以保证训练后的效果，将训练的相互干扰降到最小程度。

（四）平衡发展

左右肢体、前后肌群柔韧性应对称开发，同步提高。在柔韧练习中，要查缺补漏，加强薄弱肌群或环节的力量训练，首先将左右、前后、上下肢体力量素质发展到均衡的水平，在此基础上进行全面柔韧训练。

四、柔韧训练的循序渐进

对于初学者来说，采用晋级法逐步提高柔韧性是正确的选择。以下列出的五级，也可以理解为“五步”，具有逐渐递进的特点。每一步持续2周，就可以进行下一步的练习。

第一级：保持拉伸姿势5~10秒；两次拉伸间歇5~10秒；每个练习重复2次；拉伸强度为轻微不适；每次练习持续15~20分钟；每周拉伸2~3次。

第二级：保持拉伸姿势10~15秒；两次拉伸间歇10~15秒；每个练习重复3次；拉伸强度为中度不适；每次练习持续20~30分钟；每周拉伸3~4次。

第三级：保持拉伸姿势15~20秒；两次拉伸间歇15~20秒；每个练习重复4次；拉伸强度为中高度不适；每次练习持续30~40分钟；每周拉伸4~5次。

第四级：保持拉伸姿势20~25秒；两次拉伸间歇20~25秒；每个练习重复5次；拉伸强度为中高度不适；每次练习持续40~50分钟；每周拉伸4~5次。

第五级：保持拉伸姿势25~30秒；两次拉伸间歇25~30秒；每个练习重复5~6次；拉伸强度为高度不适；每次练习持续50~60分钟；每周拉伸4~5次。

五、柔韧训练部位的确定

训练部位的选择首先要根据项目肌肉运动特点，对主动肌进行针对性训练。在方法选择上，动态柔韧训练更加符合专项的需要，静态柔韧训练是基础性训练，在选择拉伸目标上也要遵循部位专项化的原则。

另外，有些方法适合下肢肌肉拉伸，而有些方法对全身都有效。因此，在方法选择上也要有重点。突出专项的特点反映了部位与方法的内在一致性。

每位运动员都有身体素质的薄弱环节，在柔韧性上，身体部位不同，柔韧性也存在差异，因此，在柔韧训练中，应着重发展薄弱部位的柔韧性，达到均衡发展的目的。前后群肌肉柔韧性的开发存在差距，例如，大腿前群（股四头肌）柔韧性好，大腿后群（股二头肌）柔韧性相对较弱，应加强大腿后群肌肉的柔韧训练。

六、柔韧训练“度”的把握

柔韧性并非越柔越好，训练中应因人而异、因项而异，适度开发的关键在于了解关节活动特点，以及运动项目对关节柔韧性的要求，并根据运动员个体差异进行针对性训练。总体上，要把握好“度”，做到宁欠勿过，不要急于求成。

在完成一个柔韧练习时，对“度”的把握在于肌肉的感觉。静态拉伸时直到拉伸的肌肉产生轻微的疼痛，这就是拉伸的临界点，过了这个点，肌肉就可能被拉伤。因此，柔韧训练时，要找到“柔韧发展区”，也就是在适度肌肉疼痛感的区域内进行柔韧训练才是有效的。换句话说，柔韧训练应该在“安静”“放松”“信任”的环境中完成，这样不仅可以放松运动员的身心，也可以有效避免过度拉伸造成的组织损伤。如果运动员在完成柔韧训练后，感到肌肉紧张或疼痛，那么说明训练强度过大、呼吸节奏不对或训练方法不正确。不正确的柔韧训练会引起“反弹性”效应（即肌肉等软组织在拉伸后恢复原有紧张或僵硬程度，并伴有“延迟性肌肉酸痛”的生理性反应）。

突然性或大强度的拉伸会造成肌肉（超）微结构损伤（如肌丝断裂等），

引发肌肉酸痛现象。突然快速的拉伸还会引起肌肉“牵张反射”，造成肌肉反射性缩短，影响柔韧训练效果。正确的拉伸方法和训练原则是取得良好训练效果的根本保证。对于初学者或柔韧性差的运动员，柔韧训练的起始阶段，每个柔韧练习中，应从使自己感到疼痛的临界点往回放松一点的地方开始，每一个拉伸姿势静止20秒即可，随后适度增加每次拉伸的时间和同一肌肉拉伸的次数。

七、柔韧训练的心理调节

运动员的心理状态一定程度影响着柔韧水平，当运动员处于愉快的情绪中或适度的兴奋状态下，容易表现出较好的柔韧水平。可见，心理调节对于运动能力的充分发挥有着重要的作用。在训练和竞赛中，应格外注意对运动员心理状态的调节，使其以良好的心理状态对待训练和比赛。

在柔韧训练中可试着加入一些心理调节方法，如表象训练，在头脑中反复想象某种拉伸运动动作或情景，从而提高拉伸技能和情绪控制能力。在柔韧训练中进行表象训练有利于建立和巩固正确的拉伸动作的动力定型，以及提高拉伸动作的熟练程度和加深动作记忆。此外，影响运动员情绪的因素有许多，简便易行的调节和控制情绪的方法有倾诉、宣泄、音乐调节、暗示调节等。

第四章　柔韧性测量与评价

第一节　柔韧性测量原则与内容

一、柔韧性测量原则

柔韧性测量是根据柔韧训练目的和运动员个体特征对具体关节（或部位）活动及伸展程度所进行的量化过程。在柔韧性测量时应注意两个基本原则。

（一）一般性原则

柔韧训练是全身性肢体运动的基本素质，各个关节和肌肉、肌腱、韧带都有活动或伸展的能力。这些都可以通过相应的手段进行测量，训练中进行阶段性、全面的柔韧性测量有助于了解训练效果，对进一步修订训练计划具有直接的参考意义。

（二）专项性原则

柔韧性测量应突出专项特点。从专项出发，根据项目运动过程中关节、肌肉活动特点有针对性地进行柔韧性的测量，主要体现在专项动作参与关节、肌肉（群）的运动形式、动作幅度、运动轨迹、动作速度等因素上。柔韧性专项化测量应根据上述因素进行。

二、柔韧性测量内容

柔韧性的测量主要包括静态柔韧性和动态柔韧性两方面。常用压、劈、摆、环绕等动作的伸展程度和幅度来测试肩、腿、髋、踝等关节的柔韧性。如常用站立体前屈、俯卧背伸、转体、绕环等动作来测试腰部柔韧性。

（一）静态柔韧性测量

静态柔韧性是受试者的主观静态拉伸耐受力的极限性表现。关节周围肌肉-肌腱系统以及测量姿势都会对测量结果产生影响。以直腿上举为例，直腿上举时，膝旁伸肌伸展性限制了上举的幅度。

静态测量是对关节运动幅度的测定。关节运动幅度可以利用角度计来测量。如脊柱屈伸（spine flexion-extension）、旋转幅度（spine rotation）、坐位体前屈（sit-and-reach test）、躯干-颈伸展幅度（trunk-and-neck extension test）、肩转动幅度（shoulder rotation test）、踝关节屈伸幅度（ankle flexion-extension）等。

1. 足背（跖）屈

目的：测试脚踝的柔韧性。

器材：专用量角器。

方法：受试者仰卧，脚跟部伸出长凳，膝关节伸直，专用量角器一边固定在腓骨与外踝连线处，活动臂置于第五跖骨小头和跟部外缘连线上，分别完成踝关节背屈和趾屈，用量角器测量背屈和趾屈的角度。

2. 劈叉

目的：测量髋的柔韧性。

器材：刻度尺或桡度尺。

方法：受试者两腿前后或左右缓慢分开至两脚间的最大距离，尽量使分叉处靠近地面。测量分叉处离地面的垂直距离或两脚跟的水平距离。测量2次，以厘米（cm）为单位，记录最好成绩。

注：可转换成指数进行评价，即纵劈叉指数=足跟间距/（下肢长×2），横劈叉指数=足跟间距/［髋横径+（下肢长×2）］。

3. 立位体前屈

目的：测量髋和腰的柔韧性。

器材：体前屈测量计，测量前用直尺进行校正，即将直尺侧放在平台上，使游标的上面与平台呈水平，并将游标刻度调到零位。或将标有刻度为60厘米的直尺固定在测量凳或平台一侧，直尺零点与凳面平行，0点以上标有负值1~20厘米，0点以下标有正值1~30厘米刻度。

方法：受试者赤脚站在测量计平台上，两脚尖分开5~10厘米，两腿并拢伸直，足尖置于平台前缘分开成60°角，并与平台前沿齐平，上体尽量前屈，双臂及手指伸直，双手并拢。用双手中指尖缓慢下推标尺上的游标，游标的刻度即为体前屈数。测量2次，以厘米（cm）为单位，记录最好成绩。

注：测量前应做好热身活动，测量时不得两腿弯曲或双臂突然下振，测量员可在一侧固定受试者，防止向前倾倒。

4. “后桥”

目的：测量肩、胸（椎）、腰（椎）、髋的柔韧性。

器材：直尺或卷尺。

方法：受试者先呈站立位，测量脐至垫子（地）面垂直距离，然后仰卧垫上，屈双腿，用力推成弓形，双手双脚撑地（与肩同宽），尽量使手脚的距离接近，同时脊柱向上顶起至最大限度。测量背弓最高点距离垫面的垂直距离，测量2次，以厘米（cm）为单位，记录最好成绩。

注：可用“脐高-桥高”值进行评价，数值越小，柔韧性越好，也可用“桥高/脐高”指数进行评价，指数越接近“1”，柔韧性越好。另外，在测量前应做好热身活动，手掌与脚跟不得离地，同时应有专人保护。

5. 旋肩

目的：测量肩的柔韧性。

器材：皮尺或2米长带刻度的细木棍。

方法：受试者两脚分开与肩同宽，双臂伸直，双手胸前握住皮尺或小木棍，一手虎口固定于皮尺或木棍0点位置，另一只手（活动手）取适当距离握住尺或木棍，随后双臂伸直，从胸前向上、向后旋转过头至背后，再直臂向上、向前旋转至开始位置。完成后缩短握距，重复以上动作，直到不能完成为止。测量两虎口间的距离，测量2次，以厘米（cm）为单位，记录最好成绩。

注：测量前做好肩部热身活动，测量中双臂不得弯曲。

6. 屈踝

目的：测量踝、小腿、跟腱的柔韧性。

器材：墙壁，直尺或皮尺。

方法：受试者面向墙壁站立，脚跟着地，身体前倾，下颚、前胸、双手掌贴墙面。逐渐加大脚与墙面的距离，双膝伸直，脚跟不得离地。下颚至地面的垂直高度减去脚尖至墙壁的水平距离为测量结果，数值越小，说明踝关节背屈与跟腱的伸展能力越好。测量2次，以厘米（cm）为单位，记录最好成绩。

注：测量前做好热身活动，测量时双脚脚跟不得离地。

7. 俯卧背屈

目的：测量脊柱的柔韧性。

器材：带游标的刻度尺。

方法：受试者俯卧垫子上，双臂屈双手十指交叉置于头后，测试人员坐于受试者脚踝上，双手按住受试者大腿上部，受试者头和上体尽量向后上方缓慢仰起。测量受试者下颚缘至垫（地）面的垂直距离，测量2次，以厘米（cm）为单位，记录最好成绩。

注：测量前做好热身活动；测量时应保证测量尺与地（垫）面垂直；仰起后，要保持后仰姿势至测量完毕。

8. 肩–腕上抬

目的：测量肩、手腕的柔韧性。

器材：木棍，直尺。

方法：先测量受试者的臂长（手臂自然下垂肩峰至指尖的距离），受试者俯卧于垫（地）面上，双臂伸直，双手分开与肩同宽，手握（直）木棍，然后缓慢上抬，下颚必须着地，手臂伸直。受试者上抬木棍至极限时，测试人员用直尺测量垫（地）面至棍下缘垂直距离。测量2次，以厘米（cm）为单位，记录最好成绩。

注：可用臂长减去抬棍高度，臂长抬高高度越接近臂长，成绩越好。

（二）动态柔韧性测量

动态柔韧性是放松肌肉发生在明显收缩、位移过程中抗阻的最大伸展能力。运动员动态柔韧性可以通过高速摄像或摄影的解析获得。通过解析测量运动员运动中各运动关节或部位的运动幅度，进而评价关节、肌肉和软组织的柔韧性。

第二节 柔韧性评定程序与标准

一、柔韧性评定程序

（一）基本设备或仪器

柔韧性测量需要一些基本的仪器，如坐姿或站姿体前屈测量仪、分腿测量仪等。此外，还常用带尺、直尺、量角器、测角仪等工具进行测量。

（二）测量程序及注意事项

1. 柔韧性的测量程序

第一，在同等的条件下进行测量，并且进行必要的热身，测量时应保证轻便着装。

第二，为了保证测量的准确度，应由同一个测量员进行测量，起止点或角度的测量标准或尺度要统一。

第三，测量的记录要规范，并有横向和纵向的对比分析。

第四，为了避免测量的效度下降，出现测量的专项化问题，可设计不同的测量手段。

2. 柔韧性测量的注意事项

要了解被测试人左右、前后肢体或肌群、关节柔韧性是否存在差异。一方面，可以发现差距部位和程度，另一方面，为柔韧训练提供良好的依据和目标。同时还应注意以下几点。

第一，应保证柔韧测量的准确性和针对性。

第二，柔韧性的测量应注意训练中的变化，及时调整测量内容。

第三，柔韧性测量的标准应统一，并与训练进程紧密结合，定期进行监测。

二、柔韧性评定等级标准

可按照4级评定方法，等级越高表示柔韧性越好。通常情况下，等级3适合大多数运动项目，也是应达到的基本要求。但对于某些运动项目，也不必追求3级以上的柔韧性，防止关节过度伸展或超出动作极限。

（一）上臂柔韧性等级标准

1. 水平伸

如图4-2-1至图4-2-4。

等级1

图 4-2-1

等级2

图 4-2-2

等级3

图 4-2-3

等级4

图 4-2-4

2. 上臂外展

如图4-2-5至图4-2-8。

等级1

图 4-2-5

等级2

图 4-2-6

等级3

图 4-2-7

等级4

图 4-2-8

3. 前臂屈

如图4-2-9至图4-2-12。

等级1

图 4-2-9

等级2

图 4-2-10

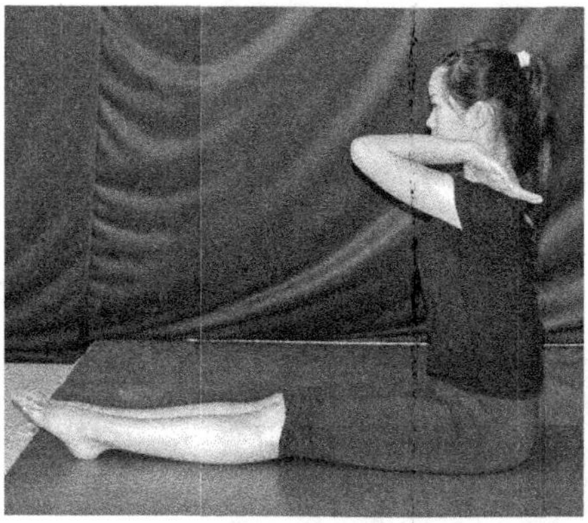

等级3

图 4-2-11

等级4

图 4-2-12

4. 前臂（过）伸

如图4-2-13至图4-2-16。

等级1

图 4-2-13

等级2

图 4-2-14

等级3

图 4-2-15

等级4

图 4-2-16

5. 手腕屈

如图4-2-17至图4-2-20。

等级1

图 4-2-17

等级2

图 4-2-18

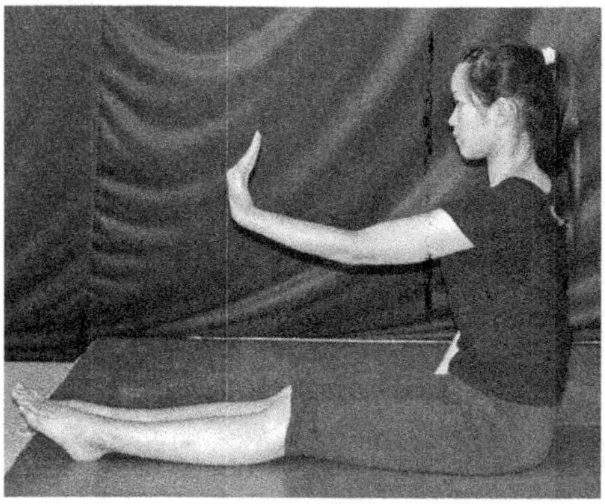

等级3

图 4-2-19

等级4

图 4-2-20

（二）躯干柔韧性等级标准

1. 躯干屈

如图4-2-21至图4-2-24。

等级1

图 4-2-21

等级2

图 4-2-22

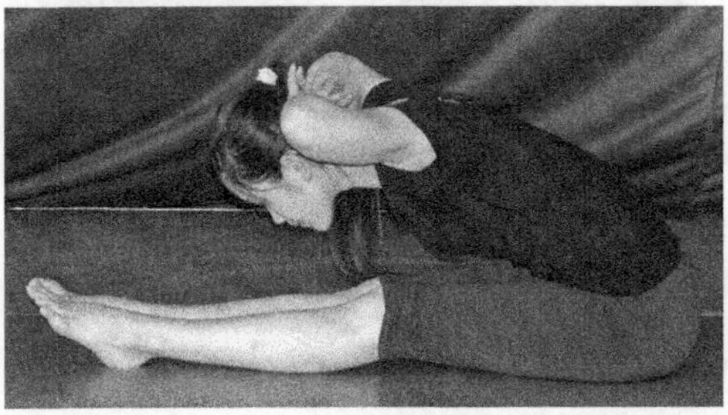

等级3

图 4-2-23

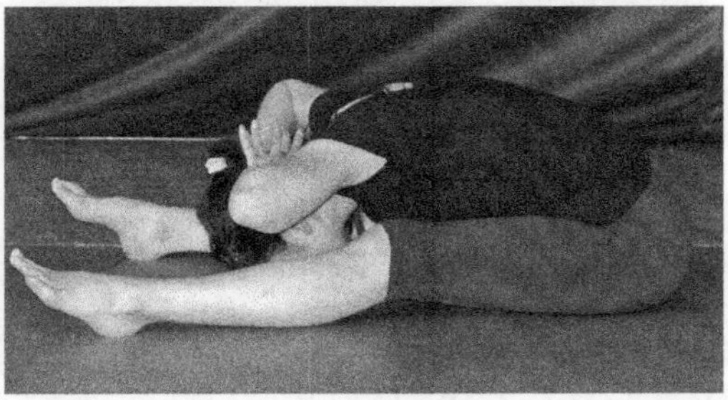

等级4

图 4-2-24

2. 躯干（过）伸

如图4-2-25至图4-2-28。

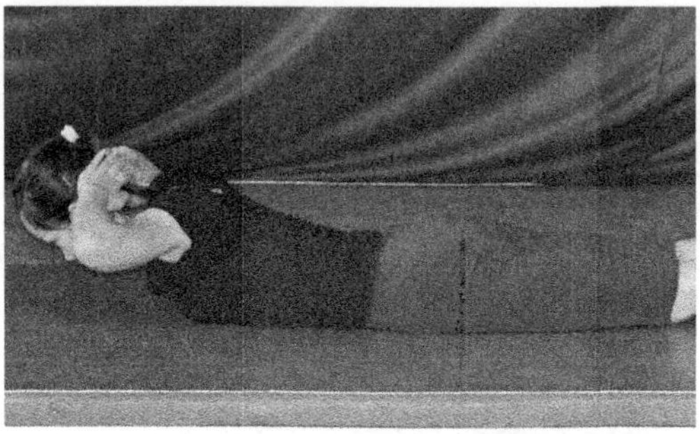

等级1

图 4-2-25

等级2

图 4-2-26

等级3

图 4-2-27

等级4

图 4-2-28

3. 躯干侧屈

如图4-2-29至图4-2-32。

等级1

图 4-2-29

等级2

图 4-2-30

等级3

图 4-2-31

等级4

图 4-2-32

（三）下肢柔韧性等级标准

1. 大腿屈

如图4-2-33至图4-2-36。

等级1

图 4-2-33

等级2

图 4-2-34

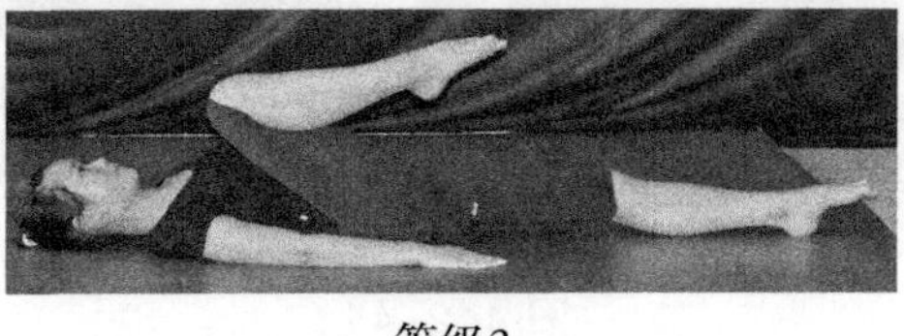

等级3

图 4-2-35

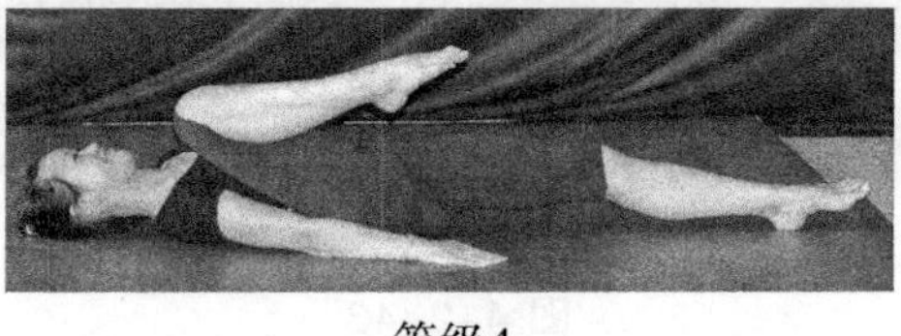

等级4

图 4-2-36

2. 大腿伸

如图4–2–37至图4–2–40。

等级1

图 4–2–37

等级2

图 4–2–38

等级3

图 4–2–39

等级4

图 4–2–40

3. 小腿屈

如图4–2–41至图4–2–44。

等级1

图 4–2–41

等级2

图 4–2–42

等级3

图 4–2–43

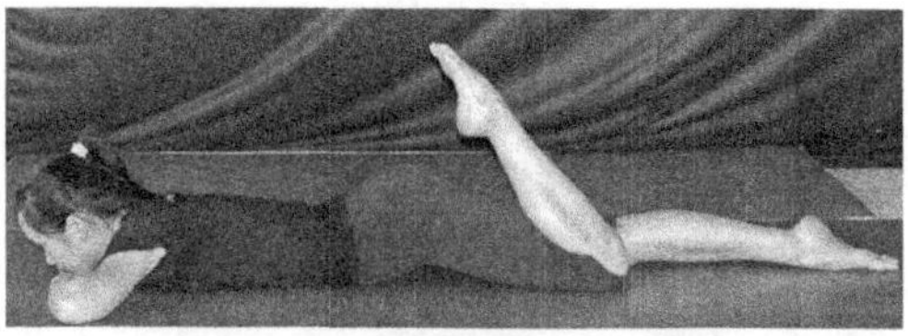

等级4

图 4–2–44

4. 小腿（过）伸

如图4-2-45至图4-2-48。

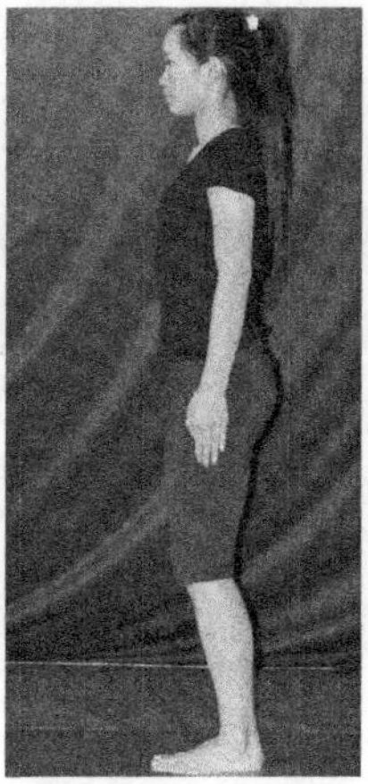

等级1

图 4-2-45

等级2

图 4-2-46

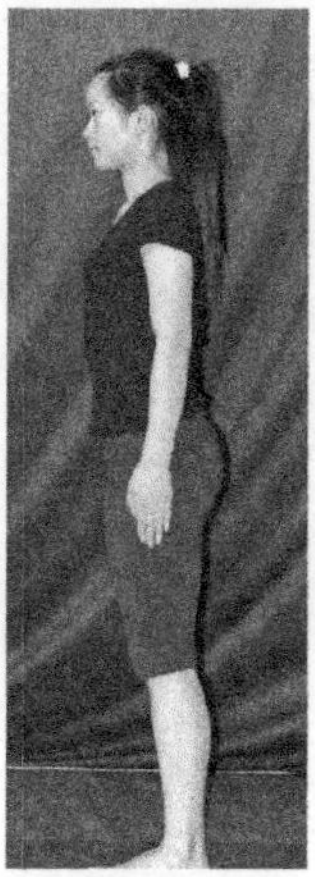

等级3

图 4-2-47

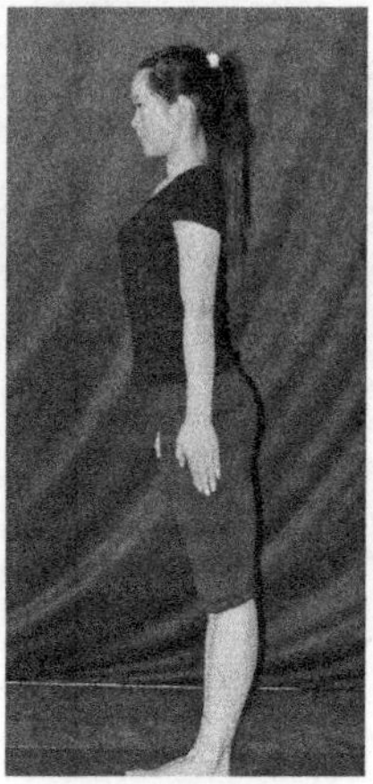

等级4

图 4-2-48

5. 足背屈

如图4-2-49至图4-2-52。

等级1

图 4-2-49

等级2

图 4-2-50

等级3

图 4-2-51

等级4

图 4-2-52

科学拉伸

提高柔韧性的秘诀

下篇

柔韧训练实践探索

第五章　柔韧训练常用手段与方法应用

分类标准不同，柔韧训练手段分类则不同。按身体部位划分，主要分为头颈部、上肢、躯干、下肢等训练手段（第一节主要以身体各部位静态拉伸手段为主）。按拉伸方式划分，主要有主动静力、主动动力、被动静力和“PNF”等训练手段。按照关节类型，可以分为单关节、双关节、多关节的训练手段。训练手段与训练方法相辅相成，在训练方法的指导下，以训练手段来达到训练目的。

第一节　不同身体部位柔韧训练手段

一、颈部

颈部类似圆柱体，肌肉分布在四周，包裹着颈椎和气管食道，颈部肌肉牵引头部保持稳定，颈部肌肉的拉伸方式及手段与其分布有密切关系。颈部肌肉主要分布在颈前三角区和颈后三角区两个区域。颈前区肌肉主要包括胸锁乳突肌和斜角肌肉，颈后区肌肉包括斜方肌、头最长肌、头半棘肌和头夹肌。颈部肌肉参与的主要活动包括支撑头部或摆动头部。头部活动包括屈、伸、侧屈、旋转（一般情况下，头颈部最大柔韧度为屈85°，伸70°，旋转80°，侧屈40°）。

颈部肌肉拉伸在训练中较少涉及，颈部肌肉僵硬很大程度上与缺少拉伸以及长时间静力紧张或姿势不对有关。另外，运动后颈部肌肉疲劳未得到有效放松与拉伸也是颈部肌肉僵硬的主要原因。颈部肌肉拉伸顺序应从屈、伸开始，再进行侧屈及回旋练习，同时应注意主动肌和对抗肌交替进行，并保持左右肌肉拉伸的平衡。

颈部在受伤或伤后恢复时，应避免进行柔韧训练。颈部的柔韧训练可以缓解因久坐以及慢性静力性肌肉劳损导致的颈部肌肉疼痛。

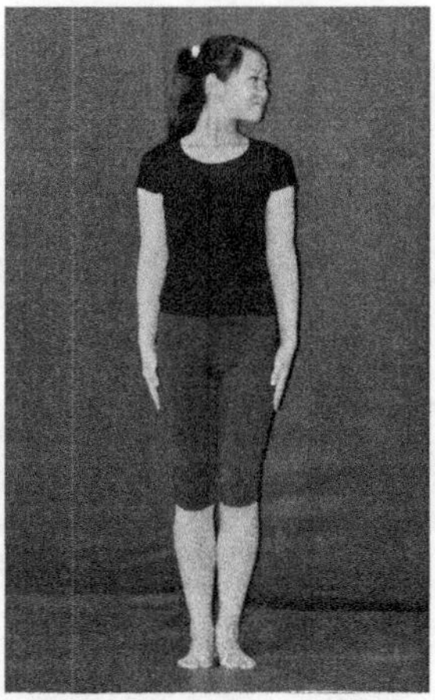

图5–1–1

1．“左右看齐”

牵拉目标： 胸锁乳突肌。

练习方法： 站姿或坐姿，头颈部保持竖直，以次最大用力程度向右转头，保持15~30秒后换方向，各重复2~3组。如图5–1–1。

备注： 增加强度，可尽力向左右侧转头至最大用力幅度。

2. 头前探

牵拉目标： 胸锁乳突肌、枕骨下肌、颈夹肌。

练习方法： 站姿或坐姿，头颈部竖直，头颈部向下背屈，下颌靠近胸部，保持15~30秒，如果下颌接触胸部，那么再向下移动，重复2~3组。如图5–1–2。

备注： 动作变化：双手交叉放于头颈部，向下施力，使下颚部靠近胸部，保持15~30秒，重复2~3组。如图5–1–3。

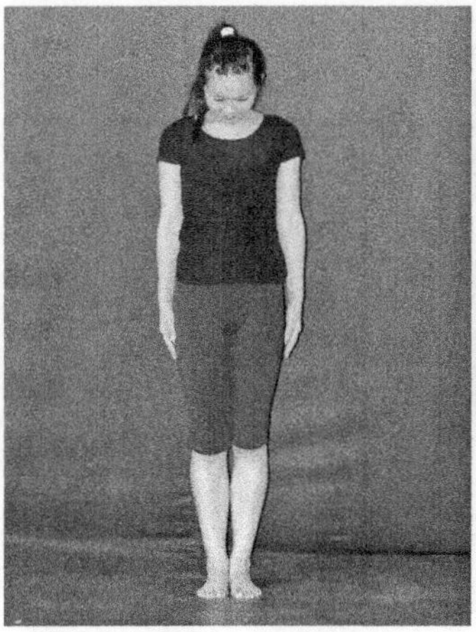

图5–1–2

图5–1–3

3. 屈腿仰卧起

牵拉目标：斜方肌、颈夹肌。

练习方法：仰卧，屈腿，小腿靠近大腿后部，双脚撑地，脚尖向前，双手交叉，扶在头后，双臂内扣，靠在头部两侧，呼气，双手施力向上（胸部）拉起头部和颈部，保持15~30秒，重复2~3组。如图5-1-4、图5-1-5。

图5-1-4

图5-1-5

4. 俯身前顶

牵拉目标：斜方肌、颈部后群肌。

练习方法：跪姿，双膝触地，双臂屈，前臂及手掌撑于地面，头顶部触地，上体团身臀部向上，呼气，头部不动，肩部向前顶，下颚靠近胸部，保持15~30秒，重复2~3组。如图5-1-6。

图5-1-6

备注：尤其适用于摔跤和柔道运动员。

5. 肩肘倒立

图5-1-7

牵拉目标：斜方肌、颈部后群肌。

练习方法：颈肩部触地，上体及双腿保持竖直，与地面垂直，双（上）臂体侧撑地，双手向后扶住腰部，保持15~30秒，重复2~3组。如图5-1-7。

备注：尤其适用于摔跤和柔道运动员。

动作变化一：在原有基础上，呼气，双腿分开，缓慢向前（头前部）下沉，直至脚尖触及地面，保持15~30秒，重复2~3组，下背部肌肉及腘绳肌同时被拉伸。动作变化二：在原有动作基础上，屈膝，双手向前握住大腿内侧，双膝靠在头部两侧，双脚脚背触地，保持15~30秒，重复2~3组。动作变化三：在原有动作基础上双腿屈膝并拢，下颚靠近胸部，双膝放于头部左侧，双膝、小腿、脚背触地，保持15~30秒，重复2~3组。

6. 持铃头前探

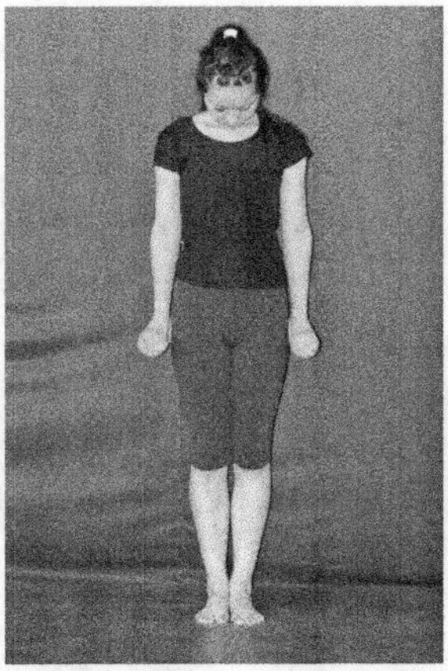

图5-1-8

牵拉目标：斜方肌、颈部后群肌。

练习方法：两脚并拢站立，双手自然放于体侧，持一副重量适中的哑铃（5~8kg），尽量沉肩，呼气，下颚前探靠近胸部，保持15~30秒，重复2~3组。如图5-1-8。

备注：上体保持正直。动作变化：双手并拢放于体前，手持一副重量适中的哑铃，呼气，尽量沉肩，下颚靠近胸部。

7. 仰卧助力抬头

牵拉目标：斜方肌、颈部后群肌。

练习方法：仰卧，双腿直膝并拢，双手放于体侧，同伴（队友）跪在其头后方，双手扶住头后部，施力上抬，该队员呼气，保持15~30秒，重复2~3组。同伴随时询问，保持交流。如图5-1-9。

备注：上体与垫子保持接触，同伴上抬方向应固定。

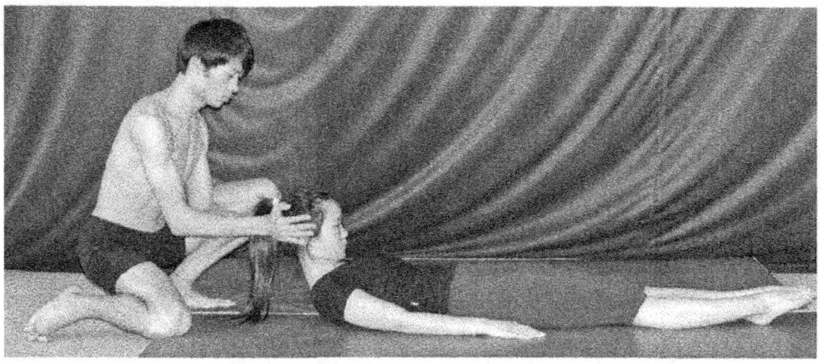

图5-1-9

8. 头后仰

牵拉目标：胸锁乳突肌、枕骨下肌、颈夹肌。

练习方法：站姿，头后仰至最大或次最大幅度，保持15~30秒，重复2~3组。如图5-1-10。

备注：动作变化：平躺在宽凳上，头部在外悬空，尽量向下沉，保持15~30秒，重复2~3组。

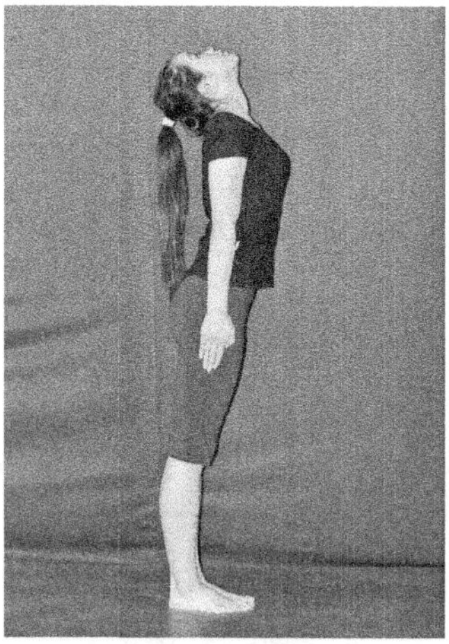

图5-1-10

9. 坐姿头侧拉

牵拉目标：胸锁乳突肌、枕骨下肌、颈夹肌。

练习方法：坐于椅子上，左手抓住椅子边，左肩固定，右手扶住左侧头部，呼气，向右肩方向施力，保持15~30秒后换方向，各重复2~3组。如图5-1-11。

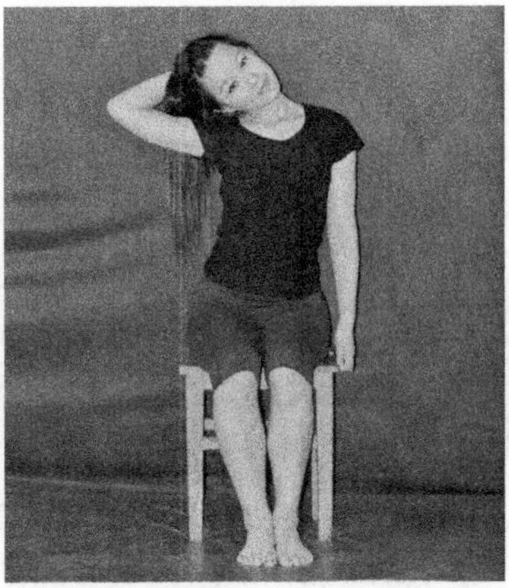

图5-1-11

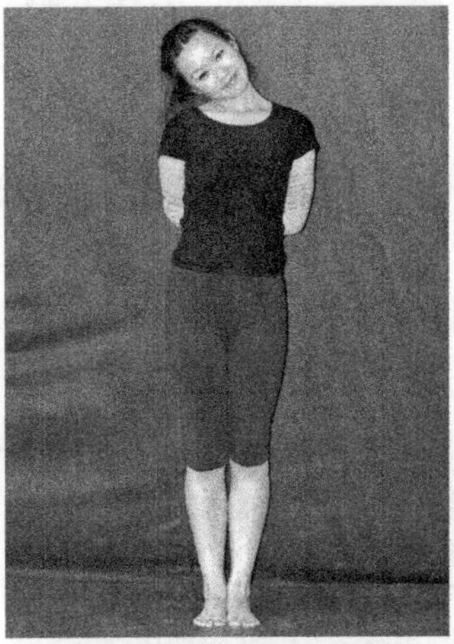

图5-1-12

10. 站姿颈侧屈

牵拉目标：胸锁乳突肌、枕骨下肌、颈夹肌。

练习方法：站姿，双手后背，右手握住左臂肘关节外侧，呼气，屈颈，头向右倒，保持15~30秒后换方向，各重复2~3组。如图5-1-12。

备注：也可坐在椅子上完成。

11. 站姿持铃颈侧屈

牵拉目标：胸锁乳突肌、枕骨下肌、颈夹肌。

练习方法：站姿，双脚并拢，左手持重量适中的哑铃，右手扶住头部左侧，呼气，向右屈颈，倒头，保持15~30秒后换方向，各重复2~3组。如图5-1-13。

备注：保持左肩固定。

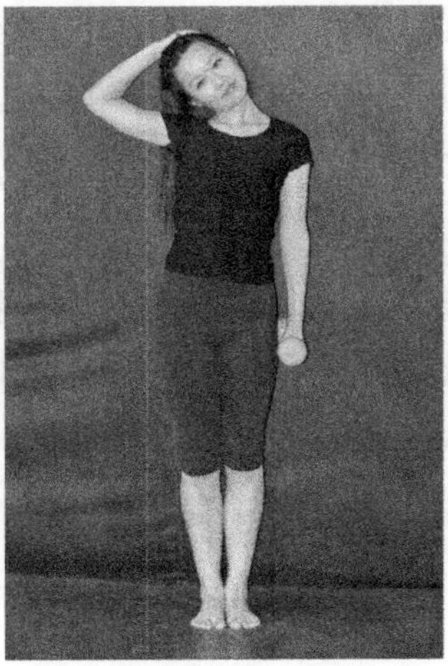

图5-1-13

二、肩部

肩关节由肱骨、肩胛骨和锁骨组成。肩部主要有五组运动，伸与屈、外展与内收、旋外与旋内、水平屈与水平伸、上提与下降。肩关节是最灵活的关节，活动方向和幅度也最多、最大，因此，肩关节部位的柔韧训练手段非常丰富。

与肩关节活动有关的肌肉主要有前部和后部肌肉，前部肌肉包括胸大肌、胸小肌、前锯肌、肱二头肌、喙肱肌、三角肌（附着在前肩胛骨和肱骨）；后部肌肉包括冈下肌、背阔肌、肩胛提肌、菱形肌、锁骨下肌、肩胛下肌、冈上肌、大圆肌、小圆肌、斜方肌、三角肌、肱三头肌。肩部肌肉柔韧训练涉及三角肌前束、中束、后束和肩带、肩肘、肩侧等部位。以下柔韧训练手段按照从前到后的顺序，以及肩关节伸肌、屈肌、稳定肌等肌群顺序排列。

1. 体后直臂上抬

牵拉目标：三角肌前束、胸大肌。

练习方法：站姿，双手背后交叉握拳，手臂伸直，缓慢上抬，保持15~30秒，重复2~3组，头部保持正直，肩部放松。如图5-1-14。

备注：变化动作：双臂交叉，双手掌外缘相抵，双臂上抬的同时做内旋。

图5-1-14

2. 坐姿后倾

牵拉目标：三角肌前束、胸大肌。

练习方法：坐姿，双腿并拢置于地面，双手背后支撑，手掌距臀部30厘米，手指指向身体后方，双手逐渐向后移动，同时后倾，保持15~30秒，重复2~3组。如图5-1-15、图5-1-16。

图5-1-15

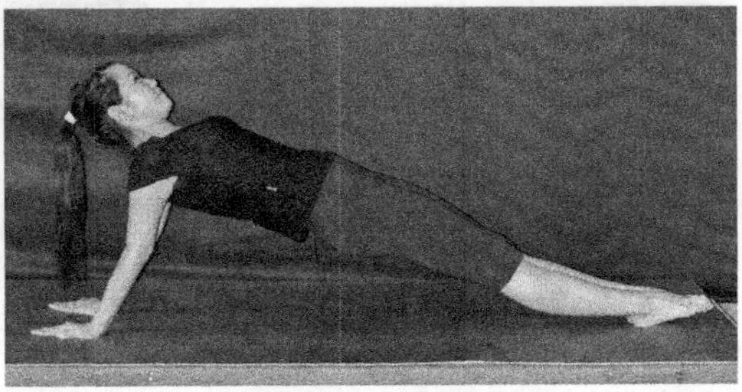

图5-1-16

3. 悬空坐姿沉臂

牵拉目标：三角肌前束、胸肌。

练习方法：双手撑于低椅或长凳边沿，前臂与上臂呈90°，上体距椅边30厘米左右，双腿屈膝或直膝，双脚掌或脚跟触地，呼气，沉臂至最低或感觉三角肌被适度牵拉时，保持15~30秒，重复2~3组。如图5-1-17。

备注：增加强度可抬高脚尖放于高凳上，增加下沉距离，如图5-1-18。

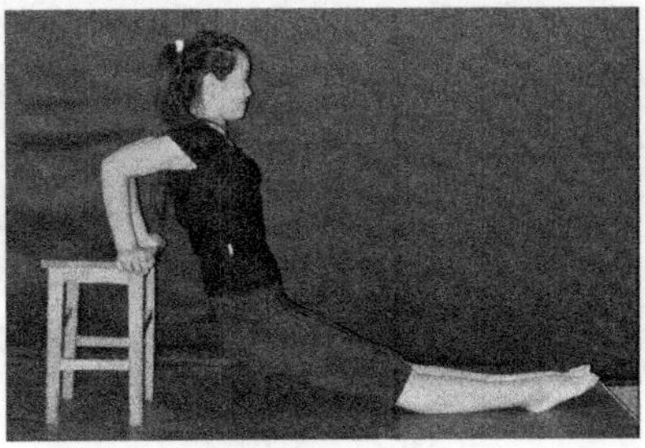

图5-1-17

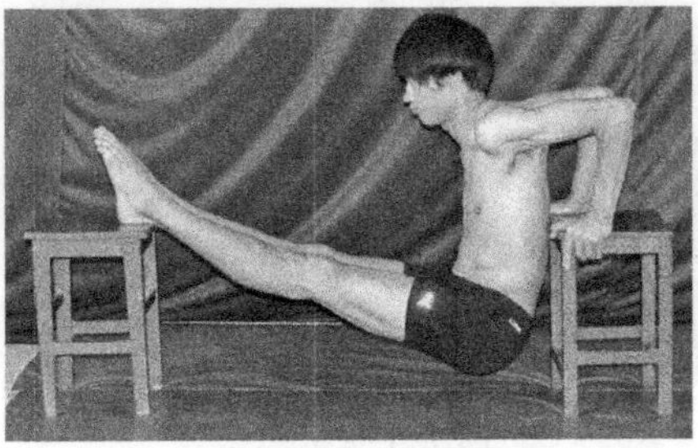

图5-1-18

4. 仰卧直臂挺胸

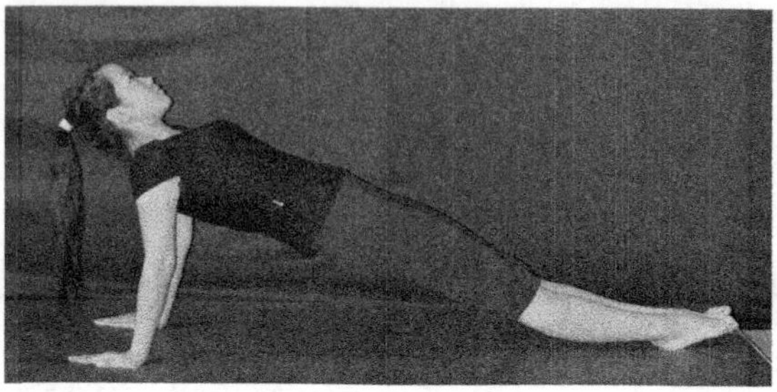

图5-1-19

牵拉目标：三角肌、胸肌、肩伸肌。

练习方法：坐在地面上，双手体后支撑，距离臀部30~50厘米，手指向外，呼气，双腿并拢前伸，脚跟撑地，双臂伸直，向上挺胸，抬臀，头后仰，保持15~30秒，重复2~3组。如图5-1-19。

备注：头与躯干保持在一条直线上，脚跟着地。

5. 坐姿直臂后展

牵拉目标：三角肌、胸肌、肩伸肌。

练习方法：坐在地上，双手放于臀后30厘米处，手指向外，手掌触地，双腿直膝并拢前伸，脚跟触地，呼气，臀部向前缓慢滑动，上体后仰，躺在地上，保持15~30秒，重复2~3组。如图5-1-20、图5-1-21。

备注：头部略微上翘。动作变化：由同伴在体后施力向后牵拉其双手，保持15~30秒，重复2~3组，练习过程中保持交流。

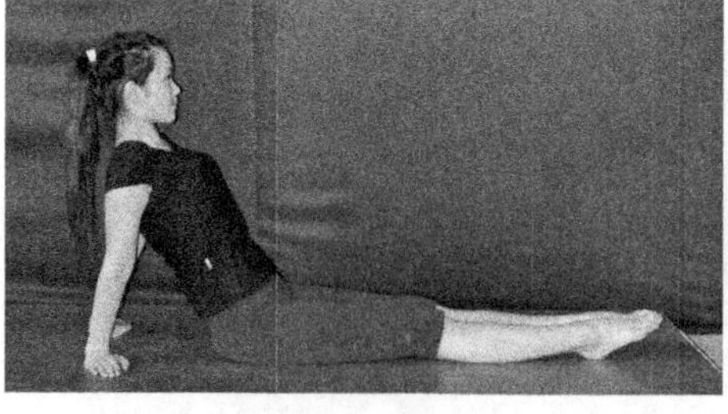

图5-1-20

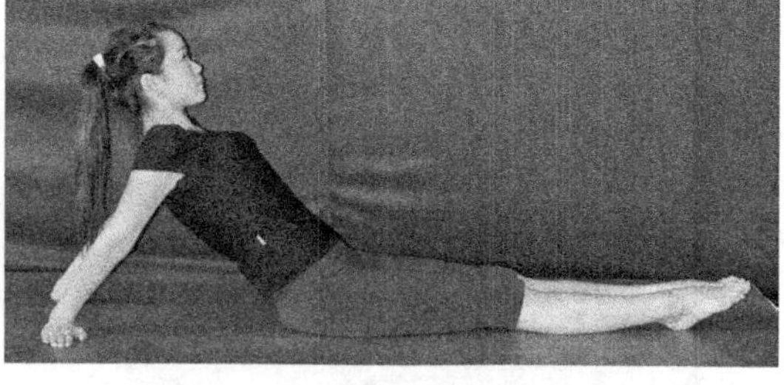

图5-1-21

6. 站姿直臂下蹲

牵拉目标：三角肌前束、肩伸肌。

练习方法：距墙或肋木一臂长度站立，双臂后展扶住墙面（或肋木），手掌触墙，手指向上，呼气，双腿逐渐弯曲，双肩下沉，保持15~30秒，重复2~3组。如图5-1-22、图5-1-23。

备注：头部保持正直，立腰，屈膝时沉臀。

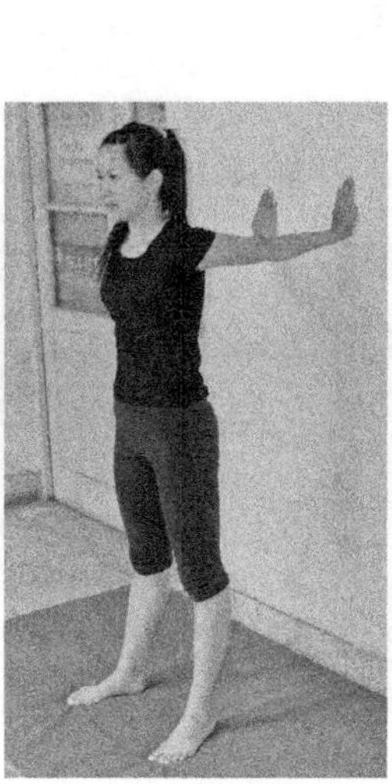

图5-1-22

图5-1-23

7. 宽距俯卧撑

牵拉目标：三角肌前束、胸肌。

练习方法：双手宽支撑于地面（双臂间保持尽可能大的距离），呼气，沉胸，靠近地面，肩部适度前移，保持15~30秒，重复2~3组。如图5-1-24、图5-1-25。

备注：腰部紧张，脚尖撑地，手指向前。

图5-1-24

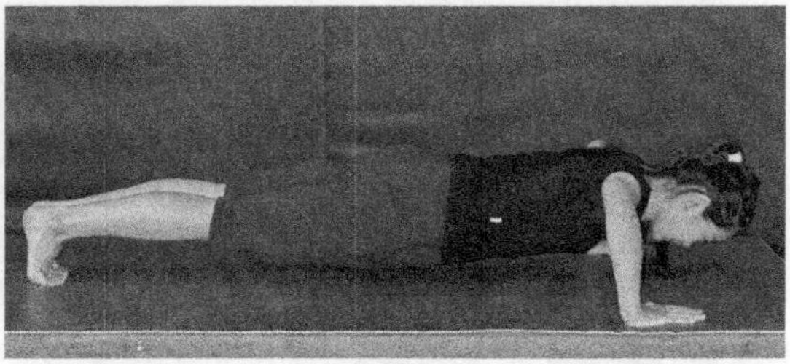

图5-1-25

8. 坐姿助力臂后展

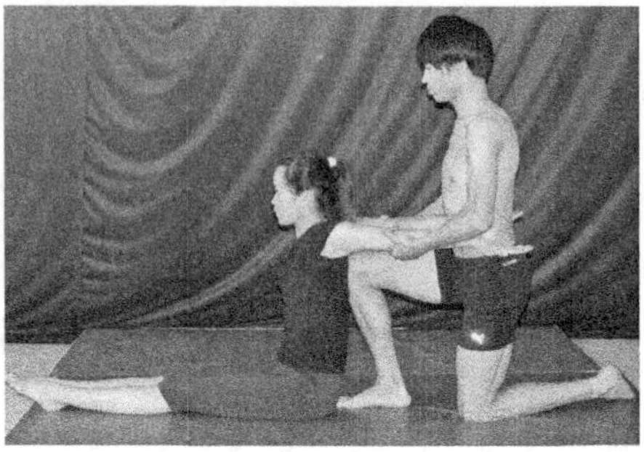

图5-1-26

牵拉目标：三角肌、胸肌、肩带肌。

练习方法：坐在地上，上体直立，双腿直膝并拢前伸，脚跟触地，同伴弓箭步跪在其后方，右腿顶住后背，双手分别握住后展双臂，施力向两侧牵拉，保持15~30秒，重复2~3组。如图5-1-26。

备注：牵拉适度，不要使双臂在体后交叉，该练习尤其适用于游泳运动员。动作变化：同伴可在此基础上上抬其双臂。

9. 握杆肩绕环

牵拉目标：三角肌、胸肌、肩带肌。

练习方法：双腿并拢站立，双手正握（较细）长杆，由体前（髋关节前）向上逐渐上抬经头后直至臀后方，呼气，然后向反方向转动，做10~15次，重复2~3组。如图5-1-27至图5-1-29。

备注：完成过程中，保持双臂伸直，保证最大幅度，如果有难度，可适当增加握杆的距离。保证全程动作匀速、慢速。

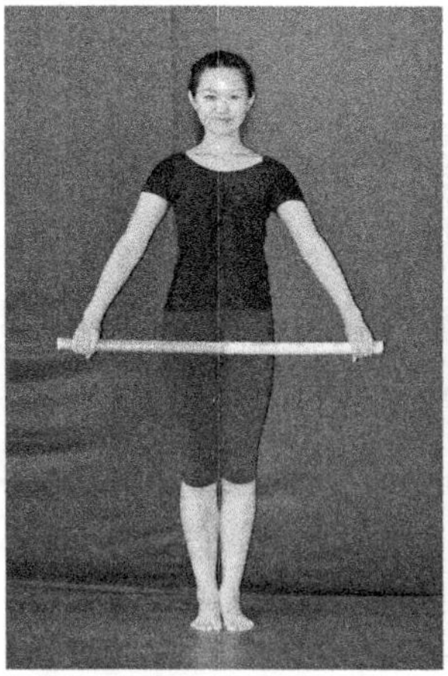

图5-1-27

图5-1-28

图5-1-29

10. 站（坐）姿肩侧拉

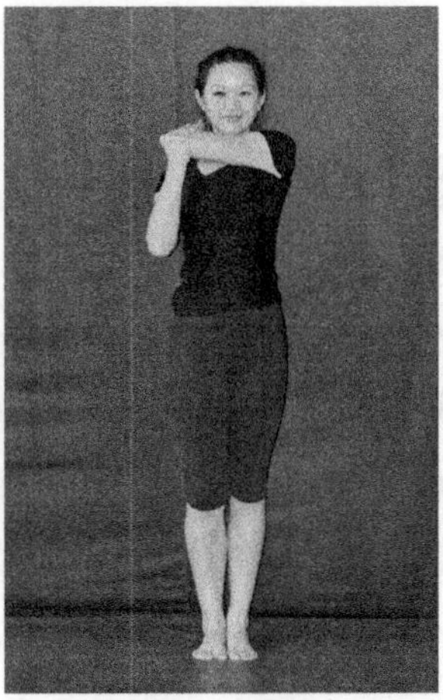

图5-1-30

牵拉目标：三角肌中束、肩屈肌。

练习方法：站姿或坐姿，左臂屈抬与肩同高，左手位于右肩外侧，右手扶住左肘关节外侧，向右后方牵拉，保持15~30秒后换方向，各重复2~3组。如图5-1-30。

备注：如增加牵拉效果，可适当高抬左臂，左手向后弯曲扶住左侧颈部。

11. 仰卧助力推肩

牵拉目标：三角肌中后束、肩屈肌。

练习方法：仰卧，右手放于体侧，左手上举与地面垂直，同伴（队友）双手分别握住左臂肘关节和手腕，施力将上臂推至其胸前，保持15~30秒，各重复2~3组。如图5-1-31、图5-1-32。

备注：同伴（队友）施力时，运动员身体左侧背不离开垫子。

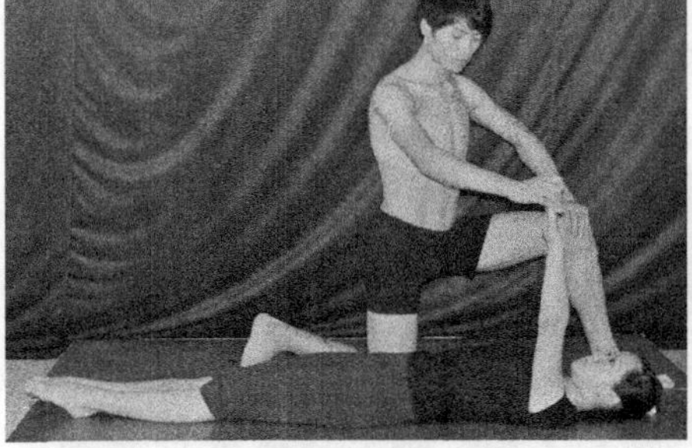

图5-1-31

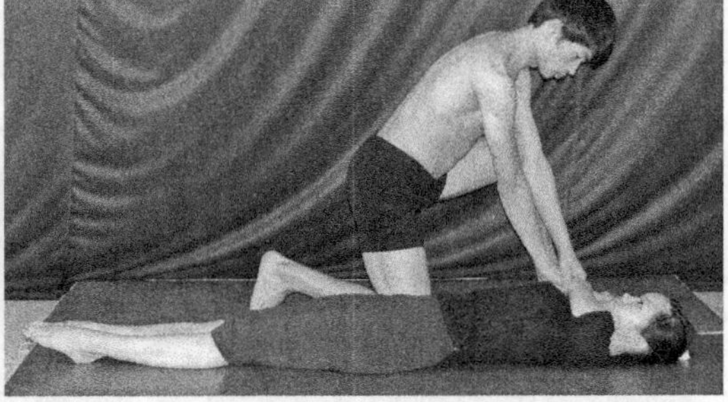

图5-1-32

12. 弓箭步顶肩

牵拉目标：三角肌、肩屈肌。

练习方法：站在门边，左臂屈肘90° ，小臂内侧放于墙面上，左手掌心扶墙，露出左上臂，下肢成弓箭步，呼气，上体向前施力顶肩，保持15~30秒，各重复2~3组。如图5-1-33。

备注：上体保持直立，整体向前施力。

图5-1-33

13. 站姿助力推肩

牵拉目标：三角肌、肩屈肌。

练习方法：站姿，右臂屈肘90° ，上举外展90° ，同伴（队友）在其体前，双手分别握住右手腕和肘部内侧，施力向后下方推，保持15~30秒后换方向，各重复2~3组。如图5-1-34。

备注：保持肩部固定。动作变化：仰卧躺在宽凳上，右臂伸出凳外，手持一只重量适中的哑铃屈肘90°上举，呼气，逐渐向后肩外旋至最大幅度，保持15~30秒，换方向，各重复2~3组。如果肩脱位刚刚复原，勿做此动作。如图5-1-35。

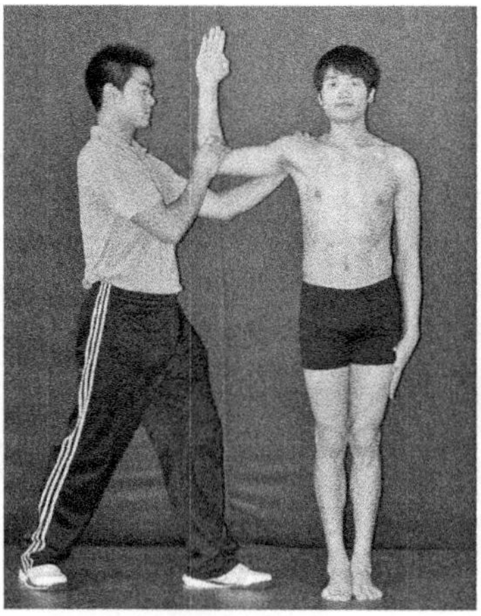

图5-1-34

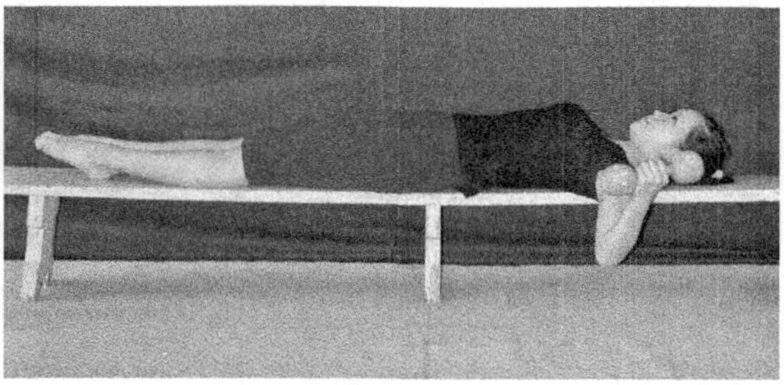

图5-1-35

14. 背后肩上提

牵拉目标：三角肌中后束、肩屈肌。

练习方法：站姿或坐姿，左臂体后屈90°，右臂体后弯曲，右手从左臂后握住左肘外侧，呼气，右手施力向右提拉，保持15~30秒后换方向，重复2~3组。如图5-1-36。

备注：降低难度可用右手握住左手手腕。

图5-1-36

15. 屈臂旋外下拉下压

牵拉目标：三角肌、肩带肌。

练习方法：站姿或坐姿，右臂屈臂上举，上臂与地面平行，前臂与上臂成90°，右手掌心向左，手指向上，左臂屈臂上举，肘关节内侧支撑右肘关节，左前臂外侧靠近右前臂外侧，左手从右侧握住右手掌，施力向下拉，使右前臂与地面近似平行，保持15~30秒后换方向，各重复2~3组。如图5-1-37。

备注：保持上体正直，重心稳定。

图5-1-37

16. 坐姿背后屈臂转头

牵拉目标：三角肌、肩带肌。

练习方法：坐在带靠背的椅子上，右臂体后屈臂，掌心按住椅背，背部顶住右手及前臂，向右侧转头及躯干转至最大幅度，保持15~30秒后换方向，各重复2~3组。如图5-1-38、图5-1-39。

备注：立腰，上体保持直立，背部压紧右手，右手保持固定。

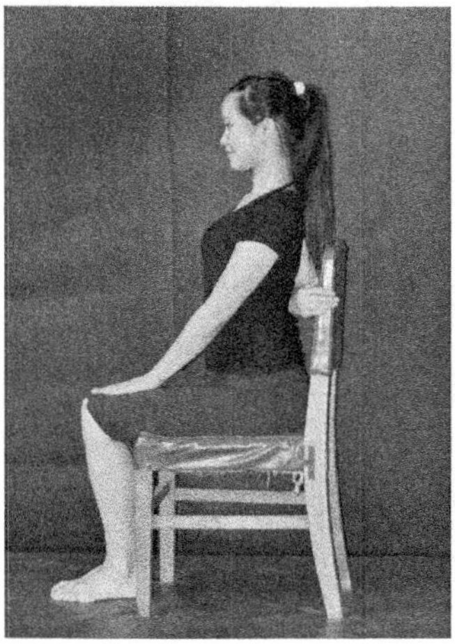

图5-1-38

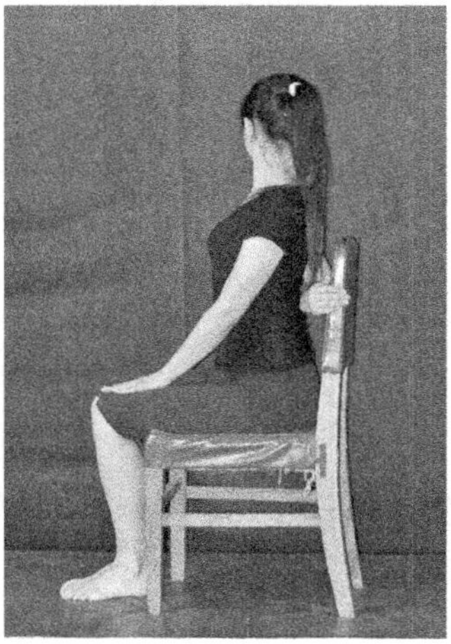

图5-1-39

17. 站姿背后掌合十

牵拉目标：三角肌后束、肩带肌。

练习方法：站姿，双臂体后屈，双手手掌相对合十，手指向下，呼气，旋转手腕，使手指指向上（头部），双肘外展，保持15~30秒，重复2~3组。如图5-1-40、图5-1-41。

备注：旋转时，双手手掌向下移动，当手掌合十，手指指向上时，逐渐上移（合十）手掌。动作变化：在原有动作基础上，可助力上抬双掌。

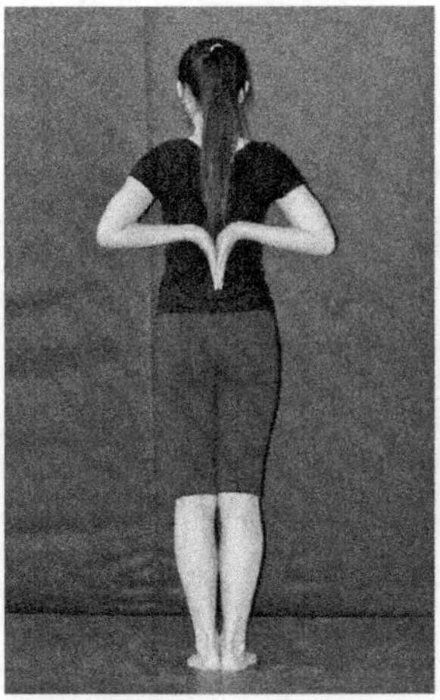

图5-1-40

图5-1-41

18. 坐姿体前屈压肩

牵拉目标：三角肌后束、肩带肌。

练习方法：坐在椅子上，双脚分开与肩同宽，双脚脚尖指向前，双手放在髋关节两侧，手掌扶髋关节，向右侧体前屈，双肘向外展开，上臂上端放于大腿上端（靠近膝关节），呼气，继续体前屈压肩，保持15~30秒后换方向，各重复2~3组。如图5-1-42、图5-1-43。

备注：上体下探时，保持背部平直。

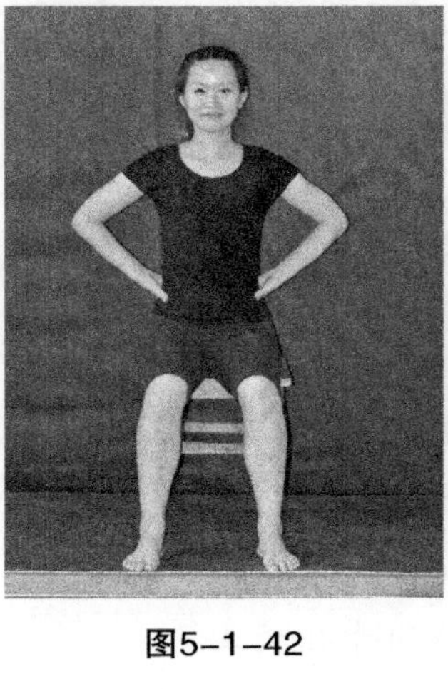

图5-1-42

图5-1-43

19. 站姿背后助力旋臂上抬

牵拉目标：三角肌后束、肩带肌。

练习方法：站姿，右臂体（背）后屈肘90°，右手臂外侧靠紧背部，右手靠近左侧肩胛骨下方，同伴站在其身后，右手按住其右肩肩胛骨，左手握住其右手手腕，向外施力，保持15~30秒后换方向，各重复2~3组。如图5-1-44、图5-1-45。

备注：随时保持交流。动作变化：仰卧于宽凳上，右臂屈90°，肘关节靠近凳子边缘，同伴左手按住其右肘关节，右手握住其右手手腕，呼气时，同伴向下施力（向双脚方向），保持15~30秒，换臂，各侧重复2~3组。

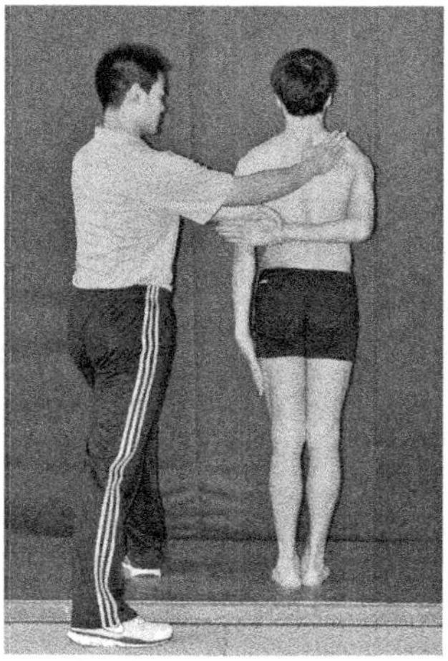

图5-1-44

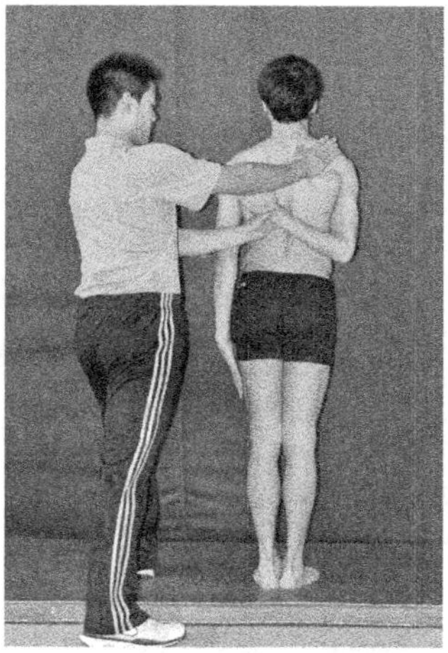

图5-1-45

20. 站姿直臂交叉后引

牵拉目标：三角肌、肩带肌。

练习方法：站姿，双臂直臂上举，双手头顶上方交叉，掌心相对，上臂内侧及肘关节紧靠头部两侧，呼气，手臂施力后引，保持15~30秒，重复2~3组。如图5-1-46、图5-1-47。

备注：身体保持直立，手掌可相对，也可十指交叉。

图5-1-46

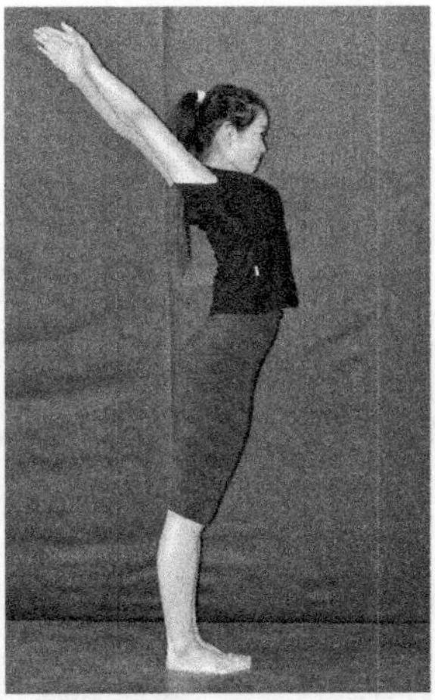

图5-1-47

21. 单杠悬垂

牵拉目标：三角肌、肩带肌、背阔肌。

练习方法：直臂双手抬起（正）握住单杠，双腿并拢直膝下垂，双肘处于头部两侧，下颚靠近胸部，保持15~30秒，重复2~3组。如图5-1-48。

备注：增加强度可悬垂单杠后双脚脚尖触地，成背弓（桥）如图5-1-49。

图5-1-48

图5-1-49

22. 背桥

牵拉目标：三角肌、肩带肌、腹肌。

练习方法：仰卧，双脚放于30厘米高的矮凳或平台上，双臂屈，双手撑于头部两侧，手指指向脚，手臂撑起上体逐渐成桥至双肩超过手腕，保持15~30秒，重复2~3组。如图5–1–50至图5–1–52。

备注：腹肌、肩带和大腿前群肌同时被拉伸。动作变化：同伴扶住腰部，成桥至肩关节超过手腕。

图5–1–50

图5–1–51

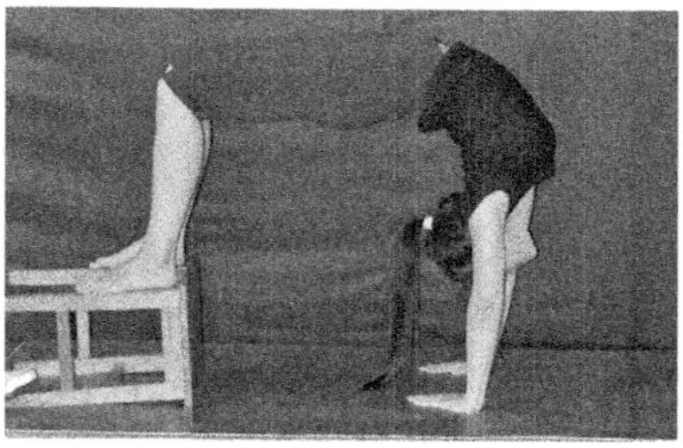

图5–1–52

23. 助力背桥

牵拉目标：三角肌、肩带肌、胸肌、腹肌。

练习方法：与同伴背对背坐在地上，同伴双臂扣住其双臂肘关节，双脚跟触地向后伸展成桥，同伴前倾向前施力，保持15~30秒，重复2~3组。如图5–1–53。

图5–1–53

备注：背桥过程中不塌腰。

24. 坐姿直臂助力后引

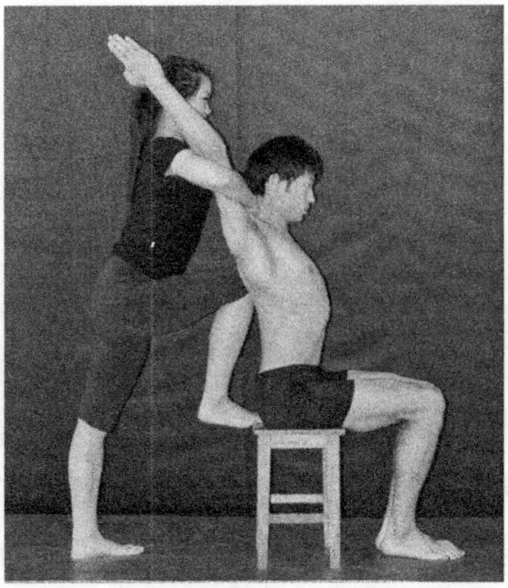
图5-1-54

牵拉目标：三角肌、胸肌、肩带肌、背阔肌。

练习方法：坐姿，双臂平行头后上举，上体直立，同伴站在其体后，膝关节顶住其脊柱，双手分别扶住肩胛骨外侧，双肘内收压紧双臂，同伴双手前推，双肘后引，保持15~30秒，重复2~3组。如图5-1-54。

备注：同时可用于胸部、肩部以及上背部拉伸。

25. 跪姿助力肩后引

牵拉目标：三角肌、胸肌、肩带肌、背阔肌。

练习方法：跪姿，双臂平行上举，同伴分腿屈膝站在其体后（髋部两侧），向后双手交叉搂住同伴颈部，同伴向上及向后施力，保持15~30秒，重复2~3遍。如图5-1-55、图5-1-56。

备注：同时可用于对双肩、上背、腹部肌肉的拉伸。

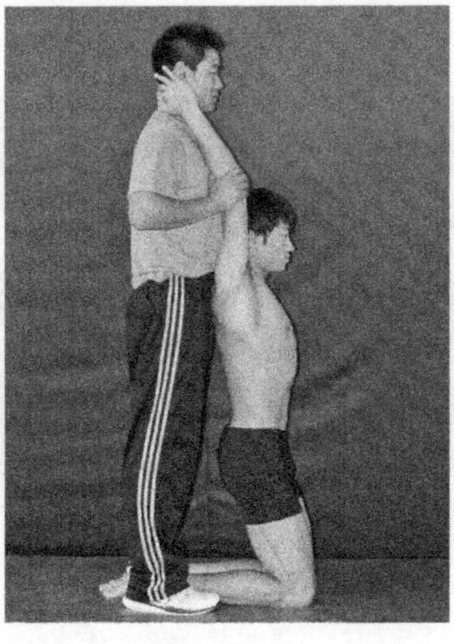
图5-1-55

图5-1-56

26. 背人

牵拉目标： 三角肌、肩带肌、腹肌、胸肌。

练习方法： 双脚开立，双臂伸直平行上举，与同伴背对背，同伴微屈膝，双手抓住其双臂，向前俯身使其双脚离地，保持15~30秒，重复2~3组。如图5-1-57。

备注： 同时可用于胸部、双肩、上背和腹部肌肉的拉伸。

图5-1-57

27. 仰卧持铃臂后展

牵拉目标： 三角肌、肩带肌、上背。

练习方法： 仰卧于宽凳上，头部及肩部露在凳外，双腿屈膝，双脚脚掌触凳，双手平行上举重量适中的哑铃，直臂持铃后展至最大幅度，保持15~30秒，重复2~3组。如图5-1-58、图5-1-59。

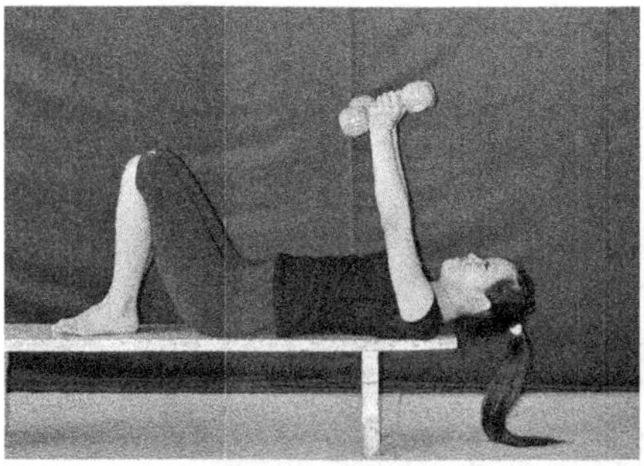

图5-1-58

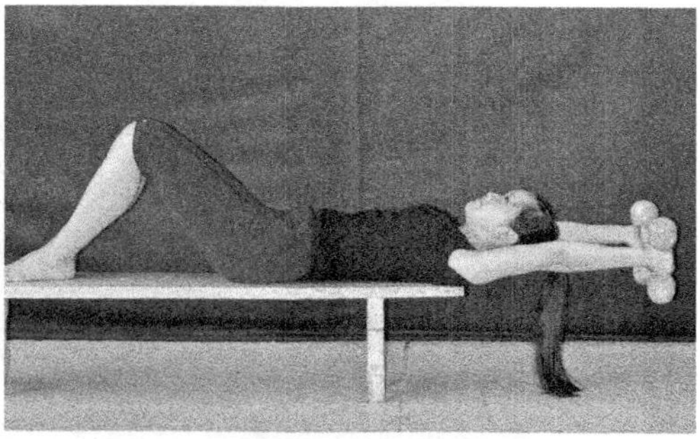

图5-1-59

三、胸部

上肢发力的关键是胸部肌肉群，上肢各种推举动作的完成都离不开胸肌的参与，胸肌分为上部、中部和下部，牵拉的部位根据牵拉手段的不同而不同。

1. 体后直臂上抬

牵拉目标：胸肌、肩带肌。

练习方法：站姿，双手背后交叉握拳，手臂伸直，缓慢上抬，保持15~30秒，重复2~3组。见图5-1-14。

备注：头部保持竖直，肩部放松。

2. 跪姿沉肩

牵拉目标：胸肌、肩带肌。

练习方法：跪姿，大腿与地面垂直，双手放于椅背上，头部及上体向下移动，保持15~30秒，重复2~3组。如图5-1-60。

图5-1-60

3. 仰卧沉肩

牵拉目标： 胸肌、肩带肌。

练习方法： 仰卧于宽凳上，双腿屈膝，双脚触凳，背后垫一条折叠的毯子或柔软的支持物，肩胛骨以上部位悬空，双手交叉放于头后，肘关节向外展开，位于头部两侧，头部及双肩下沉，保持15~30秒，重复2~3组。如图5-1-61。

备注： 牵拉时，颈部挺直，可由队友或教练固定双脚。

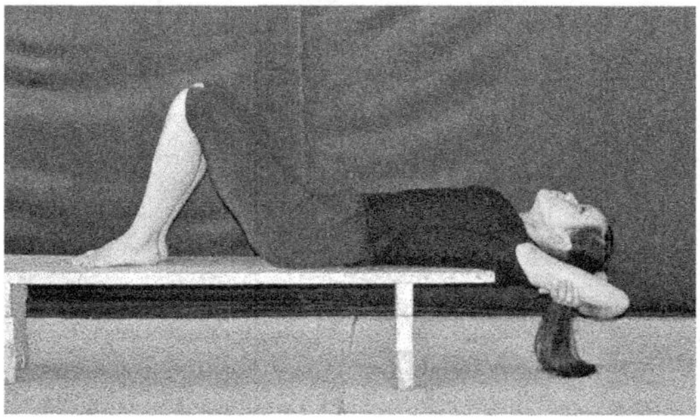

图5-1-61

4. 坐姿后仰

牵拉目标： 胸肌、肩带肌。

练习方法： 坐在椅子上，双手交叉放于头后，椅背与坐时肩胛骨等高，向后倒肩，肘部尽量向外展开，保持15~30秒，重复2~3组。如图5-1-62。

备注： 上体后仰时，臀部不要离开椅子，腰部不要过伸。

图5-1-62

5. 扶墙上体前顶

图5-1-63

牵拉目标： 胸肌、肩带肌。

练习方法： 站姿呈弓箭步，前推站于门内20~30厘米，双手扶住门两侧墙壁，肘部外展，上臂与地面平行，上体前压，保持15~30秒，重复2~3组。如图5-1-63。

备注： 向前挺胸，上体直立。

图5-1-64

6. 单侧拉肩

牵拉目标： 胸肌、肩带肌。

练习方法： 站姿呈弓箭步，右臂直臂向后握住肋木或扶住墙边，上体前倾，保持15~30秒后换方向，各重复2~3组。如图5-1-64。

备注： 上体前倾时，同侧胸部尽量向外展。

7. 屈肘助力后拉

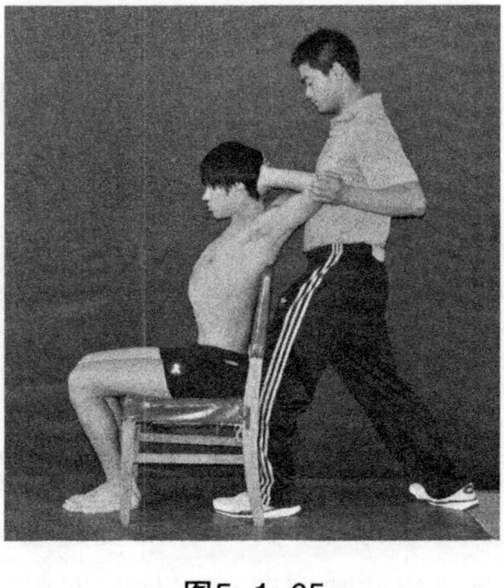

图5-1-65

牵拉目标： 三角肌、胸大肌。

练习方法： 坐于椅子上，上体直立，双手交叉放于头后，肘部向外展开，同伴（队友）在后双手分别握住其肘关节内侧，施力向后拉，保持15~30秒，重复2~3组。如图5-1-65。

备注： 两人随时保持交流。

8. 仰卧飞鸟

牵拉目标： 胸肌、肩带肌。

练习方法： 仰卧于宽凳上，双手各持一只重量适中的哑铃，双手持铃先上举，微屈臂逐渐向两侧下放至最低点，保持15~30秒，重复2~3组。如图5-1-66、图5-1-67。

备注： 哑铃不应过重，下放速度缓慢可控。

图5-1-66

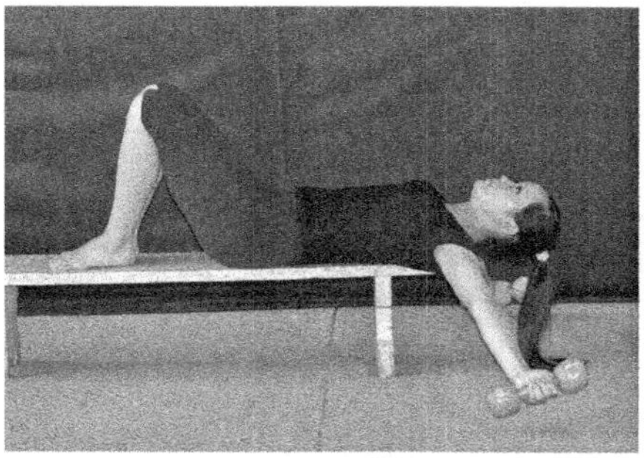

图5-1-67

四、手臂

上臂的肘关节是滑车关节，只能做屈、伸运动。其中屈肘的肌肉包括肱二头肌、肱肌、肱桡肌、旋前圆肌，这些肌肉分布在前面，伸肌的肘肌及肱三头肌分布在后面。前臂由桡骨与尺骨组成。

旋前肌包括旋前圆肌和旋前方肌，旋后肌包括肱二头肌、旋后肌。旋前肌位置的分布可以将桡骨拉向身体中心，旋后肌位置分布适合使桡骨远离身体中心。

腕伸肌僵硬时，会导致肘内侧疼痛。在运动中，这种疼痛被称为“网球肘”。相反，腕屈肌僵硬时，会引起反侧或肘外侧疼痛。这种疼痛被称为“高尔夫球肘”。此外，反复过度伸腕也会导致过度拉伸腕伸肌腱，会使腕屈肌变硬。拉伸腕屈肌可以加强肌腱韧性，有助于降低疼痛发生的可能性。

1. 颈后屈臂牵拉

牵拉目标： 肱三头肌、背阔肌。

练习方法： 站姿或坐姿，屈臂上抬肘关节，超过头部。右手尽量向左侧肩胛骨移动，左手握住右侧肘关节，左手向后下方用力牵拉，保持15~30秒，各重复2~3组。如图5-1-68。

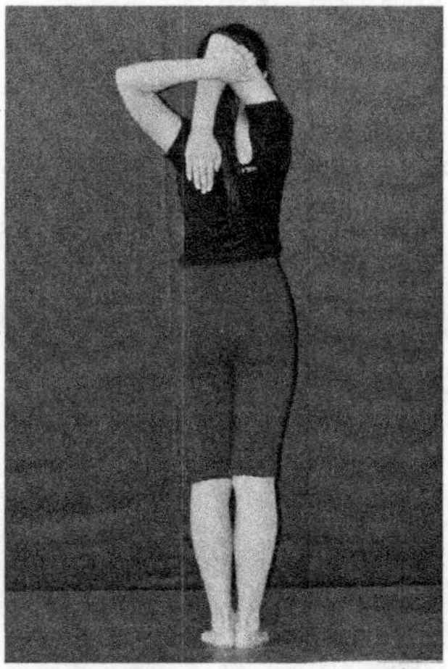

图5-1-68

图5-1-69

2. 直臂扶框内旋

牵拉目标： 肱二头肌。

练习方法： 站于门侧，背对门框，右臂直臂后伸，右手扶住门框，前臂外旋，上臂内旋，保持15~30秒，各重复2~3组。如图5-1-69。

备注： 旋腕时，上体保持不动。

3. 屈肘离心弯举

牵拉目标： 肱二头肌。

练习方法： 坐姿，单臂屈肘90° 放于桌上，手持一只重量适中的哑铃，伸臂时，肱二头肌离心收缩，动作缓慢，连续做10~15次，重复2~3组。如图5-1-70、图5-1-71。

备注： 离心收缩易导致肌肉酸痛。

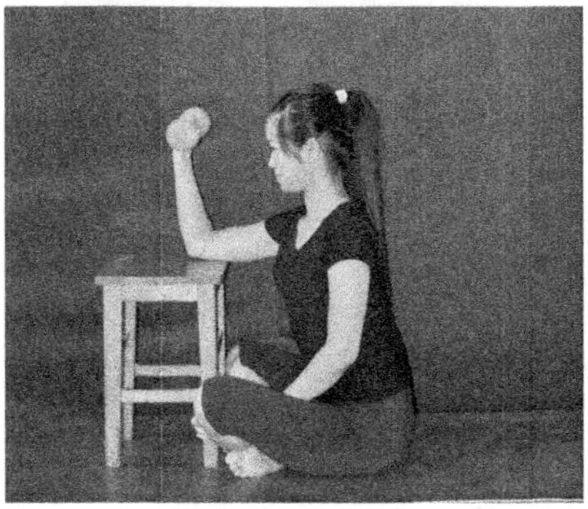

图5-1-70

图5-1-71

4. 屈肘体前屈

牵拉目标： 肱三头肌。

练习方法： 跪姿，双臂屈肘放于齐腰的凳子上，手掌向上，体前屈，肩部向腕关节靠近，保持15~30秒，重复2~3组。如图5-1-72。

备注： 牵拉肱三头肌，背部要平整。

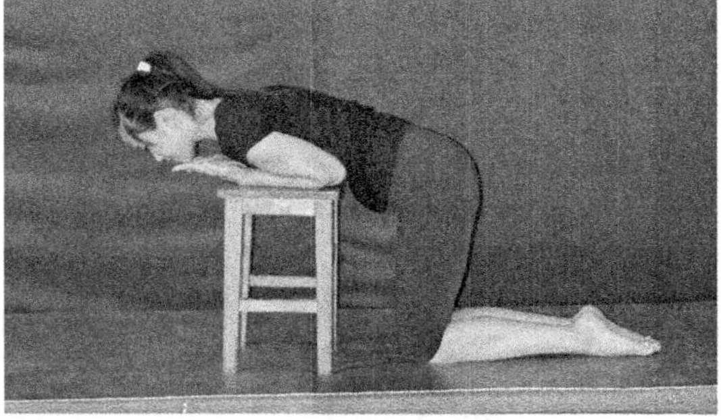

图5-1-72

5. 站姿背后屈肘下拉

牵拉目标：肱三头肌。

练习方法：站姿或坐姿，右臂屈肘放于头后，右手指向下，屈左臂在体后用左手扶住右肘关节，施力下拉，保持15~30秒，各重复2–3组。如图5–1–73。

备注：增加强度，可将右臂靠在墙上，或通过同伴在体后施力完成。动作变化一：右臂在头后屈肘，左臂在下屈肘，双手握住一条毛巾，左手施力下拉毛巾，如图5–1–74。动作变化二：右臂头后屈肘，左臂在下，双手手指相互扣住，左手施力下拉，如图5–1–75。

图5–1–73

图5–1–74

图5–1–75

6. 站姿哑铃头后拉

牵拉目标：肱三头肌。

练习方法：坐姿，手持一只重量适中的哑铃上举，掌心向前，左手扶住右肘关节，缓慢向后屈肘，连续做10~15次，各重复2~3组。如图5–1–76、图5–1–77。

备注：以肘关节为支点，前臂屈、伸应至最大幅度。

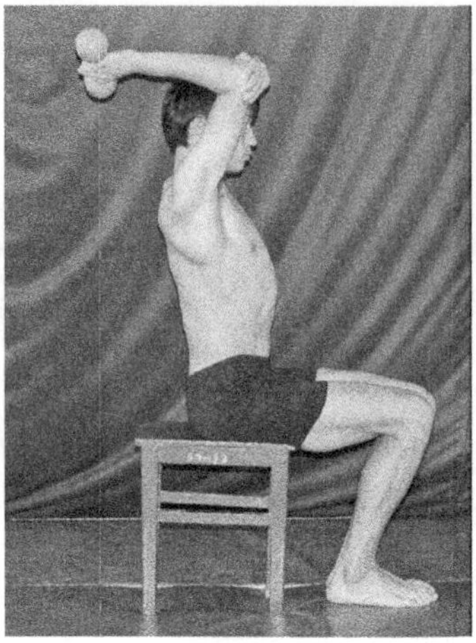
图5-1-76

图5-1-77

7. 站姿直臂腕内旋

牵拉目标：腕伸肌。

练习方法：站姿，双脚并拢，双臂体前平举，手掌向上，握拳屈腕并内旋，双手靠拢，保持15~30秒，重复2~3组。如图5-1-78、图5-1-79。

备注：动作缓慢。

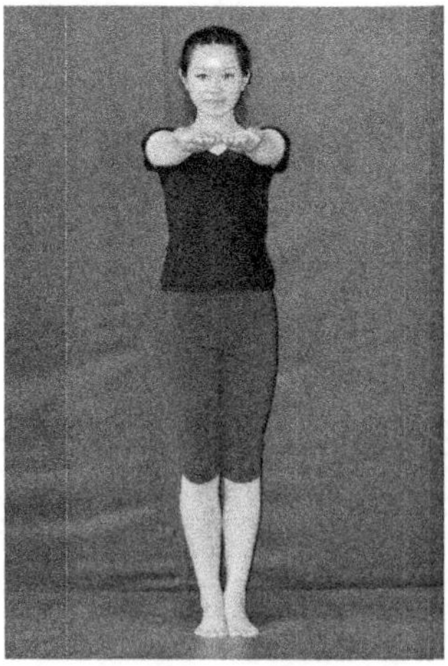
图5-1-78

图5-1-79

8. 跪姿反手撑地后坐

牵拉目标：腕屈肌。

练习方法：跪姿，双臂伸直，反手撑于地面，手指指向膝关节，上体逐渐后坐至适宜位置，保持15~30秒，重复2~3组。如图5-1-80、图5-1-81。

备注：后坐时，掌跟不离开垫子。

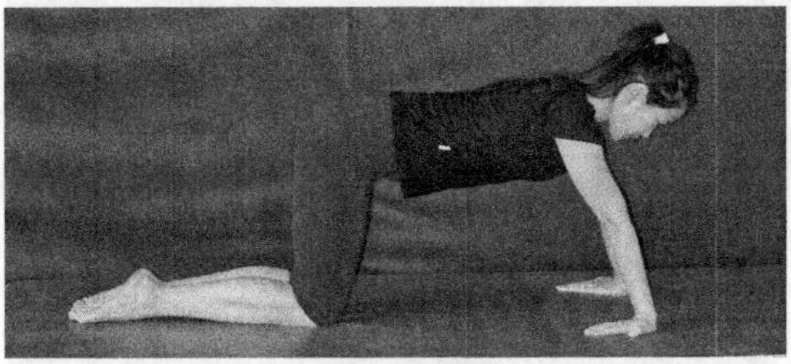

图5-1-80

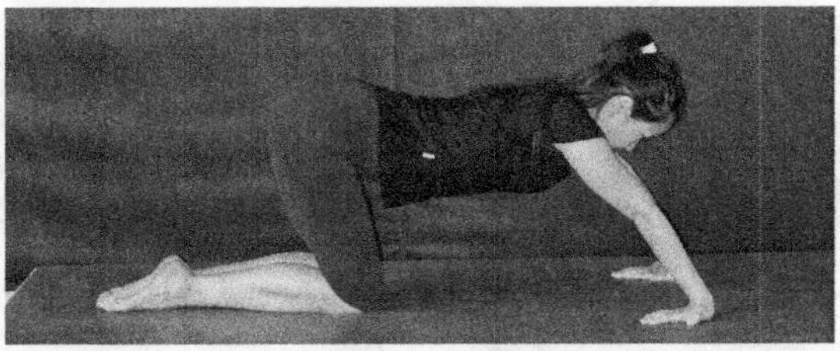

图5-1-81

9. 跪姿正手撑地前倾

牵拉目标：腕屈肌。

练习方法：跪姿，双臂伸直，正手撑于地面，手指指向前，上体逐渐向前倾至适宜位置，保持15~30秒，重复2~3组。如图5-1-82、图5-1-83。

备注：动作变化：双手直臂撑地，双手指向外，掌跟相对（或接触），上体缓慢前倾后向左移，保持15~30秒后换方向，各重复2~3组。如图5-1-84、图5-1-85。

图5-1-82

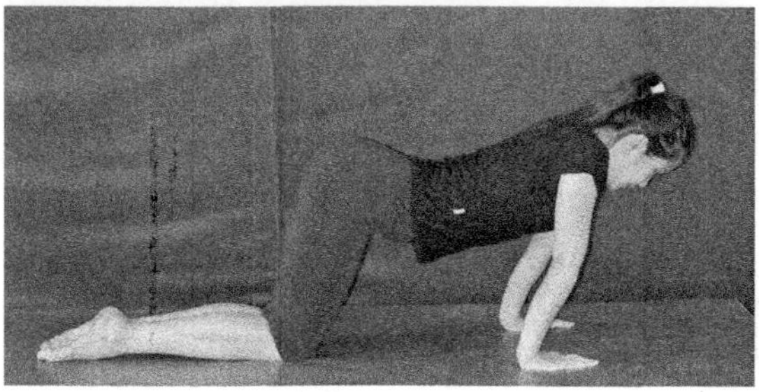

图5-1-83

图5-1-84

图5-1-85

10. 站姿推掌

牵拉目标：腕屈肌。

练习方法：站姿，双臂前平举，掌心向上，左手握住右手四指向身体方向用力拉引，保持15~30秒，每侧各重复2~3组。如图5-1-86。

备注：双肘保持水平。

图5-1-86

11. 站姿搬掌

牵拉目标：腕屈肌。

练习方法：站姿，体前屈肘，掌心相对，左手掌下滑至右手掌跟，右手向左下方用力，保持15~30秒，每侧各重复2~3组。如图5-1-87。

备注：动作变化：右臂内旋90°，左手抓住右手指，向身体方向施力。如图5-1-88。

图5-1-87

图5-1-88

12. 俯身旋腕

牵拉目标：腕屈肌。

练习方法：上体前倾，双膝微屈，右手臂向下悬空，手持一只重量适中的哑铃，缓慢内旋至最大幅度，后外旋至最大幅度，重复10~15次，每侧各重复2~3组。如图5-1-89、图5-1-90。

备注：旋转时要循序渐进，逐渐增加旋转的幅度。

图5-1-89

图5-1-90

13. 坐姿反握哑铃腕弯举

牵拉目标： 腕伸肌。

练习方法： 坐姿，前臂放于大腿或长凳上，反手抓握哑铃，腕关节被动屈曲，向上弯举腕关节至最大幅度，随后慢慢复原，重复10~15次，每侧各重复2~3组。如图5-1-91、图5-1-92。

备注： 可同时加强腕关节力量。

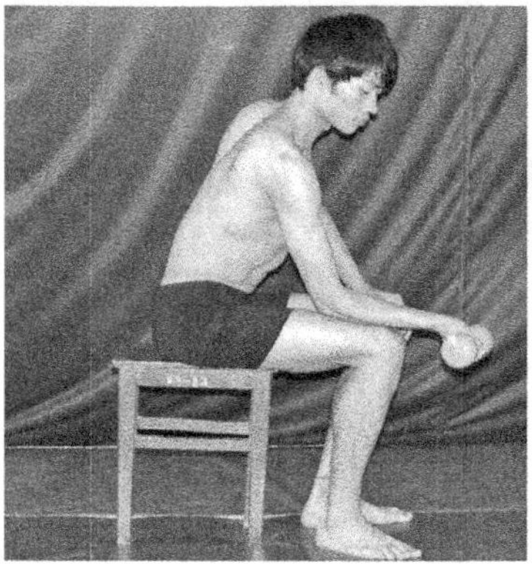

图5-1-91

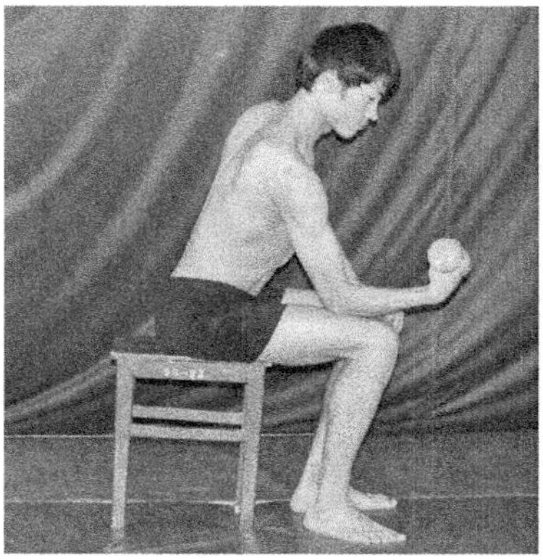

图5-1-92

14. 坐姿正握哑铃腕弯举

牵拉目标： 腕屈肌。

练习方法： 坐姿，前臂放于大腿或长凳上，正手抓握哑铃，手腕被动伸展至最大幅度，弯举手腕至最大幅度，逐渐恢复到腕伸展最大幅度，重复10~15次，每侧各重复2~3组。参照图5-1-91及图5-1-92，只是变为正手握铃。

备注： 可同时加强手腕和手指屈肌力量。

五、上背部

1. 单臂体前侧拉

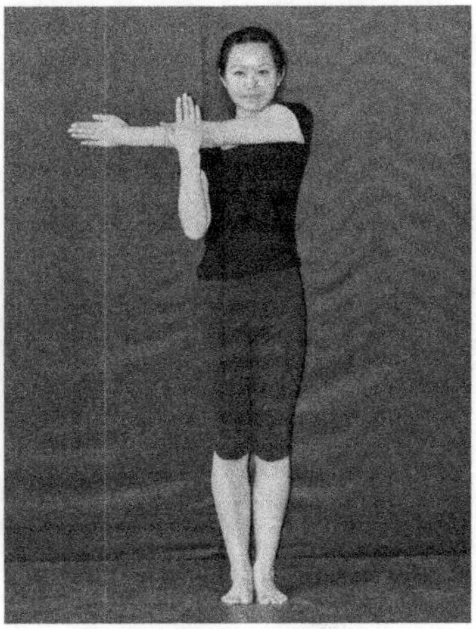

图5-1-93

牵拉目标： 背阔肌、大圆肌。

练习方法： 站姿，左前臂微屈15°~30°，右臂直臂体前屈，右手抵住左臂肘部，用力向右侧牵拉，保持15~30秒，每侧各重复2~3组。如图5-1-93。

备注： 可坐在凳子上完成，左臂可微屈。

2. 直臂上顶

牵拉目标： 背阔肌、腕屈肌。

练习方法： 站姿，腹前直臂十指交叉，逐渐直臂上顶至头部正上方，保持此姿势后，双臂向后移动，保持15~30秒，重复2~3组。可同时牵拉肩、胸、背。如图5-1-94至图5-1-97。

图5-1-94

图5-1-95

图5-1-96

图5-1-97

3. 俯卧抬臂

牵拉目标： 背阔肌、大圆肌。

练习方法： 俯卧，双膝及脚尖触地支撑，双臂向前伸展，胸部触地，随后上抬臀部，双臂按压垫子，身体成背弓，保持15~30秒，重复2~3组。如图5-1-98。

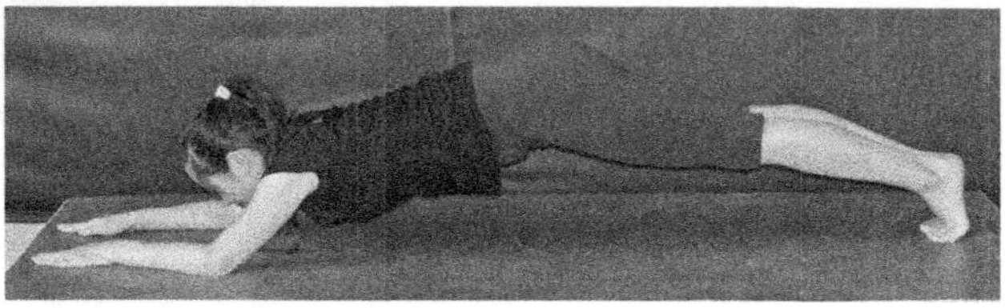

图5-1-98

4. 俯身肋木沉肩

牵拉目标： 背阔肌、大圆肌。

练习方法： 站姿，双腿直膝，双脚开立与肩同宽，距肋木1米左右，向前俯身双手握住肋木，背部保持平直，向下沉肩，保持15~30秒，重复2~3组。如图5-1-99。

备注： 背部平，双腿直，可同时牵拉下背部肌肉和大腿后群肌。

图5-1-99

5. 跪姿助力肩下推

牵拉目标： 背阔肌、大圆肌。

练习方法： 面向肋木，保持1米左右距离呈跪姿，双臂扶肋木向上伸展，上体前探，同伴在后双手按住其肩胛骨上部，向前下方施力，保持15~30秒，重复2~3组。如图5-1-100。

图5-1-100

6. 坐姿屈体抱腿

牵拉目标： 背阔肌、竖脊肌、大圆肌。

练习方法： 坐姿，双腿屈膝，双脚触地，上体前屈胸腹部贴于大腿面，屈臂双手抱住大腿，身体前倾，保持15~30秒，重复2~3组。如图5-1-101。

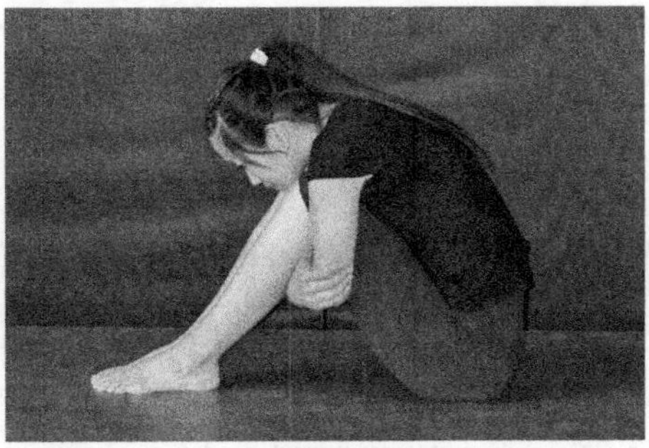

图5-1-101

六、下背部

背部肌主要是躯干伸肌。扭转躯干的肌肉包括躯干伸肌、屈肌和侧屈肌。主要的伸肌为竖脊肌，包括髂肋腰肌、胸最长肌、胸棘肌。髂肋腰肌在后骨盆和后脊柱之间，胸最长肌和胸棘肌在后脊柱，有助于使脊柱中的单根脊椎骨整体进行活动。棘突间肌、横突间肌、多裂肌和回旋肌在脊椎骨之间，两根脊椎骨或两组脊椎骨之间的位置变化会产生较明显的运动幅度。

1. 躯干反扭

牵拉目标： 腹内斜肌、腹外斜肌、竖脊肌。

练习方法： 直腿坐姿，上体正直，右脚交叉放于左腿左侧，脚掌触地，将左肘放于右膝右侧固定，右手放于臀部后侧方30~40厘米，左肘向左侧用力牵拉，肩、头向右侧扭转。向后看，保持15~30秒，每侧各重复2~3组。如图5-1-102。

图5-1-102

2. 蝴蝶式坐姿体前屈

牵拉目标：竖脊肌。

练习方法：坐姿，屈膝外展，双腿放松，双侧膝关节指向外侧，脚掌相对，向前屈体（以腰部为轴），直臂前伸，最大幅度保持15~30秒，重复2~3组。减少股后肌群参与，腿部尽量放松，主要为下腰部参与拉伸。如图5–1–103。

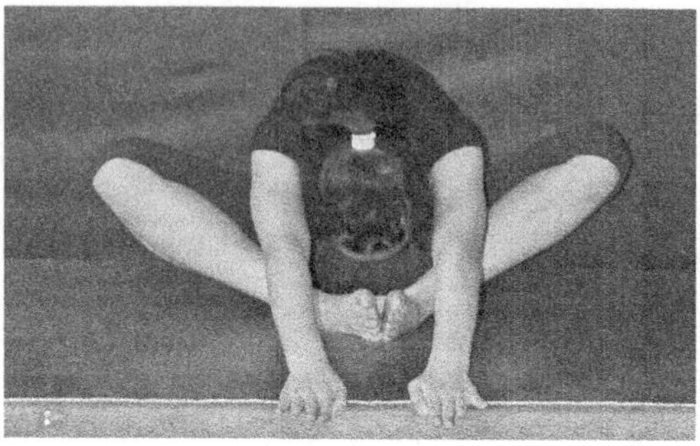

图5–1–103

3. 站姿（负重）体转

牵拉目标：竖脊肌、腹外斜肌。

练习方法：站姿，双脚开立与肩同宽，双手扶杠铃或头后部，直腰缓慢匀速转体至最大幅度，可微屈膝或采用坐姿。一个方向做5~10次，重复2~3组。如图5–1–104、图5–1–105。

图5–1–104

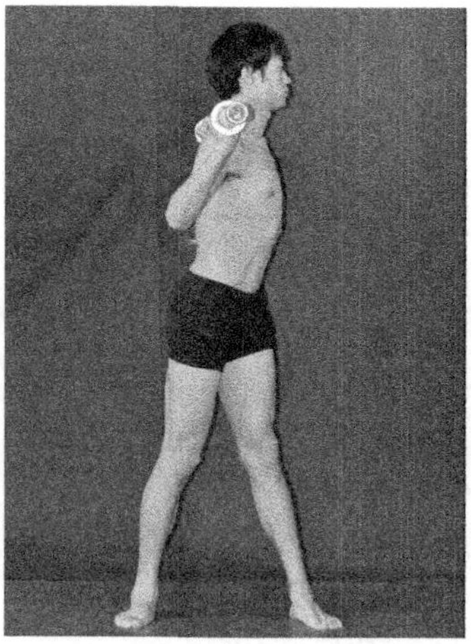

图5–1–105

4. 仰卧团身

牵拉目标：竖脊肌。

练习方法：仰卧团身，双手握住大腿后部（靠近膝关节），向身体方向用力拉伸，保持15~30秒，重复2~3组。如图5-1-106。

备注：动作变化：同伴跪在其体侧，右手按住其大腿后部，左手扶住其双脚脚跟，施力下压。

图5-1-106

5. 跪姿背桥

牵拉目标：腹直肌、背阔肌、胸肌、肱三头肌。

练习方法：跪姿后仰，双臂肩下撑地，小腿及脚背放于地面；收腹弓腰团背，保持15~30秒，重复2~3组。如图5-1-107。

备注：平背姿势开始逐渐到最大限度弓腰。

图5-1-107

6. 坐（椅子）姿体前屈

牵拉目标： 竖脊肌。

练习方法： 坐于椅子上，双脚与肩同宽左右开立，上体前屈，双手分别握住双脚脚尖或双手撑地；胸部向下，头部内扣，保持15~30秒，重复2~3组。如图5-1-108。

备注： 收缩腹肌，放松下背肌。

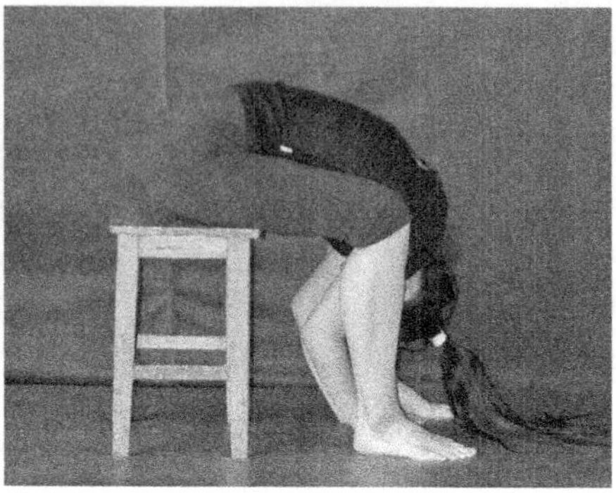

图5-1-108

7. 坐姿伸膝体前屈

牵拉目标： 竖脊肌。

练习方法： 坐于垫子上，双腿并拢微屈膝，上体前屈，呼气，胸部靠近大腿面，双手扶住垫子边沿，逐渐伸双腿，保持15~30秒，重复2~3组。如图5-1-109、图5-1-110。

备注： 在伸腿过程中，如感觉大腿后群肌被牵拉，可停止伸膝，保持背部肌肉始终被拉伸。

图5-1-109

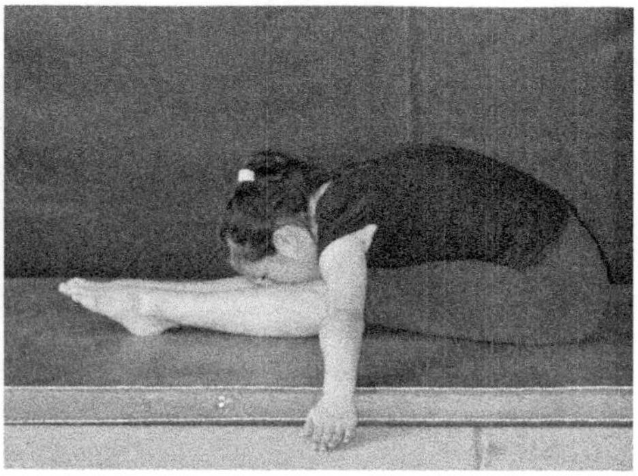

图5-1-110

8. 伸膝顶肩

牵拉目标：竖脊肌。

练习方法：仰卧，双腿伸膝上举，上体向上竖直，上臂外侧撑地，双手扶住下背两侧，肩部触地支撑，双膝向下靠近面部，双腿伸直，脚尖触地，保持15~30秒，重复2~3组。如图5-1-111、图5-1-112。

备注：避免颈部关节过度弯曲。

图5-1-111

图5-1-112

9. 跪姿弓腰

牵拉目标：竖脊肌。

练习方法：跪姿，小腿及脚背触地，上体向下靠近大腿前部，头部靠近地面，双臂直臂向前伸展，弓腰团身，双手手掌及前臂推地，保持15~30秒，重复2~3组。如图5-1-113、图5-1-114。

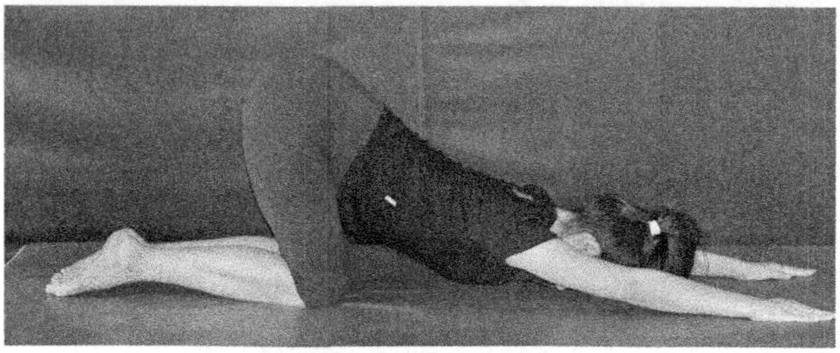
图5-1-113

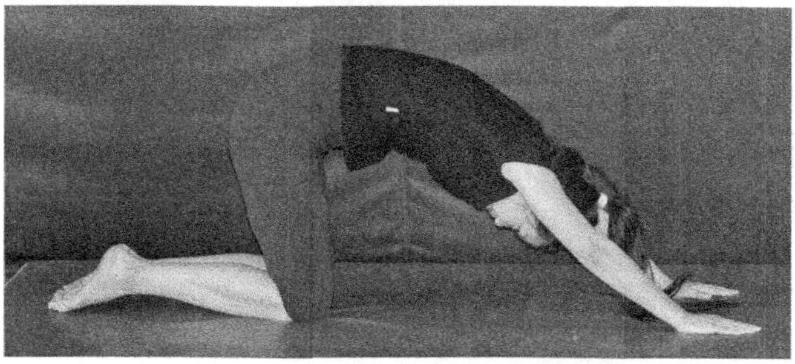
图5-1-114

10. 坐姿转体

牵拉目标：竖脊肌、下背肌。

练习方法：坐于椅子上，双腿并拢，双脚脚掌触地，上体平直，双手十指交叉体前屈，向右侧转至最大限度，保持15~30秒，每侧各重复2~3组。如图5-1-115。

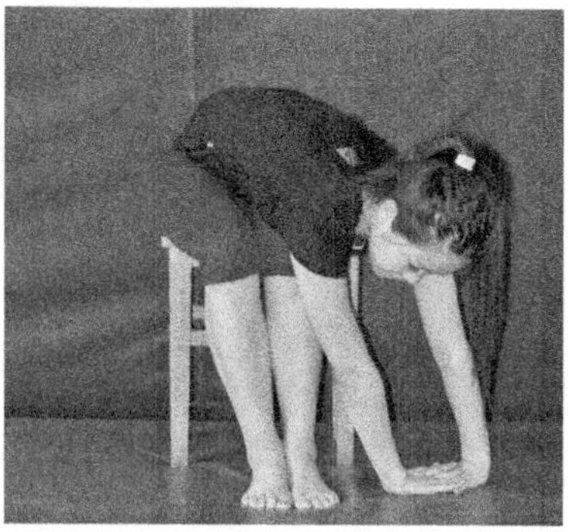
图5-1-115

七、腹部

腹部肌肉包括腹直肌、腹外斜肌、腹内斜肌等，这些肌肉起着稳定躯干、连接上下肢的作用，以不同起点进行牵拉可以达到深度开发柔韧性的目的，同时也可促进躯干灵活性、协调性的提高。

腹部肌肉（腹直肌、腹外斜肌、腹内斜肌）和腰方肌通过胸腔向骨盆方向拉动弯曲躯干。另外，其他躯干屈肌、髂腰肌通过将股骨向骨盆方向拉动或将脊柱向大腿方向拉动来弯曲躯干。

1. 直臂体侧牵拉

牵拉目标：腹外斜肌、背阔肌、前锯肌。

练习方法：站姿，双腿分开与肩同宽，十指交叉，掌心向外，直臂向右侧转动，尽量达到最大幅度，膝关节不弯曲，保持15~30秒，每侧各重复2~3组。如图5-1-116、图5-1-117。

备注：动作变化：两人侧对站立，分别成侧向弓箭步，两人前伸脚背相对（抵住），双手分别拉住同伴双手，分别向反方向用力拉伸。如图5-1-118。

图5-1-116

图5-1-117

图5-1-118

2. 屈臂体侧拉

牵拉目标：腹外斜肌、背阔肌、前锯肌、肱三头肌。

练习方法：站姿，双腿分开与肩同宽，头后屈臂双手握异侧肘关节，右手靠近左肩，向左侧屈，尽量达到最大幅度，膝关节不弯曲，保持15~30秒，每侧各重复2~3组。如图5-1-119。

图5-1-119

3. 站姿体侧屈

牵拉目标：腹外斜肌、背阔肌、前锯肌、肱三头肌。

练习方法：站姿，右腿平放于肋木上，左腿直膝，左脚支撑，距肋木1米，双臂上举，双手交叉，上体向右侧屈，保持15~30秒，每侧各重复2~3组。如图5-1-120。

备注：保持双腿直膝，也可牵拉右腿内收肌。动作变化：双脚与肩同宽左右开立，双臂上举，双手交叉，掌心向上，向体侧侧屈。如图5-1-121。

图5-1-120

图5-1-121

4. 仰卧沉臀

牵拉目标：腹外斜肌、背阔肌、前锯肌。

练习方法：仰卧于宽凳或床上，腰下垫毛巾或软垫，臀部在凳边或床边，双手交叉垫在头后，双腿微屈，双脚触地，向下沉臀，保持15~30秒，重复2~3组。如图5-1-122。

备注：动作变化：左侧肘部向上、向右侧抬起，上体向右侧扭转，保持15~30秒，每侧各重复2~3组。如图5-1-123。

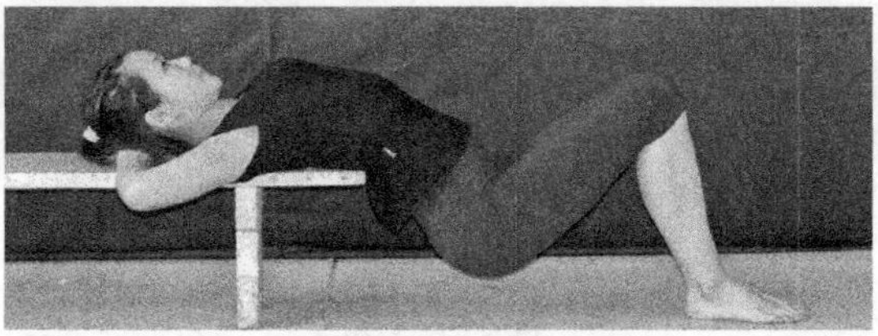

图5-1-122

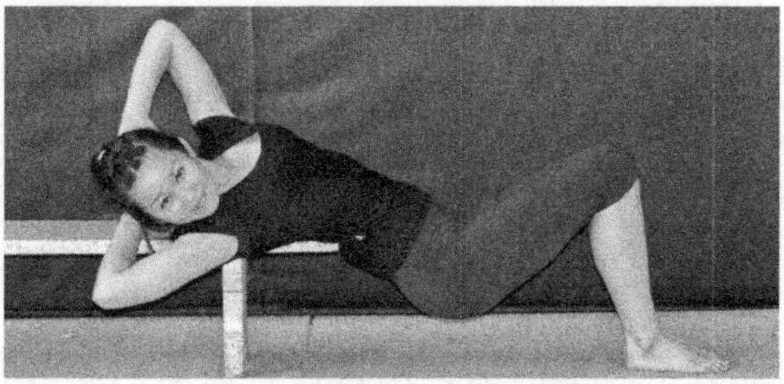

图5-1-123

5. 握杠后屈体（背弓）

牵拉目标：腹直斜肌、背阔肌、前锯肌、肩带肌。

练习方法：站姿，距肋木或单杠30厘米，双臂伸直上举握杠，上体完全伸展，双脚尖向后移动，腹部向前顶，保持15~30秒，重复2~3组。如图5-1-124。

图5-1-124

6. 俯卧背起

牵拉目标：腹直肌、胸大肌、前锯肌、肱三头肌、股四头肌。

练习方法：俯卧，双腿并拢上抬，双手手指向前，上体背屈，双臂伸直，头部后仰，保持15~30秒，重复2~3组。如图5-1-125。

备注：练习中收缩臀部肌肉，适度放松背部肌肉。

图5-1-125

7. 跪姿背弓

牵拉目标：腹直肌、胸大肌、前锯肌、肱三头肌。

练习方法：跪姿，双膝并拢，膝关节、小腿（前侧）、脚背触地，上体后仰背屈，目视正上方，髋部前顶，双臂伸直逐渐向后分别撑住脚跟，保持15~30秒，重复2~3组。如图5-1-126、图5-1-127。

图5-1-126

图5-1-127

8. 站姿背弓

牵拉目标：腹直肌、胸肌、肩带肌。

练习方法：站姿，双脚分开与肩同宽，上体直立，双臂伸直上举，上体向后屈背，头部后仰，保持15~30秒，重复2~3组。如图5-1-128。

图5-1-128

图5-1-129

9. 俯卧背弓

牵拉目标：腹肌、胸肌、肩带肌。

练习方法：俯卧，双腿并拢放于地面，双腿屈膝上抬，双手握住双脚脚踝，向斜上方施力上抬，头部后仰，保持15~30秒，重复2~3组。如图5-1-129。

10. 仰卧背弓

牵拉目标：腹肌、胸肌、肩带肌。

练习方法：仰卧，双腿屈膝，双脚靠近臀部撑地，屈两臂肩撑地，双臂及双腿用力，上体向上呈背弓，头部后仰，保持15~30秒，重复2~3组。如图5-1-130、图5-1-131。

备注：动作变化：头部及上臂撑地，尤其适用于柔道和摔跤运动员。

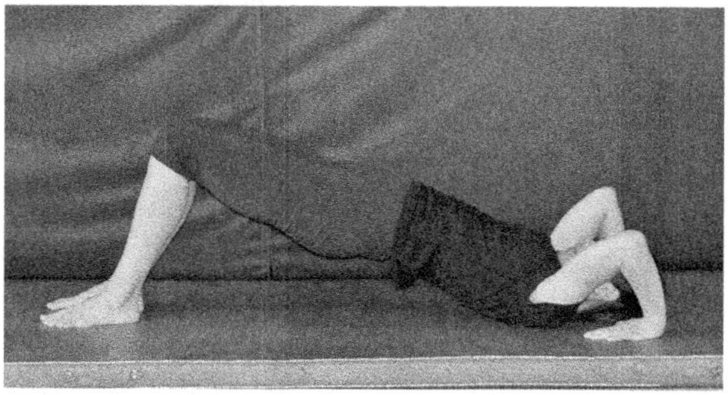

图5-1-130

图5-1-131

11. 俯卧助力屈背

牵拉目标：腹肌、背阔肌、前锯肌、胸肌、肩带肌。

练习方法：俯卧，双臂前平举，同伴分腿站在其髋部两侧，伸背，同伴顺势握住其双臂，施力向上抬，保持15~30秒，重复2~3组。如图5-1-132。

备注：动作变化：同伴（队友）背对该运动员，分腿站于髋部两侧，双腿并拢上举，同伴顺势握住其脚踝，上抬，动作过程中与同伴随时保持交流。如图5-1-133。

图5-1-132

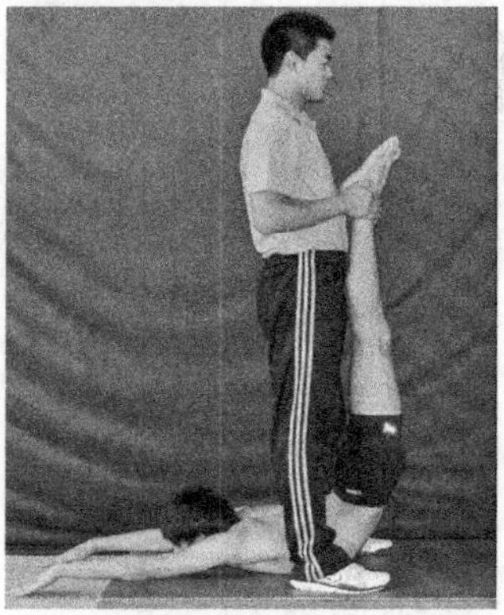

图5-1-133

12. 坐姿体侧屈

牵拉目标：腹外斜肌、竖脊肌。

练习方法：双腿盘坐，上体竖直，双手十指交叉放于头后，上体体侧屈，保持15~30秒，每侧各重复2~3组。如图5-1-134。

备注：上体在侧屈时勿弓腰。动作变化：双腿直膝分开跪于地面，上体侧屈。

图5-1-134

图5-1-135

图5-1-136

13. 仰卧撑地体转

牵拉目标：腹外斜肌、竖脊肌、前锯肌、背阔肌。

练习方法：先呈坐姿，双腿分开，双手臂部后侧撑地；双脚脚跟撑地，向上顶髋，左臂伸直，左手撑地，右臂头后屈且向左摆，保持15~30秒，每侧各重复2~3组。如图5-1-135、图5-1-136。

14. 站姿持铃体侧屈

牵拉目标：腹外斜肌、竖脊肌。

练习方法：站姿，双脚分开与肩同宽，左手持重量适中的哑铃放于体侧，屈右臂，右手放于头后，躯干向左侧屈，保持15~30秒，每侧各重复2~3组。如图5-1-137。

备注：体侧屈逐渐达到最大限度，保证上体及头部在同一平面内，如要增加牵拉强度，可适当增加哑铃重量。

图5-1-137

15. 站姿肩负杠铃体转

牵拉目标：腹外斜肌、竖脊肌。

练习方法：站姿，双脚分开与肩同宽，肩负重量适中的杠铃，双手宽握杠铃，向右侧缓慢转至次最大幅度，保持15~30秒，每侧重复2~3组。见图5-1-104、图5-1-105。

备注：双脚不离开地面，不改变脚的指向；在转体过程中尽量缓慢，上体适中竖直，不得弯腰。

16. 跪姿转体触脚跟

牵拉目标：腹外斜肌、背阔肌、前锯肌。

练习方法：双膝跪地，脚背触地，上体直立，向右后方转体，右手触摸左脚脚跟，保持15~30秒，每侧各重复2~3组。如图5-1-138。

备注：转体时，上体保持直立，不得弯腰、低头。

图5-1-138

八、臀部

髋关节是球窝关节，占髋部肌肉75%的肌肉群是髋关节外旋肌，相关肌肉包括臀大肌、臀中肌、臀小肌、梨状肌、上孖肌、闭孔外肌、股方肌、腰大肌、髂肌、股直肌、缝匠肌、短收肌、大收肌、长收肌、耻骨肌。然而，髋关节外旋肌是较难拉伸到的肌肉，也是拉伸中较少涉及的肌肉，因此，应设计针对性强的拉伸动作进行重点练习。

臀部肌群包括臀大肌、臀中肌、臀小肌，臀部肌群是身体中最大的肌肉群，在走、跑、跳、投等动作中发挥重要的作用。臀部肌群分为不同的层次，因此，柔韧训练手段的设计和施用应全面、深刻，同时，还要考虑骨盆四周肌肉群的同步拉伸。

1. 弓箭步压腿

图5-1-139

牵拉目标：髂腰肌、股直肌。

练习方法：向前迈步呈弓箭步，右腿膝关节位于右脚上方，右脚掌与地面全接触，左腿伸直，左脚脚尖与右脚脚尖指向一致，脚跟不触地，躯干直立，双手置于右膝上，缓慢向下、向前移动，保持15~30秒，每侧各重复2~3组。如图5-1-139。

2. 仰卧屈腿下拉

牵拉目标：臀大肌。

练习方法：仰卧于宽桌上，左腿大腿后侧撑于桌面，小腿在桌边自然下放（悬空），右腿屈膝上抬，双手握住右腿大腿后部（靠近膝关节），施力向胸前下拉，保持15~30秒，每侧各重复2~3组。如图5-1-140。

备注：动作变化：左腿自膝或髋部以下在桌边自然悬空，双手握住膝关节前部（小腿上部），施力向胸前下拉，保持15~30秒，每侧各重复2~3组。如图5-1-141。

图5-1-140

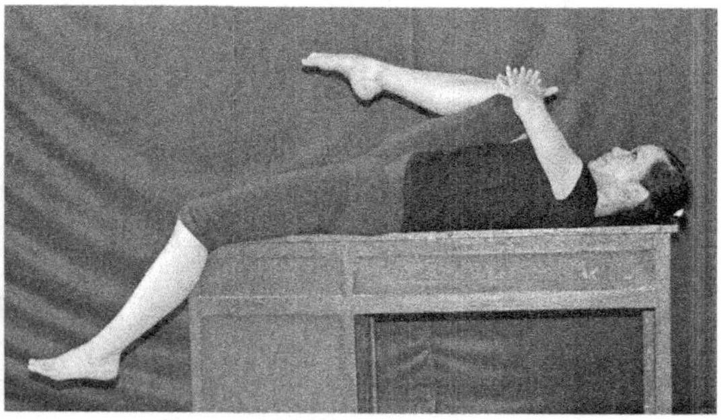

图5-1-141

3. 仰卧抱腿拉

牵拉目标：臀大肌。

练习方法：仰卧平躺，屈右腿靠近胸部，双手抱住右膝，继续向胸部牵拉，保持15~30秒，每侧各重复2~3组。如图5-1-142。

图5-1-142

4. 触膝弓箭步

牵拉目标：屈髋肌、臀肌。

练习方法：弓箭步，右腿在前，右小腿与地面垂直，左腿后伸，左脚背、左小腿前部及左膝触地并呈一条直线，双手扶在髋部两侧，上体下沉，保持15~30秒，每侧各重复2~3组。如图5-1-143。

备注：动作变化：弓箭步姿势，左腿撑于（与小腿等高）凳子上，右脚地面支撑，右腿大腿后侧及左腿大腿前部、膝关节、小腿前部在凳面上呈一条直线，双手扶在髋部两侧，用力下压，上体直立。如图5-1-144。

图5-1-143

图5-1-144

5. 站姿屈腿助力上抬

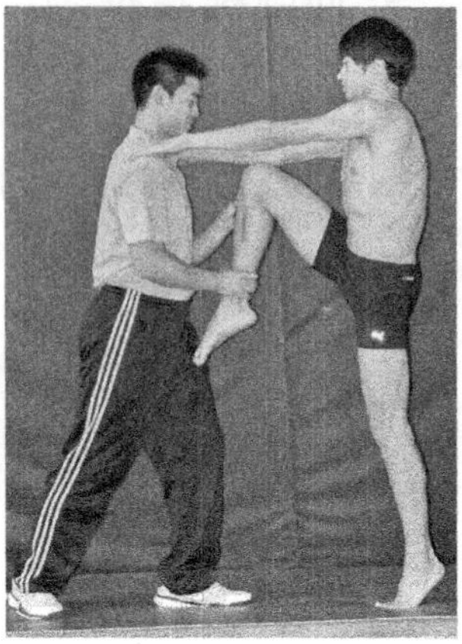

图5-1-145

牵拉目标：臀大肌、屈髋肌群。

练习方法：站姿，左脚脚尖向前撑地，右腿屈膝上抬，同伴在此基础上，右手握住其脚踝，左手扶住其右腿膝关节上部，施力继续上抬，保持15~30秒，每侧各重复2~3组。如图5-1-145。

备注：动作变化：仰卧，右腿直膝放于地面，左腿屈膝上抬，同伴在此基础上，右臂按住其臀部，左手扶住其膝关节上部，施力继续上抬，保持15~30秒，每侧各重复2~3组。

6. 仰卧屈腿转髋

牵拉目标：臀部肌群。

练习方法：仰卧，右腿直膝放于地面，左腿屈膝向右侧转髋，右手拉住左腿膝关节，上体尽量紧贴地面，左臂平放于地面，保持15~30秒，每侧各重复2~3组。如图5-1-146、图5-1-147。

备注：动作变化：双腿屈膝并拢，向体侧转髋，双手侧平举放于地面。在转髋时，背部不离开地面。

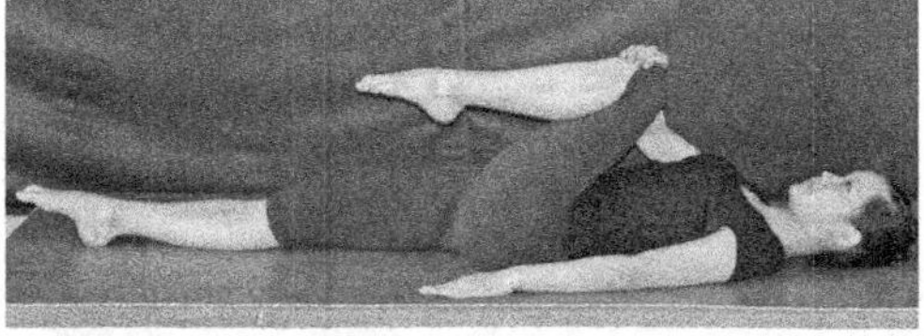

图5-1-146

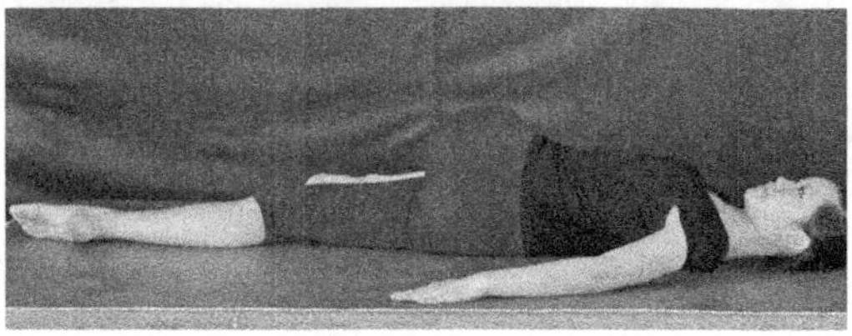

图5-1-147

7. 仰卧直腿转髋

牵拉目标：臀部肌群。

练习方法：仰卧，双臂侧平举放于地面，右腿直膝放于地面，左腿直膝上举与地面垂直；向右侧转髋，左脚脚尖靠近右手，保持15~30秒，每侧各重复2~3组。如图5-1-148、图5-1-149。

备注：增加强度，右手抓住左脚脚尖向斜上方拉伸。动作变化：双腿直膝并拢上举，向体侧转髋，在转髋时，背部不离开地面，保持15~30秒，每侧各重复2~3组。如图5-1-150、图5-1-151。

图5-1-148

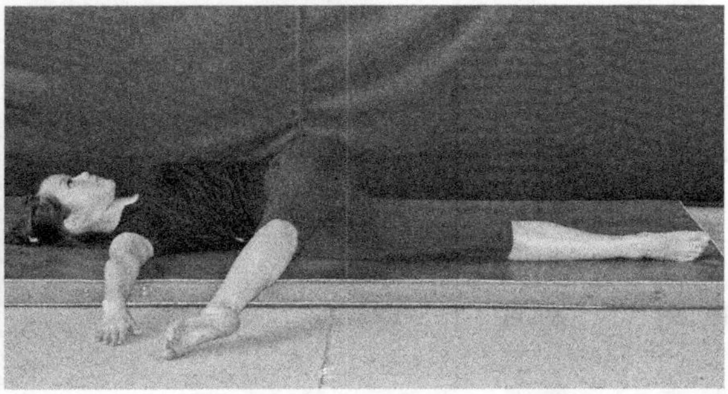

图5-1-149

图5-1-150

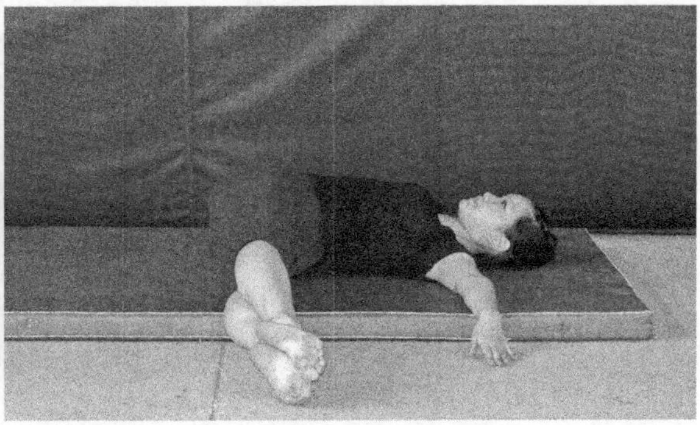

图5-1-151

8. 仰卧盘腿上抬

牵拉目标：臀部肌群。

练习方法：仰卧，双腿屈膝上举，左腿盘于右腿上，右腿逐渐施力上抬，左脚靠近胸部，上体紧贴地面，双手交叉放于头后。保持15~30秒，每侧各重复2~3组。如图5-1-152、图5-1-153。

备注：以上动作可由同伴助力上抬小腿。动作变化：左腿在右腿上交叉，右腿屈膝，右脚脚掌内侧撑地，左腿在右腿上施力下压，保持15~30秒，每侧各重复2~3组。

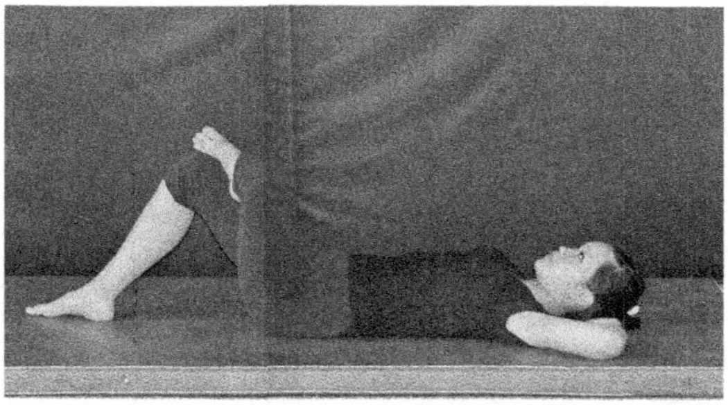

图5-1-152

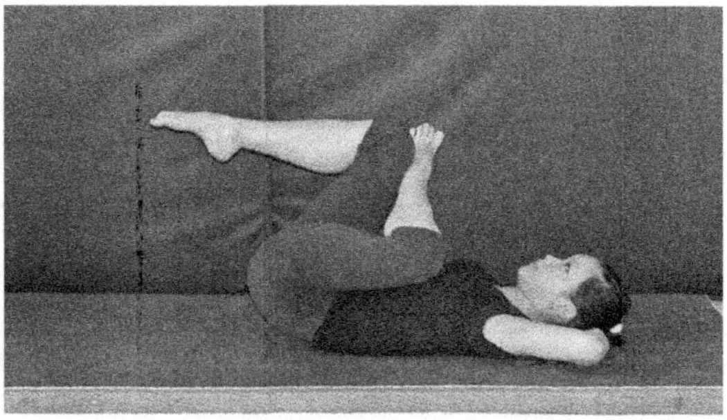

图5-1-153

9. 坐姿屈腿上抬

牵拉目标：臀大肌。

练习方法：坐于椅子上，右脚掌触地，上体直立，左腿屈膝上举，双手抱住左膝，施力上抬，保持15~30秒，每侧各重复2~3组。如图5-1-154、图5-1-155。

备注： 增加强度可向肩部上抬。

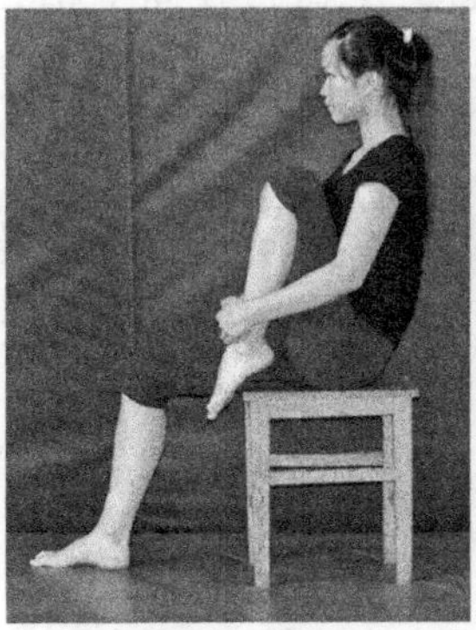

图5-1-154

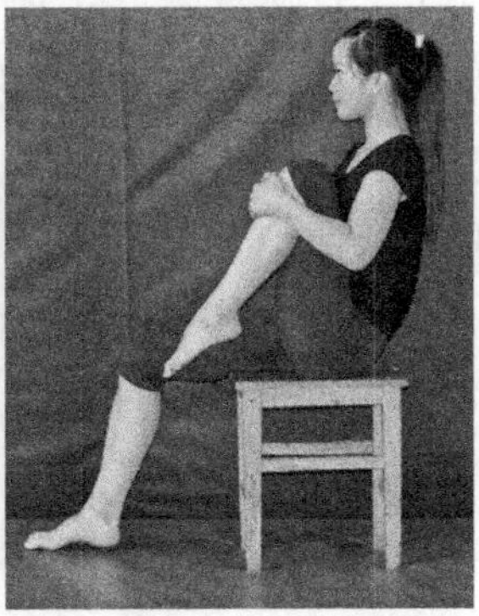

图5-1-155

10. 坐姿屈腿转体

牵拉目标： 竖脊肌、臀肌、腹肌。

练习方法： 坐姿，右手放于身体侧后方，左腿伸直放于地面，屈右腿交叉置于左腿外侧（左侧），左侧肘关节置于右腿膝关节外侧（右侧）并向左侧用力推，头与肩向右转，直到感觉右侧臀部和躯干肌肉紧张，保持15~30秒，每侧各重复2~3组。如图5-1-156。

备注： 可通过身体、头转向后方增加强度。

图5-1-156

11. 仰卧屈腿上抬

牵拉目标： 臀部肌群。

练习方法： 仰卧，右腿直膝放于地面，左腿屈膝向上抬，右手握住左脚踝外侧，左手握住左膝外侧，用力上抬，保持15~30秒，每侧各重复2~3组。如图5-1-157、图5-1-158。

备注： 动作变化：坐于地面，上体直立，右腿直膝放于地面，左腿屈膝上举，双手扶住左小腿外侧，施力向胸部靠近，保持15~30秒，每侧各重复2~3组。如图5-1-159。

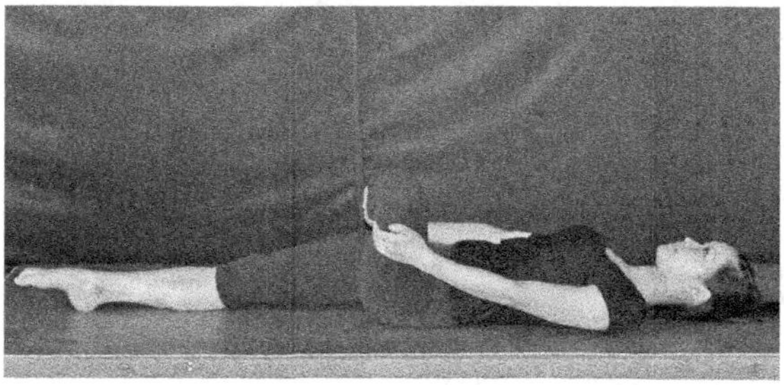

图5-1-157

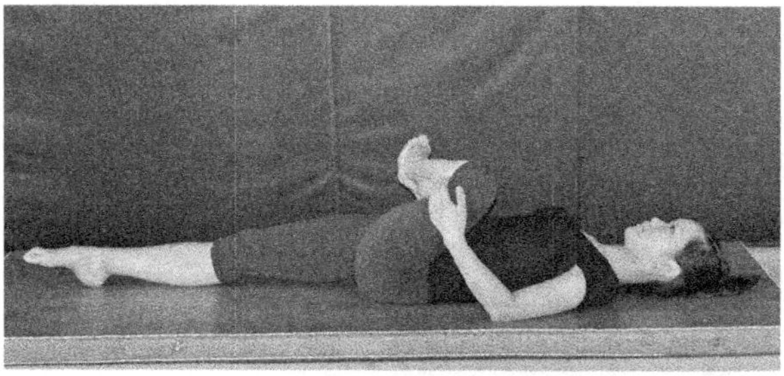

图5-1-158

图5-1-159

12. 坐姿盘腿前倾

牵拉目标：臀部肌群。

练习方法：坐于凳子或椅子上，右腿屈膝盘在左腿上，右脚脚踝放在左腿大腿前部，右手按住右膝，上体先保持竖直，后向前倾，保持15~30秒，每侧各重复2~3组。如图5-1-160、图5-1-161。

图5-1-160

图5-1-161

13. 坐姿屈腿（交叉）前倾

牵拉目标：臀部肌群。

练习方法：坐姿，左腿屈膝内收于体前，大小腿外侧触地，左脚指向右侧，右腿屈膝，膝关节向上，右脚掌触地，靠近左小腿胫骨处，右手握住右脚脚踝，左手左侧撑地，上体前倾，头部靠近左膝，保持15~30秒，每侧各重复2~3组。如图5-1-162、图5-1-163。

图5-1-162

图5-1-163

14. 坐姿弓箭步沉臀

图5-1-164

牵拉目标：臀部肌群。

练习方法：坐姿，右腿屈膝放于体前，左腿直膝放于体后，左右腿呈一条直线，双手体侧撑地，上体竖直，向前下方沉臀，保持15~30秒，每侧各重复2~3组。如图5-1-164。

15. 侧卧屈腿抬上体

牵拉目标：臀部肌群。

练习方法：（右）侧卧，双腿并拢与躯干呈一条直线，左腿屈膝，左脚放在右大腿前触地，两手撑地，上体向上抬起，保持15~30秒，每侧各重复2~3组。如图5-1-165、图5-1-166。

备注：脚掌完全触地，并靠近（接触）大腿。动作变化：右手可撑于体侧的矮凳上，以增加强度。如图5-1-167。

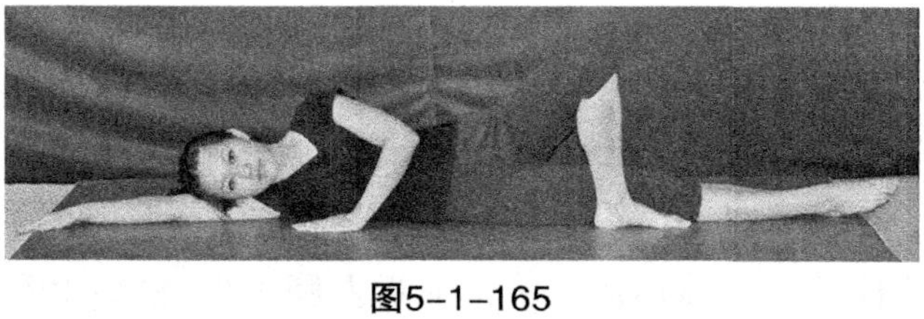
图5-1-165

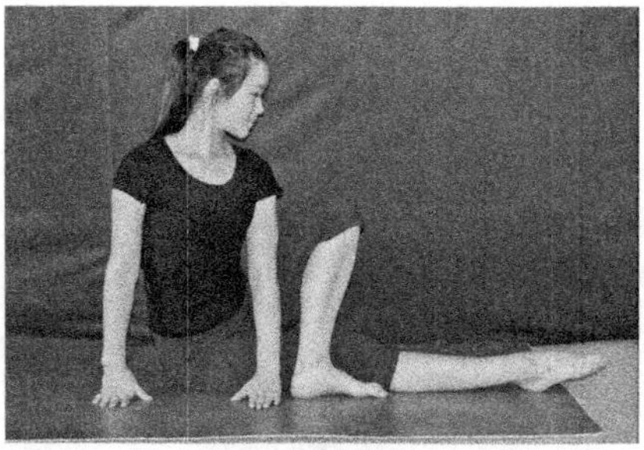
图5-1-166

图5-1-167

16. 站姿扶墙转髋

牵拉目标：臀部肌群。

练习方法：距墙20~30厘米，站姿，双臂撑墙，右腿屈膝在前，左腿直膝在后，间距50厘米左右，先保持头部、颈部、躯干和左腿在一条直线上，向后转（顶）髋，保持15~30秒，每侧各重复2~3组。如图5-1-168、图5-1-169。

图5-1-168

图5-1-169

17. 站姿直腿交叉俯背

牵拉目标：臀肌、股二头肌、阔筋膜张肌。

练习方法：站姿，右脚交叉放于左脚前，膝关节微屈，缓慢俯身双手向后下方触摸右脚内侧踝关节，保持15~30秒，每侧各重复2~3组。如图5-1-170。

图5-1-170

18. 俯卧屈腿助力侧推

牵拉目标： 臀部肌群。

练习方法： 俯卧，左腿直膝放于地面，右腿屈膝上举，同伴右手按住其腰部，左手握住其脚踝，向左用力推小腿，保持15~30秒，每侧各重复2~3组。如图5-1-171。

备注： 可向反方向拉小腿。

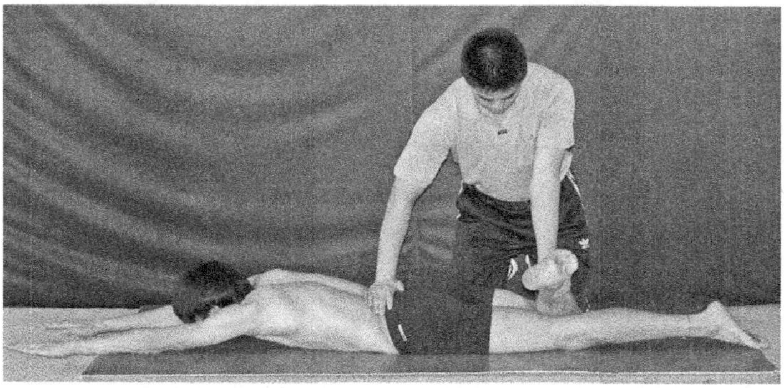

图5-1-171

九、大腿前侧

1. 侧卧屈腿提拉

牵拉目标： 股四头肌、髂腰肌。

练习方法： 侧卧，双腿伸直，右侧前臂放于地面，上臂支撑身体，屈左腿，左手握住左脚踝前部向身体方向用力，左脚跟接触左侧臀部，也可再向后向上移动，改变牵拉点。各保持15~30秒，每侧各重复2~3组。如图5-1-172、图5-1-173。

备注：动作变化：俯卧，双腿直膝触地，左手握住向上抬起的左脚脚踝（保持左腿大腿前部触地），向斜上方用力拉伸，保持15~30秒，每侧各重复2~3组。注意：双腿大腿内侧紧靠，勿屈髋、弓背。如图5-1-174。

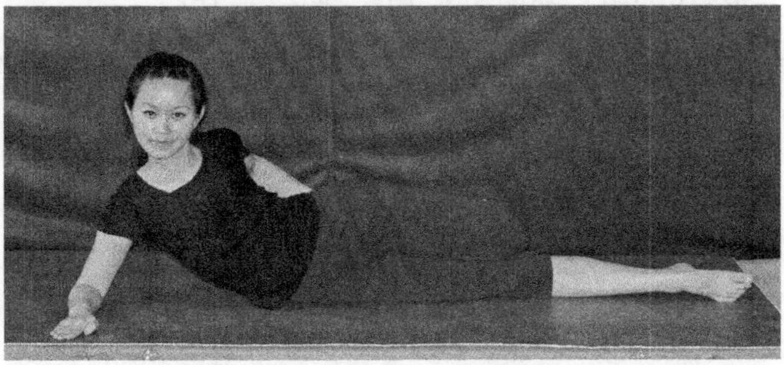

图5-1-172

图5-1-173

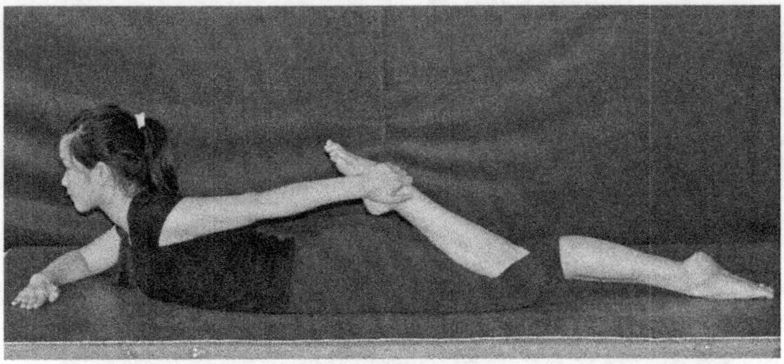

图5-1-174

2. 跪姿屈腿后仰

牵拉目标：股四头肌。

练习方法：跪姿，双脚并拢撑地，双手扶住臀部稍向前推，大腿、躯干、髋呈一条直线。上体逐渐向后倾斜，直到感觉股四头肌被牵拉，确定牵拉度后保持15~30秒，重复2~3组。如图5-1-175、图5-1-176。

备注：动作变化一：跪姿，双脚并拢，脚背触地，双手体后撑地，臀部前移与头、躯干、大腿呈一条直线，逐渐后移双手，上体后仰；双膝不离开地面。如图5-1-177、图5-1-178。动作变化二：跪姿，双脚分开，臀部及脚背触地，逐渐后仰上体直至平躺于地面。如图5-1-179。

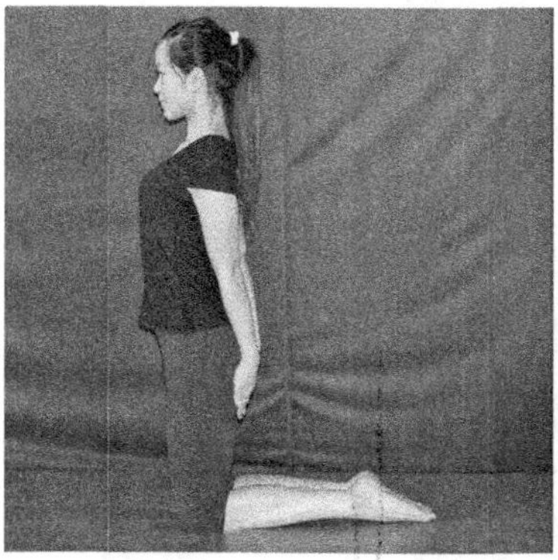

图5-1-175

图5-1-176

图5-1-177

图5-1-178

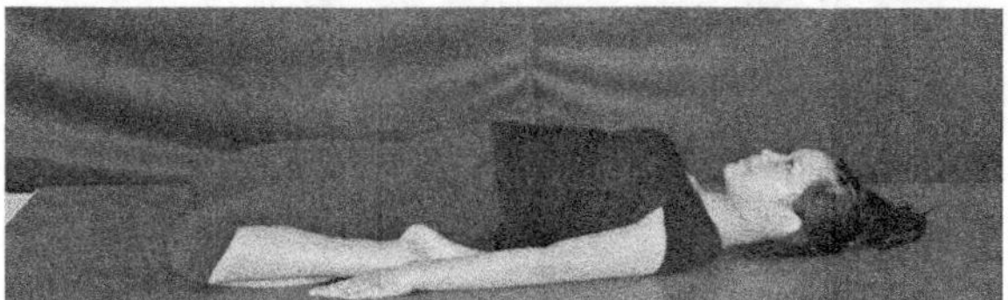

图5-1-179

3. 站姿屈腿上提

牵拉目标：股四头肌。

练习方法：站姿，右腿直膝，右脚撑地，右手握住肋木或扶墙，左腿屈膝，小腿上抬，左手握住左脚脚背，用力上提，保持15~30秒，每侧各重复2~3组。如图5-1-180。

备注：两腿大腿内侧保持接触，勿屈髋、驼背，上体保持正直。动作变化：右腿屈膝，右脚撑地，左腿屈膝，左膝撑地，左手握住左脚脚背，用力上提，保持15~30秒，每侧各重复2~3组。

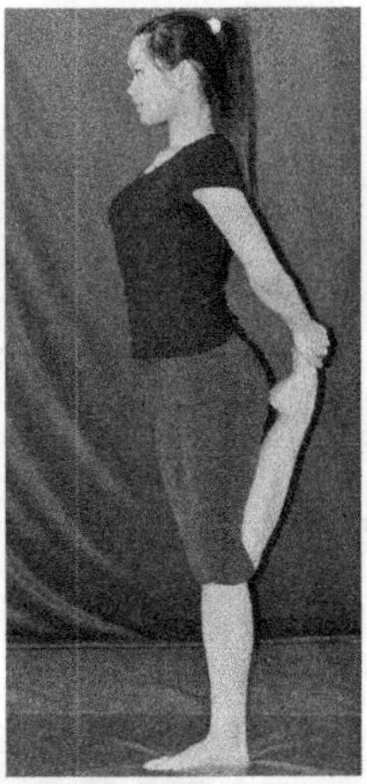

图5-1-180

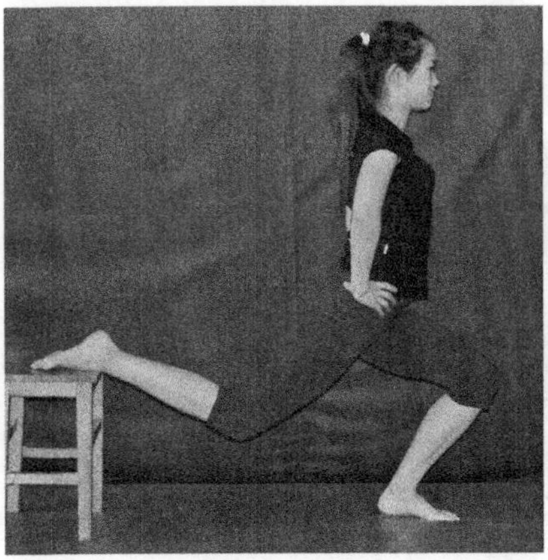

图5-1-181

4. 站姿屈腿下沉

牵拉目标：股四头肌。

练习方法：站姿，左腿在前屈膝，左脚撑地，距肋木或高凳（与髋同高）1.5米，右腿屈，右脚脚背放于肋木或凳边缘，上体竖直，双手扶腰，向前下方沉臀，屈膝，保持15~30秒，每侧各重复2~3组。如图5-1-181。

5. 坐姿屈腿后仰

牵拉目标：股四头肌。

练习方法：坐姿，左腿向后屈膝，保持左膝关节及内侧触地，左脚尖触地，左手握住左脚，右腿直膝前伸放于地面；上体沿左腿对角线方向逐渐后仰，右前臂撑地，直至背部触地，保持15~30秒，每侧各重复2~3组。如图5-1-182、图5-1-183。

备注：减轻腰椎压力可微屈前腿（右腿）；后腿（左）脚跟紧靠臀部，如要增加强度，可适度上抬臀部。

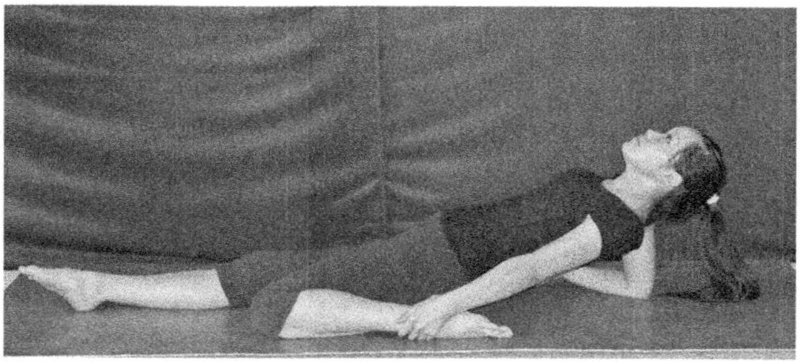

图5-1-182

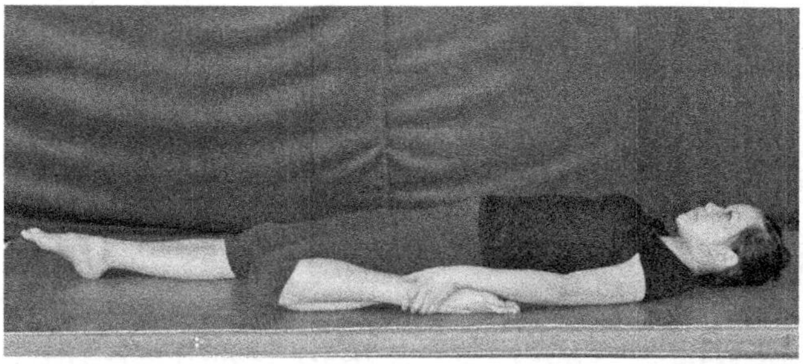

图5-1-183

6. 高凳仰卧屈腿下拉

牵拉目标：股四头肌。

练习方法：仰卧于宽高凳（或桌子）上，右腿屈膝，右脚掌支撑于凳面上，左腿在凳外屈膝下放，左手握住左脚脚踝；用力下拉，保持15~30秒，每侧各重复2~3组。如图5-1-184、图5-1-185。

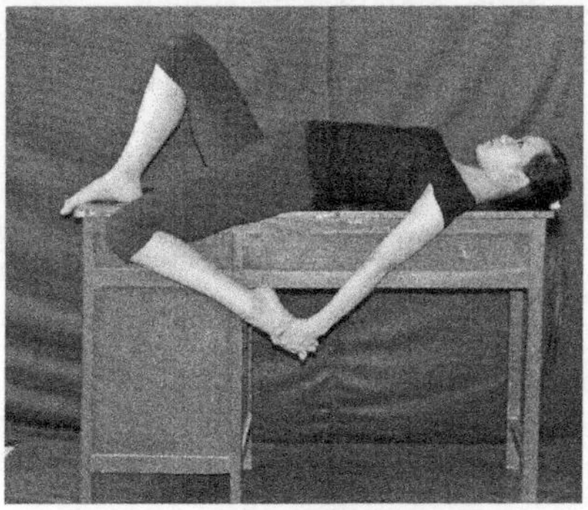

图5-1-184

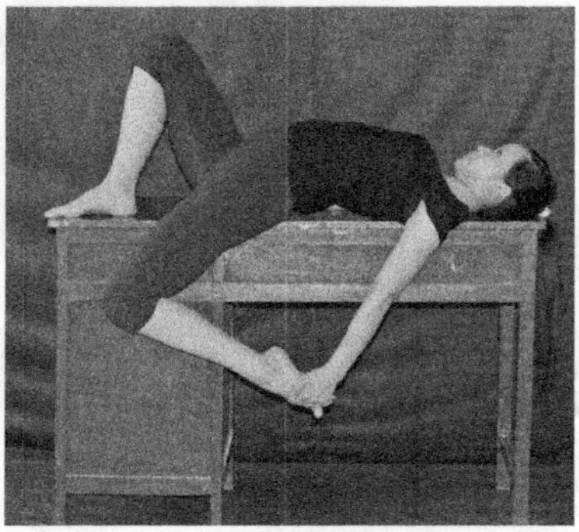

图5-1-185

7. 单腿跪姿上提

牵拉目标：股四头肌。

练习方法：右腿屈膝，右脚在前撑地，右手放右膝上，左腿屈膝，膝关节撑地，左手握住左脚脚背上提，保持15~30秒，每侧各重复2~3组。如图5-1-186。

图5-1-186

8. 俯卧屈腿助力下压

牵拉目标： 股四头肌。

练习方法： 俯卧，右腿直膝放于地面，左腿屈膝上举，同伴位于体侧，左手按住该队员左脚脚踝，右手握住其小腿前侧，用力下压，保持15~30秒，每侧各重复2~3组。如图5-1-187。

备注： 可在被拉伸的腿下垫一块软垫或毛巾。

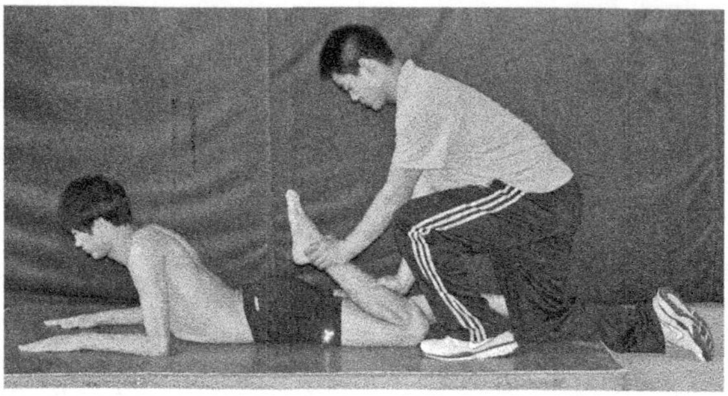

图5-1-187

9. 仰卧屈腿助力下压

牵拉目标： 股四头肌。

练习方法： 仰卧，左腿直膝放于地面，右腿屈膝，大腿内侧和小腿内侧触地，右脚靠近臀部，脚尖指向后方，同伴位于体侧，左手按住其右髋，右手按住右膝上部，用力下压，保持15~30秒，每侧各重复2~3组。如图5-1-188。

备注： 屈膝侧脚尖勿外展。

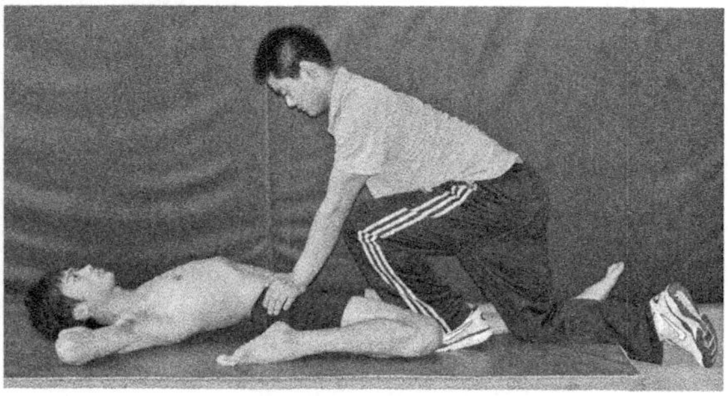

图5-1-188

十、大腿后侧

腘绳肌（股二头肌、半膜肌、半腱肌）与股四头肌的拉伸比例在实践中并不对称。绝大多数运动员的股四头肌比腘绳肌力量大，腘绳肌力量弱、柔韧性差是其容易损伤的重要原因。因此，实践中应注重腘绳肌的拉伸。

1. 坐姿体前屈

牵拉目标：股二头肌、竖脊肌、臀部肌群。

练习方法：坐姿，双腿并拢，双手抓住脚尖，躯干前倾，胸部靠近膝关节（如果柔韧性差，可用手握住踝关节完成）。如图5–1–189、图5–1–190。

图5–1–189

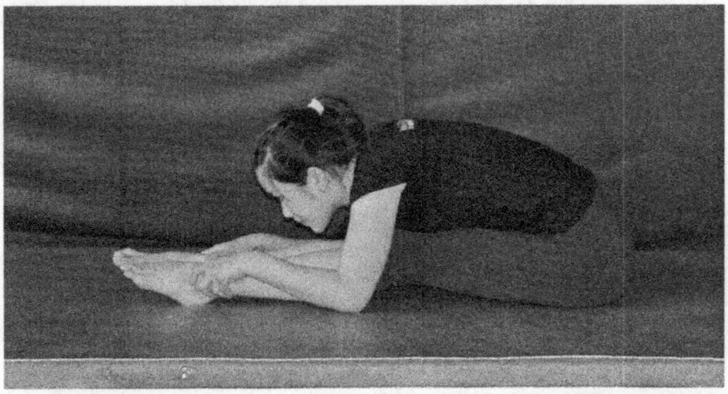

图5–1–190

2. 坐姿单腿体前屈

牵拉目标：臀部肌群、股二头肌、竖脊肌。

练习方法：坐姿，右腿伸直，左腿屈，左脚掌正对右膝内侧，左腿外侧与地面接触。右手抓住右脚尖，向前用力，胸部靠近右腿膝关节，右脚尖向外伸展，保持15~30秒，每侧各重复2~3组。如图5-1-191。

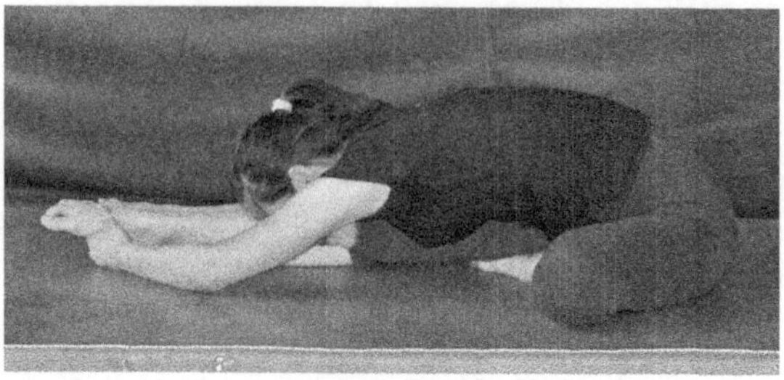

图5-1-191

备注：动作变化：左腿屈，脚掌触地，左手握住左脚踝关节，右手握住右脚踝关节，上体前屈，左手抵住左脚踝，保持15~30秒，每侧各重复2~3组。如图5-1-192。

图5-1-192

3. 坐姿分腿体前屈

牵拉目标：股二头肌、竖脊肌、内收肌、臀部肌群。

练习方法：坐姿，双腿分开90°，双脚脚跟触地，上体前屈靠近地面，双臂、双手前伸触地，保持15~30秒，重复2~3组。如图5-1-193。

图5-1-193

4. 站姿体前屈

图5-1-194

图5-1-195

牵拉目标：股二头肌、竖脊肌。

练习方法：站姿，直膝并腿，体前屈，双手握住膝关节后部，头部靠近膝关节，保持15~30秒，重复2~3组。如图5-1-194。

备注：动作变化：双腿并拢，膝屈曲，双手撑地或握脚踝，胸部接触大腿面，双腿逐渐伸直，保持15~30秒，重复2~3组。如图5-1-195。

5. 单腿坐姿体前屈

牵拉目标：股二头肌、竖脊肌、臀部肌群。

练习方法：右侧臀部坐于高凳上，右腿伸直放于凳上，左腿体侧自然下放，双手交叉放于头后，上体直立，逐渐前倾，直到感觉右大腿后群肌适度拉伸，保持15~30秒，每侧各重复2~3组。如图5-1-196、图5-1-197。

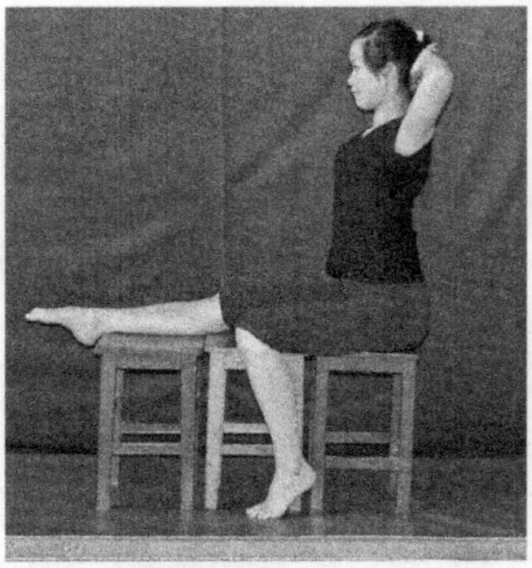

图5-1-196

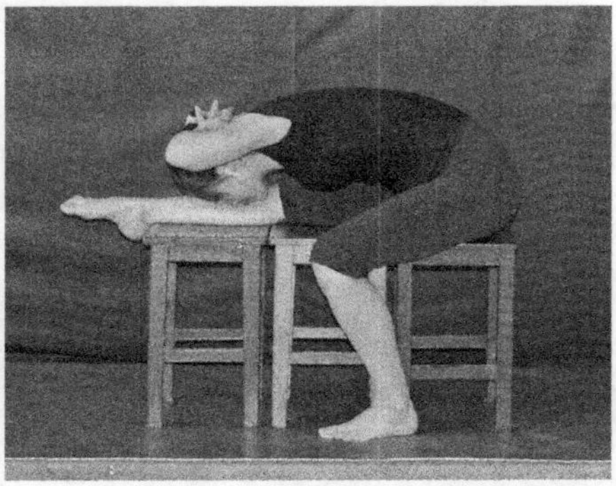

图5-1-197

6. 仰卧举腿下压

牵拉目标：股二头肌、竖脊肌。

练习方法：仰卧，右腿伸直放于地面，左腿直膝上举，脚跟放在门一侧的墙上，双手放于体侧，向墙方向移动臀部，保持15~30秒，每侧各重复2~3组。如图5-1-198、图5-1-199。

备注：动作变化：右腿屈腿支撑，全脚掌触地。在完成以上动作时，可收缩股四头肌，放松股二头肌、半腱肌、半膜肌，增加牵拉效果。如图5-1-200。

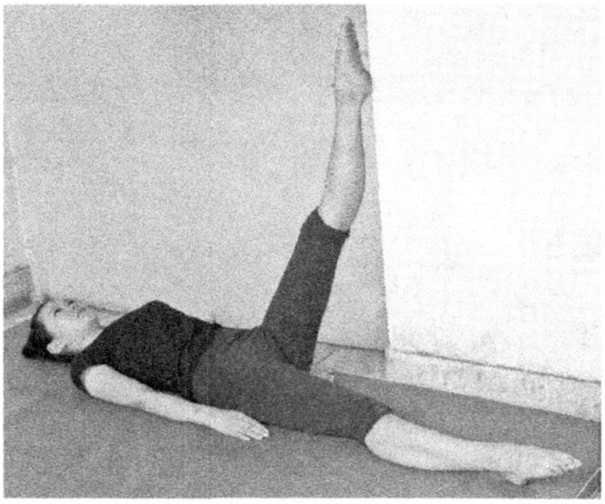

图5-1-198

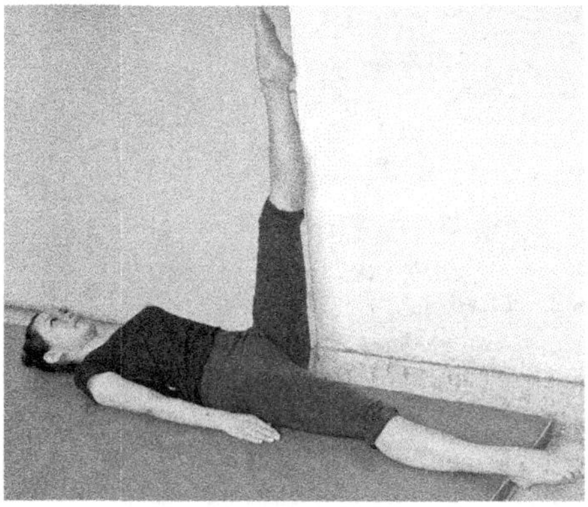

图5-1-199

图5-1-200

图5-1-201

7. 仰卧举腿上拉

牵拉目标：股二头肌、竖脊肌。

练习方法：仰卧，左腿平放于地面，右腿直膝上举，与地面垂直，双手握住右大腿后部，逐渐向脚跟移动握点，同时向头部上方牵拉右腿，保持15~30秒，每侧各重复2~3组。如图5-1-201、图5-1-202。

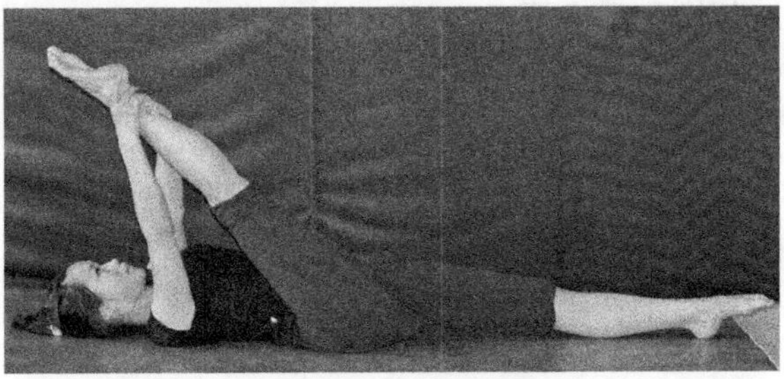

图5-1-202

图5-1-203

备注：动作变化：左腿平放于地面，右腿直膝上举，与地面垂直，用毛巾拉住右脚脚掌，向下用力拉伸。如图5-1-203、图5-1-204。

图5-1-204

8. 坐姿单腿上举

牵拉目标：股二头肌、内收肌、竖脊肌。

练习方法：坐姿，左腿伸直放于地面，右手在右侧髋部后方触地支撑，右腿上举直至大腿与地面垂直，左手握住右脚脚跟用力向后上方牵拉，保持15~30秒，每侧各重复2~3组。如图5-1-205。

备注：在完成以上动作时，可收缩股四头肌，以增加拉伸效果。

图5-1-205

9. 站姿单腿体前屈

牵拉目标：股二头肌、竖脊肌。

练习方法：站姿，左腿直膝，左脚触地，右腿伸直，右脚跟放于肋木或队友肩上，双手向前搭在肋木或队友肩上，上体前屈至适度位置，保持15~30秒，每侧各重复2~3组。如图5-1-206、图5-1-207。

备注：在完成以上动作时，可收缩股四头肌，以增加拉伸效果。

图5-1-206

图5-1-207

10. 俯身体前屈

牵拉目标：股二头肌、竖脊肌。

练习方法：双腿直膝前后开立，右脚在前，与左脚间距30~50厘米，上体前屈，双手位于右脚两侧，向下用力，保持15~30秒，每侧各重复2~3组。如图5-1-208。

备注：动作变化一：双腿分开1米左右，俯身体前屈，双手握住双脚脚踝，呼气时胸部向腿部靠拢，保持15~30秒，重复2~3组。如图5-1-209。动作变化二：双腿前后分开50厘米至1米，双手头后交叉（或扶在髋关节两侧），俯身向一侧腿屈，胸部向大腿面靠拢，保持15~30秒，每侧各重复2~3组。如图5-1-210。

图5-1-208

图5-1-209

图5-1-210

11. 坐姿纵叉

牵拉目标： 股二头肌、竖脊肌。

练习方法： 先呈蹲姿，后逐渐伸直双腿呈前后纵叉，双腿在一条直线上，前腿、后腿后侧触地，上体直立，双手体侧支撑，保持15~30秒，每侧各重复2~3组。如图5-1-211。

备注： 动作变化一：增加强度，在现有姿势基础上上体前屈，双手握住前脚脚踝，如图5-1-212。动作变化二：增加强度，在现有姿势基础上，在前脚脚踝下垫厚度适中的垫子。这些柔韧练习动作难度大，花样滑冰、武术、体操、艺术体操运动员应作为常规柔韧练习动作，而对于一般运动员，不应纳入柔韧训练计划。

图5-1-211

图5-1-212

12. 俯身腿上举

牵拉目标： 股二头肌、内收肌、竖脊肌、股四头肌。

练习方法： 右腿直膝，右脚距墙50厘米站立，向前俯身，双手撑地，手、头部、背部、臀部呈一条直线，左腿微屈膝沿墙面上举，双手向墙逐渐移动，臀部靠近墙面，左脚脚尖尽量上举至最大高度，保持15~30秒，每侧各重复2~3组。如图5-1-213。

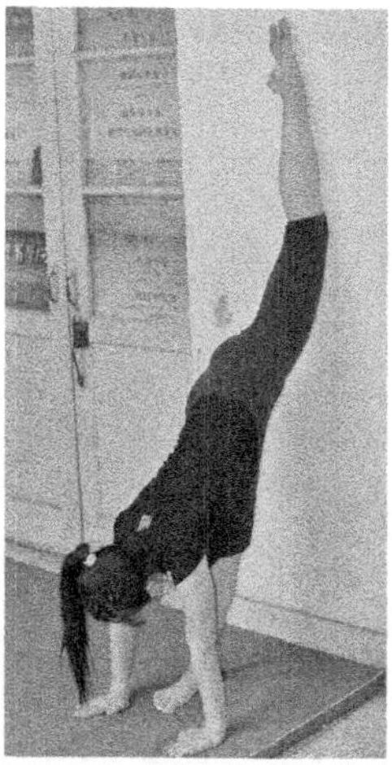

图5-1-213

13. 坐姿助力体前屈

牵拉目标：股二头肌、竖脊肌。

练习方法：坐姿，右腿直膝放于地面，左膝屈，左腿外侧触地，左脚脚跟紧靠右腿根部，双手向前握住右脚脚踝，同伴在背后双手按住该队员背部上方，向前适度用力，保持15~30秒，每侧各重复2~3组。如图5-1-214。

备注：动作变化：双腿直膝放于地面，双手握住膝关节，同伴在后方按住该队员背部适度用力前推。如图5-1-215。

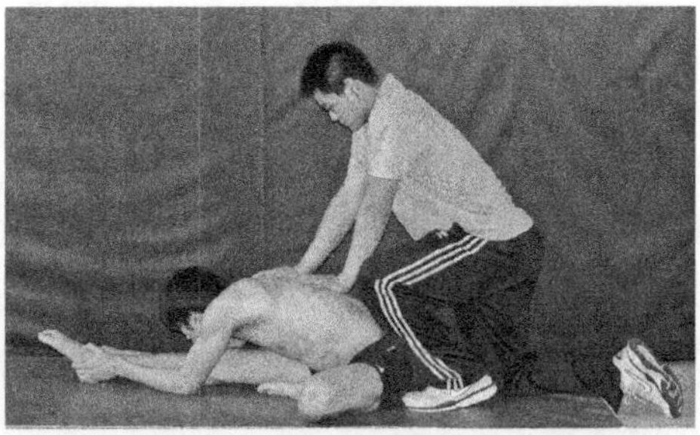

图5-1-214

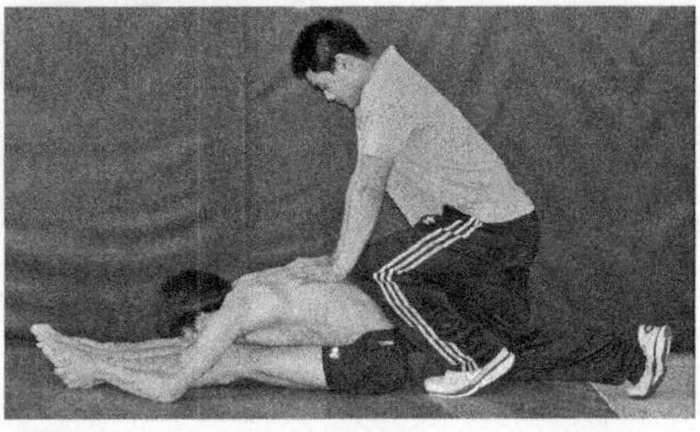

图5-1-215

14. 坐姿两人对拉体前屈

牵拉目标：股二头肌、竖脊肌。

练习方法：两人面对面坐在垫子上，双腿并拢，脚掌相对接触，互相握住对方的手，一人用力向自己方向牵拉，另一人体前屈，保持15~30秒，互相交换各重复2~3组。如图5-1-216。

备注：可使用毛巾。动作变化：两人面对面坐在垫子上，右腿分别顶住对方左膝或胫骨，拉住对方的手，一人用力向自己方向牵拉，另一人体前屈，保持15~30秒，互相交换各重复2~3组。如图5-1-217。

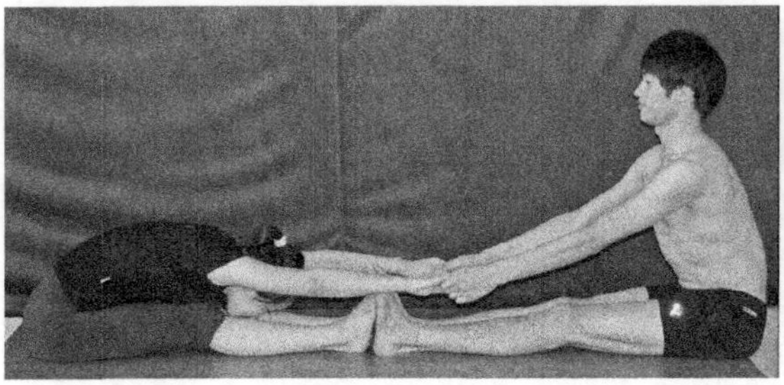

图5-1-216

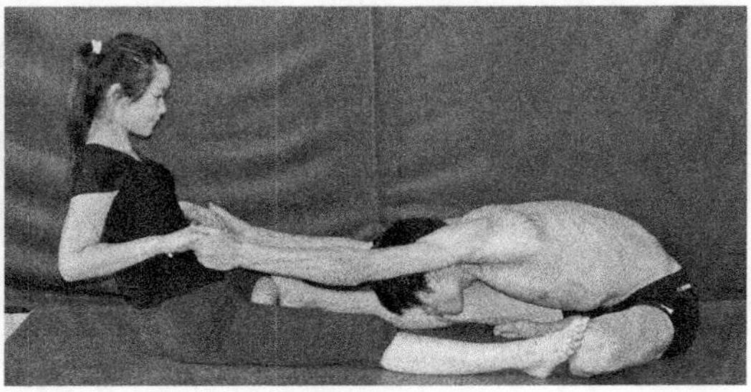

图5-1-217

15. 仰卧助力举腿

牵拉目标：股二头肌、竖脊肌。

练习方法：仰卧，左腿直膝放于地面，右腿直膝上举，同伴双手握住其右脚踝关节，向前用力，保持15~30秒，每侧各重复2~3组。如图5-1-218。

图5-1-218

16. 站姿助力举腿

牵拉目标：股二头肌、竖脊肌。

练习方法：站姿，双手自然下放置于体侧，左腿直膝站立，右腿直膝上抬，同伴顺势握住该队员右脚脚踝，适度用力上举，保持15~30秒，每侧各重复2~3组。如图5-1-219、图5-1-220。

备注：动作变化：将该队员上举腿踝关节至与腰同高，同伴逐渐后移，该队员身体转体前倾。如图5-1-221。

图5-1-219

图5-1-220

图5-1-221

17. 站姿杠铃负重体前屈

牵拉目标：股二头肌、竖脊肌。

练习方法：肩上杠铃负重，直膝站立，双脚分开与肩同宽，双手握住杠铃杆，向前屈体直到感觉大腿后群肌被拉伸，保持15~30秒，重复2~3组。如图5-1-222。

备注：可用护腰；此动作也可增强下背肌肉力量；体前屈时，背部保持平整，并与地面平行，重量大时双腿可微屈。

图5-1-222

18. 直膝硬拉

牵拉目标：股二头肌、竖脊肌。

练习方法：站姿，双脚左右开立与肩同宽，手持杠铃，握距与肩同宽，体前屈直膝下放杠铃至靠近地面，背部始终保持平直，每组10~15次，重复2~3组。如图5-1-223、图5-1-224。

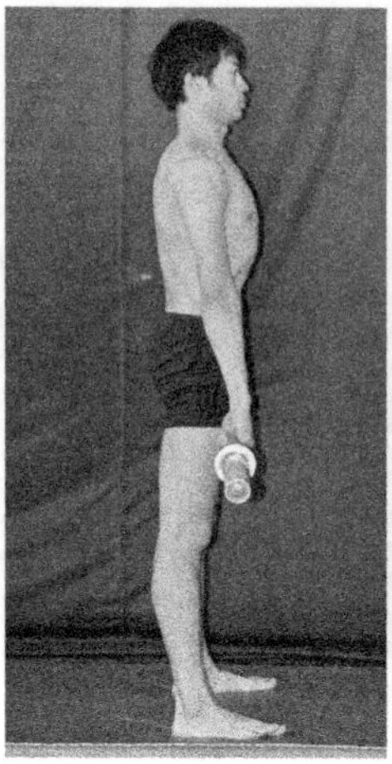
图5-1-223

图5-1-224

备注：动作变化：随着柔韧性的提高，可站在凳子边缘，一直下放杠铃超过脚的水平面。

19. 体前屈蹲起

牵拉目标：股二头肌、竖脊肌。

练习方法：双脚并拢，俯身屈膝体前屈，双手握住双脚脚踝，躯干贴于大腿面，逐渐伸膝至最大程度，保持15~30秒，重复2~3组。如图5-1-225、图5-1-226。

备注：增加强度可将手掌放于双脚两侧地面。

图5-1-225

图5-1-226

十一、大腿内侧

大腿内侧内收肌有长头内收肌和短头内收肌之分，两者柔韧训练手段不同。一般情况，大腿内收肌的活动范围为距中线45°~50°，通过训练可以增加该范围。大腿内收肌具有辅助屈髋、跑动时稳定下肢的作用。短头内收肌牵拉手段可用坐姿外展双膝（助力下压），长头内收肌牵拉手段可用侧压腿（扑步压腿）等。

1. 坐姿分腿握踝体前屈

牵拉目标：臀部肌群、股二头肌、竖脊肌、大腿内收肌、缝匠肌。

练习方法：坐姿，分腿呈钝角，双手握住两脚踝，胸部向前屈，保持15~30秒；随后握住右脚踝向右膝前屈，保持15~30秒；随后握住左脚踝向左膝前屈，保持15~30秒。如图5-1-227、图5-1-228。

备注：动作变化：坐姿，直膝分腿，队友（两人）面对面，脚掌相互抵靠，一人体前屈，双手前伸，另一人双手握住该队友前伸双手向自己方向牵拉，保持15~30秒，互相交换，各重复2~3组。如图5-1-229。

图5-1-227

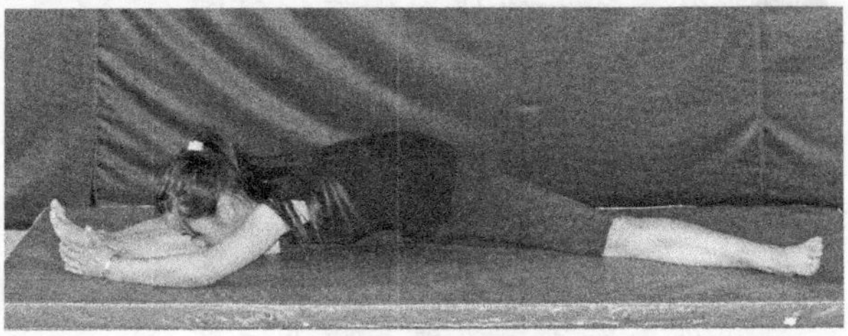

图5-1-228

图5-1-229

2. 坐式屈腿体前屈

牵拉目标：大腿内收肌（腹股沟）。

练习方法：坐姿双脚脚跟相对（接触），脚跟尽量靠近大腿根部，膝关节指向外侧，双手握住双脚踝关节，双肘向下压双腿（膝关节），直到大腿内侧腹股沟（髂腰肌、缝匠肌）肌肉紧张，保持15~30秒，重复2~3组。如图5-1-230。

备注：动作变化一：双手握住双脚脚尖，双肘放于脚跟处，体前屈，如要减小牵拉力，双脚脚跟可向前放一些。动作变化二：蹲姿，双脚与肩同宽，脚尖外展45°，双手撑地，双肘抵在膝关节内侧，肘部用力外展，膝关节投影点不超过脚尖。如图5-1-231。动作变化三：坐于凳边，双腿屈膝开立宽于肩，脚尖外展90°，脚跟相对，双手放于膝关节上，体前屈，双手向外用力推，保持15~30秒，重复2~3组。如图5-1-232。

图5-1-230

图5-1-231

图5-1-232

3. 坐式屈腿助力下压

牵拉目标：大腿内收肌（腹股沟）。

练习方法：坐姿，双脚脚跟相对，脚跟尽量靠近大腿根部，膝关节指向外侧，双手交叉握脚尖，同伴俯身双手按住该队员双膝，施力下压，保持15~30秒，重复2~3组。如图5-1-233。

备注：动作变化一：仰卧，双腿屈膝，大小腿外侧触地，脚掌相对，脚跟靠近大腿根部，双手自然放于腹部，同伴跪姿，双手按住该队员双膝，用力下压，保持15~30秒，重复2~3组。如图5-1-234。动作变化二：仰卧，双腿向上屈膝，臀部及大小腿外侧靠墙，脚掌相对，脚跟下移，同伴俯身双手按住该队员双膝用力下压，保持15~30秒，重复2~3组。如图5-1-235。

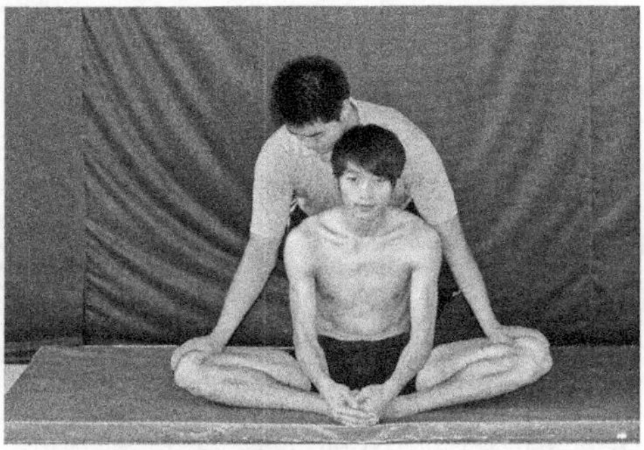

图5-1-233

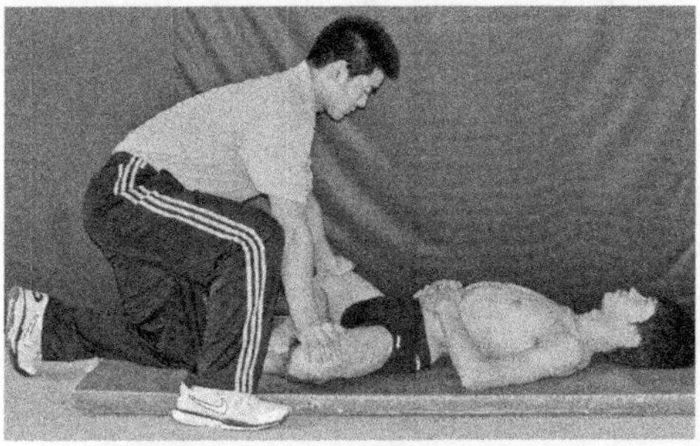

图5-1-234

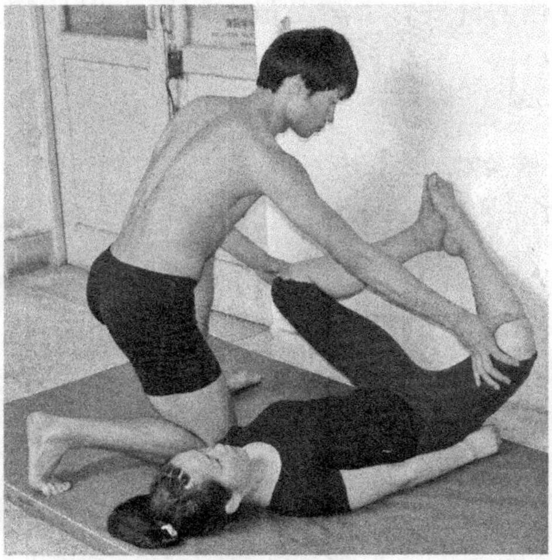

图5-1-235

4. 仰卧分腿助力下压

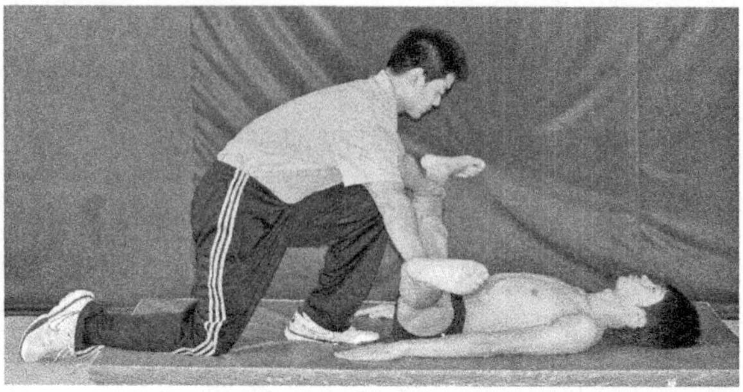

图5-1-236

牵拉目标：大腿内收肌（腹股沟）。

练习方法：仰卧，双手放于体侧，双腿直膝分开，同伴在该队员体前呈跪姿，双手分别扶住该队员小腿，用力下压，保持15~30秒，重复2~3组。如图5-1-236。

备注：动作变化：仰卧，双手放于胸前，双腿直膝上举后向两侧分开，同伴站姿，紧靠该队员臀部，双手分别握住该队员脚踝，施力向两侧下压，保持15~30秒，重复2~3组。

5. （负重）深蹲

牵拉目标：大腿内收肌（腹股沟）。

练习方法：负重或不负重，双脚开立，脚尖向外展45°，立腰，沉臀，双腿向外展，下蹲至最大程度，保证膝关节投影点不超过脚尖，匀速下蹲，速度较慢。每组做10~15次，重复2~3组。如图5-1-237、图5-1-238。

图5-1-237

图5-1-238

6. “蛙爬式”

牵拉目标：臀部肌群、大腿内收肌、缝匠肌。

练习方法：俯卧，双腿分开，躯干、双臂、大小腿内侧贴于地面，保持15~30秒，重复2~3组。如图5-1-239。

备注：动作变化：在此基础上，同伴在该队员体侧呈跪姿，双手分别按住臀部和下背部，用力下压，保持15~30秒，重复2~3组。如图5-1-240。

图5-1-239

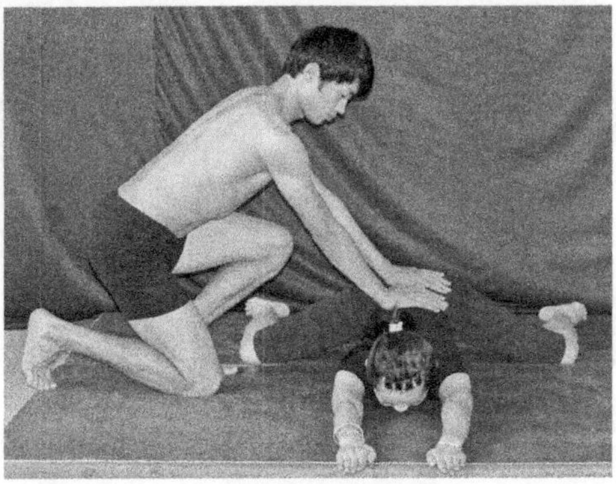
图5-1-240

7. 仰卧屈腿外展

牵拉目标：大腿内收肌。

练习方法：仰卧，双腿屈膝，脚掌相对并向大腿根部靠拢，双腿向外展，保持15~30秒，重复2~3组。如图5-1-241。

备注：动作变化：躺在窄凳上，上体保持平衡，双腿尽力外展。

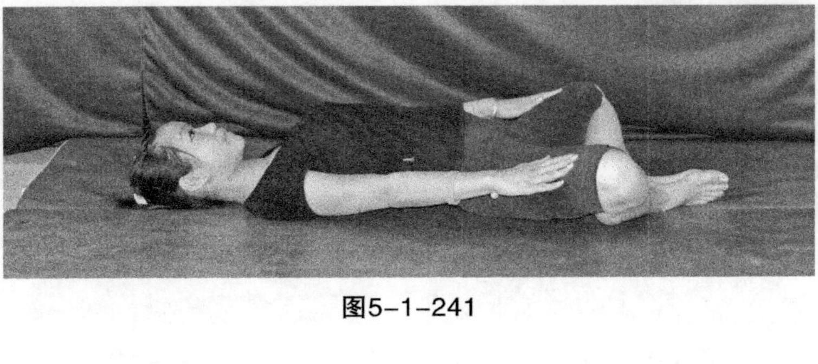
图5-1-241

8. 仰卧直膝外展

牵拉目标：大腿内收肌。

练习方法：仰卧，双手放于体侧，臀部靠近墙边，双腿直膝分立，脚跟撑于墙面，用力向外展，保持15~30秒，重复2~3组。如图5-1-242。

备注：动作变化：脚上挂无弹性的带子，双手握住带子，用力向外拉带子分开双腿，保持15~30秒，重复2~3组。如图5-1-243。

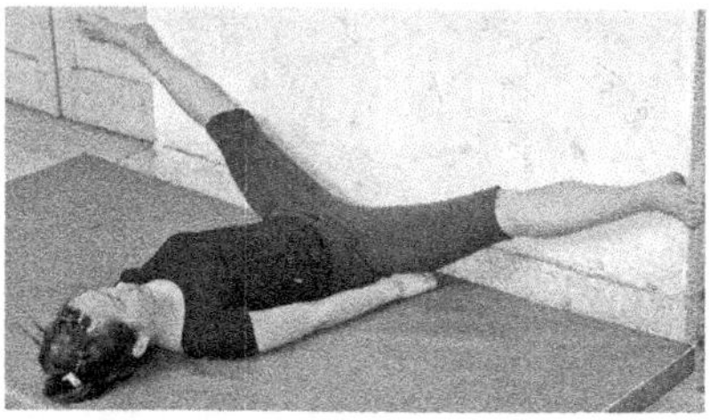

图5-1-242

图5-1-243

9. 弓箭步下沉

牵拉目标：大腿内收肌。

练习方法：弓箭步，双脚前后相距1~1.5米，前脚脚尖指向前，后脚脚尖外展90°，双手扶髋，臀部下沉，保持15~30秒，每侧各重复2~3组。如图5-1-244。

备注：动作变化：右腿高抬，脚掌放于肋木或高凳上，脚尖向前（上），左腿直膝，脚尖外展90°，双手叉腰向前下方，上体下沉，保持15~30秒，每侧重复2~3组。如图5-1-245。

图5-1-244

图5-1-245

10. 站姿分腿下沉

牵拉目标：大腿内收肌。

练习方法：站姿，双手扶肋木，左腿直膝，左脚撑地，脚尖向前，右腿直膝高抬，放于肋木上，右脚逐渐向右平移，上体同时右移下沉，保持15~30秒，每侧各重复2~3组。如图5-1-246、图5-1-247。

备注：动作变化：左脚距墙30厘米，右脚高抬放于墙上，双手扶墙，臀部向前靠近墙体，保持15~30秒，换腿，每侧各重复2~3组。如图5-1-248。

图5-1-246

图5-1-247

图5-1-248

11. 分腿俯身下沉

牵拉目标：大腿内收肌。

练习方法：侧对肋木站立，右腿直膝内脚背置于肋木上，左腿屈膝，左脚脚尖外展45°，上体向左前倾，双手在左脚前触地，保持15~30秒，每侧各重复2~3组。如图5-1-249。

备注：动作变化：在以上动作的基础上，左腿直膝，上体俯身下沉，双手分别握住脚踝，保持15~30秒，每侧各重复2~3组。此练习也会使股后肌群得到拉伸。如图5-1-250。

图5-1-249

图5-1-250

12. 坐姿横叉

牵拉目标：大腿内收肌、竖脊肌。

练习方法：先呈蹲姿，后两腿逐渐伸直呈横叉，双腿处于一条直线上，两腿大小腿内侧及脚跟触地，上体直立，双手体前支撑，保持15~30秒，重复2~3组。如图5-1-251。

备注：动作变化：在横叉的基础上，上体前屈，胸部靠近地面，双臂向前伸展。如图5-1-252。

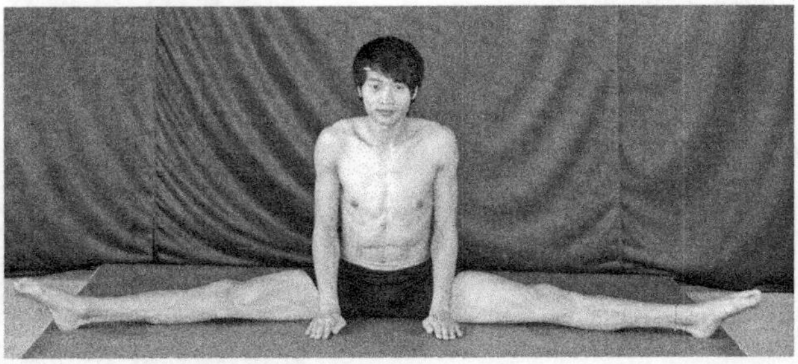

图5-1-251

图5-1-252

13. 坐姿助力分腿

牵拉目标：大腿内收肌。

练习方法：坐姿，双手体前撑地，双腿直膝体前分开，同伴双脚分别抵住队员双腿胫骨内侧，向外施力，保持15~30秒，重复2~3组。如图5-1-253。

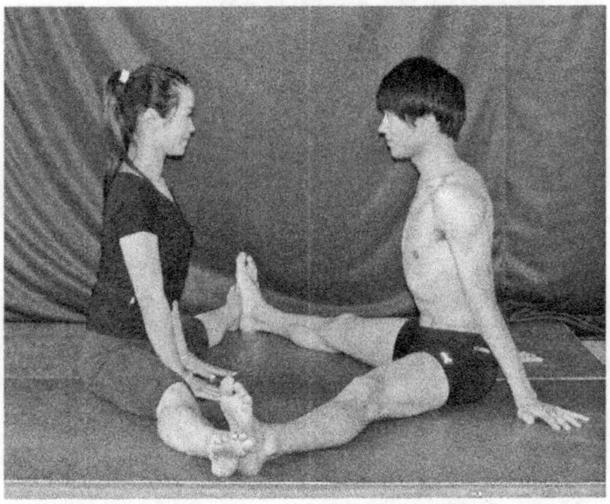

图5-1-253

14. 站姿屈腿助力上抬

牵拉目标：大腿内收肌。

练习方法：站姿，左腿直膝支撑，距肋木50厘米，右腿屈膝上抬呈跨栏姿势，上体适度前倾，双手握住肋木，同伴双手握住右腿膝关节和脚踝，用力上抬，保持15~30秒，每侧各重复2~3组。如图5-1-254。

图5-1-254

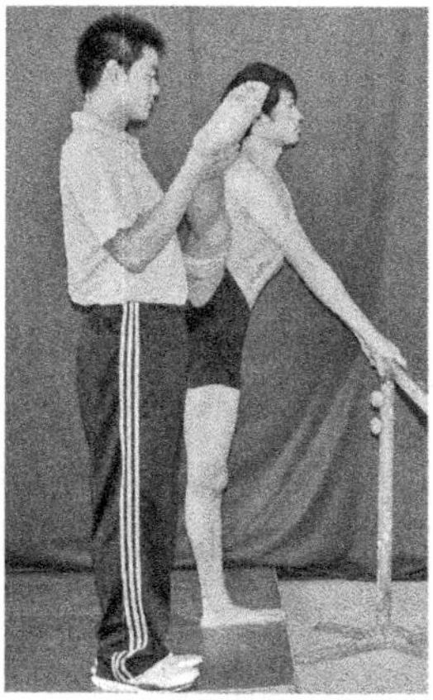

图5-1-255

15. 站姿体侧直腿助力上抬

牵拉目标：大腿内收肌。

练习方法：站姿，左腿直膝，左脚撑地，双手扶肋木，右腿直膝体侧上举，同伴顺势握住该队员脚踝，用力继续上抬，保持15~30秒，每侧各重复2~3组。如图5-1-255。

16. 负重触膝弓箭步

牵拉目标：大腿内收肌。

练习方法：呈弓箭步，手持一副哑铃，左腿在前，左小腿与地面垂直，右腿后伸，右脚背、右小腿前部及右膝触地并呈一条直线，上体下沉，保持15~30秒，每侧各重复2~3组。如图5-1-256。

备注： 哑铃重量适中或逐渐增加重量；前脚脚掌触地，膝关节不超过脚尖，屈膝角度不超过90°。

图5-1-256

十二、小腿后侧

小腿后群肌分浅、深两层。浅层有腓肠肌、比目鱼肌和跖肌。深层有腘肌、趾长屈肌、胫骨后肌和拇长屈肌。小腿后群肌主要用于上提足跟以及站立时稳定踝关节和膝关节。运动中，下肢三关节伸展中，小腿后群肌主要负责“伸踝”动作。拉伸小腿后群肌有助于运动后放松伸展和预防小腿后群肌拉伤。

1. 俯背单腿抬脚尖

牵拉目标： 小腿后群肌。

练习方法： 俯身呈倒“V”字型，右脚在前，脚背屈，脚跟触地，双腿伸直，向前屈体靠近右膝，随后身体向后移动，保持15~30秒，每侧各重复2~3组。如图5-1-257。

备注： 动作变化：双腿直膝并拢，向下俯身，双手触摸或握住脚尖。如图5-1-258。

图5-1-257

图5-1-258

2. 站姿沉踵

牵拉目标： 小腿后群肌。

练习方法： 前脚掌站在台阶上，直腿，沉踵，保持10~15秒。牵拉跟腱，可以先微抬踵，微屈双膝，再沉踵，感觉跟腱被牵拉，保持15~30秒，重复2~3组。增加强度，可以单腿做。如图5-1-259。

图5-1-259

3. 扶墙弓箭步前压

牵拉目标： 小腿后群肌。

练习方法： 双臂贴于墙壁上，双腿前后支撑呈弓箭步，后腿直膝，全脚掌着地，后腿、躯干和头颈部呈一条直线，上体向斜下方用力拉伸，保持15~30秒，每侧各重复2~3组。如图5-1-260。

备注： 动作变化：双脚并拢，全脚掌触地，双腿伸直，上体前倾，如图5-1-261。

图5-1-260

图5-1-261

4. 仰卧直腿脚尖下拉

牵拉目标：小腿后群肌。

练习方法：仰卧，左腿屈，左脚跟靠近臀部，右腿伸直，双手握住右脚脚尖，向下拉至背屈。保持15~30秒，每侧各重复2~3组。如图5-1-262。

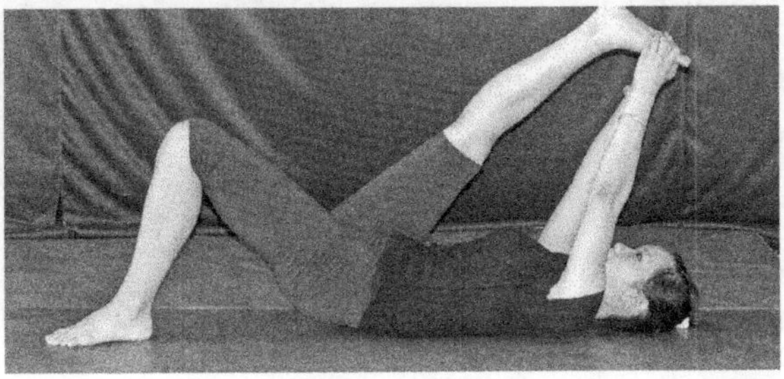

图5-1-262

5. 俯背倒“V”直膝

牵拉目标：小腿后群肌。

练习方法：俯身呈高姿俯卧撑，双臂伸直，双手与肩同宽撑地，臀部上翘，双手与两脚间距1米左右，右脚全脚掌触地，右腿伸直，左腿微屈，左脚脚尖放于右脚边，保持15~30秒，每侧各重复2~3组。如图5-1-263。

图5-1-263

6. 屈腿沉臀

牵拉目标：小腿后群肌。

练习方法：双腿前后屈腿支撑，左腿靠近墙边，左腿与右腿间距1米左右，逐渐向下沉臀，保持15~30秒，每侧各重复2~3组。如图5-1-264、图5-1-265。

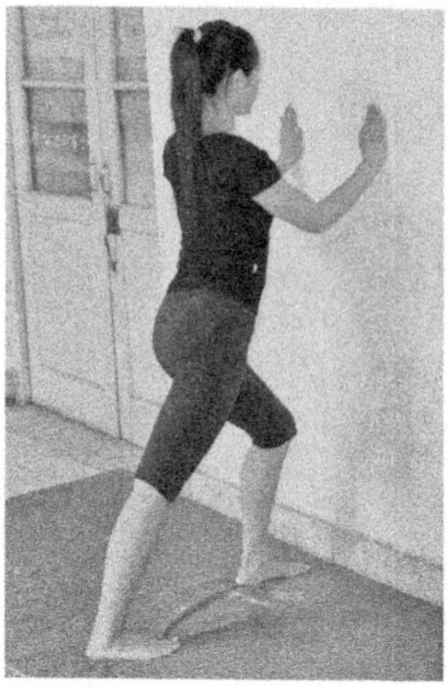

图5-1-264

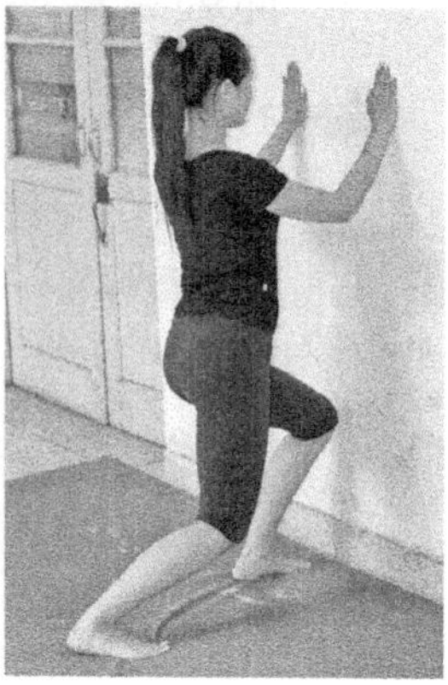

图5-1-265

7. 仰卧直腿助力足背屈

牵拉目标：小腿后群肌。

练习方法：仰卧，头背部触地，左腿伸直放于地面上，右腿直腿上举与地面垂直，同伴分腿站立于该队员右侧，右手握住该队员脚跟用力上抬，左手抵住脚趾用力下压，保持15~30秒，每侧各重复2~3组。如图5-1-266。

备注：运动员可使用毛巾代替，如图5-1-267。

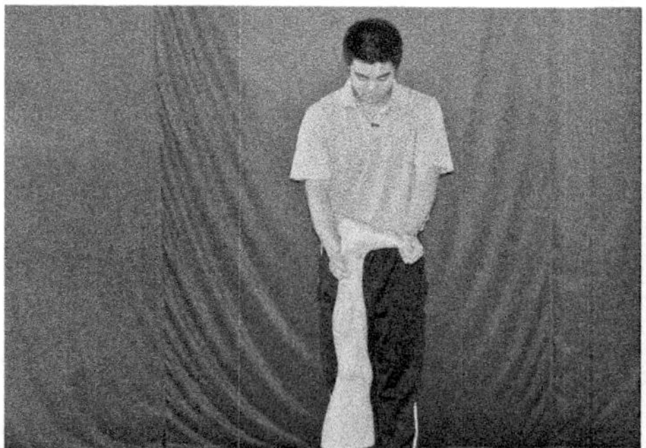

图5-1-266

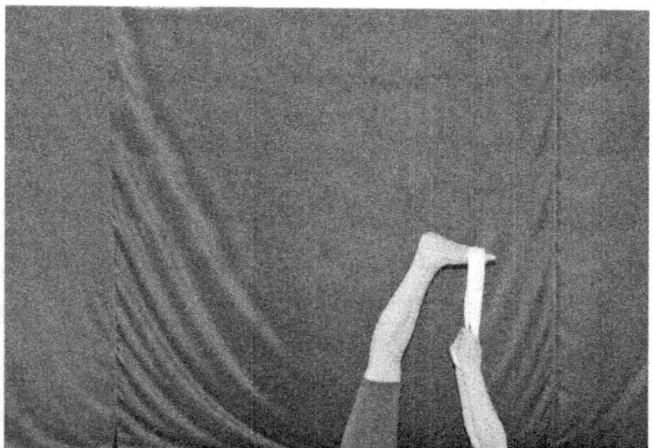

图5-1-267

8. 斜坡前倾

图5-1-268

牵拉目标： 小腿后群肌。

练习方法： 双腿直腿并拢站于角度为30°～45°的斜坡上，双手扶墙或肋木，上体逐渐前倾，感觉小腿后群肌适度牵拉，保持15~30秒，重复2~3组。如图5-1-268。

9. 俯身前压

牵拉目标： 小腿后群肌。

练习方法： 站姿向前俯身，双脚脚跟触地，双腿直膝，双手握住肋木，上体向下缓慢移动直到感觉小腿后群肌适度牵拉，保持15~30秒，重复2~3组。如图5-1-269、图5-1-270。

备注： 可变换双脚站立姿势，平行、双脚脚尖向外或向内站立。

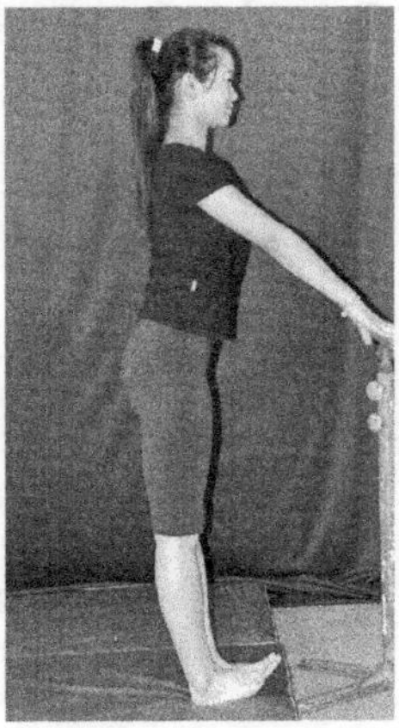

图5-1-269

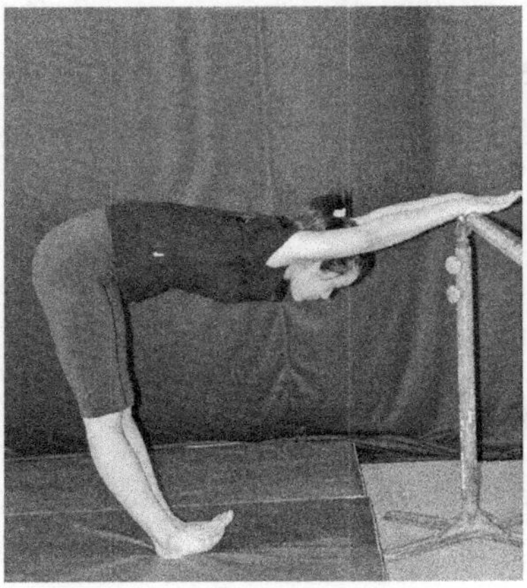

图5-1-270

10. 坐姿健步足背屈

牵拉目标：小腿后群肌、腘绳肌。

练习方法：坐姿，屈左腿，大腿外侧触地，左脚跟接触右腿大腿根部，右腿伸直，左手在右膝外侧触地支撑，右手前伸握住右脚脚趾，向回拉伸，保持15~30秒，每侧各重复2~3组。如图5-1-271。

备注：为增加幅度，上体可向右膝下压。

图5-1-271

11. 坐姿跨步足背屈

图5-1-272

牵拉目标：小腿后群肌、腘绳肌。

练习方法：坐姿，右腿伸直放于地面，屈左腿跨过右腿，左脚靠近右腿大腿外侧，全脚掌触地，双手向前握住双脚脚尖，保持15~30秒，每侧各重复2~3组。如图5-1-272。

备注：如果柔韧不足，可用毛巾辅助。动作变化：双腿并拢，向前俯身，双手握住双脚脚尖，如柔韧不足，可用毛巾辅助。

12. 俯身腿交叉下压

牵拉目标：小腿后群肌、腘绳肌。

练习方法：直腿站立，左脚在右脚前交叉，全脚掌触地，双手扶住髋关节两侧，俯身逐渐下压，头部靠近左膝，保持15~30秒，每侧各重复2~3组。如图5-1-273。

备注：增加强度可将双臂放于头后，双手分别握住两侧肘关节。如图5-1-274。

图5-1-273

图5-1-274

13. 坐姿毛巾助力足背屈

牵拉目标：小腿后群肌、腘绳肌。

练习方法：坐姿，双腿并拢放于地面，用一条较长的毛巾勾住右脚掌心，双手抓紧毛巾两端，右脚逐渐抬起，直膝脚背屈，双手用力向体前拉毛巾，保持15~30秒，每侧各重复2~3组。如图5-1-275、图5-1-276。

备注：动作变化：仰卧，左腿平放于地面，抬右腿微屈膝，可用毛巾勾住右脚脚掌，双手抓住两端，右腿逐渐伸直，保持15~30秒，每侧各重复2~3组。如图5-1-277。

图5-1-275

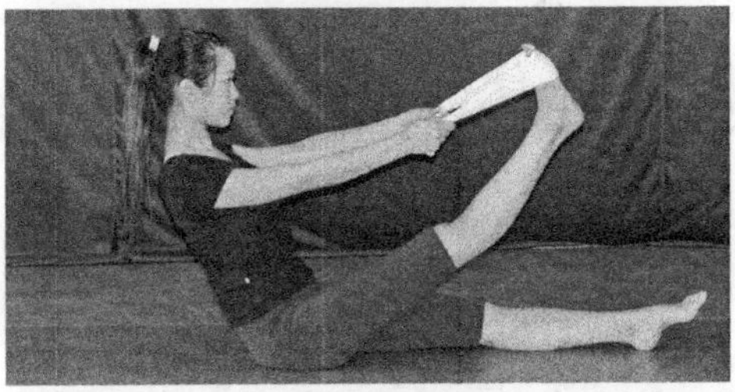
图5-1-276

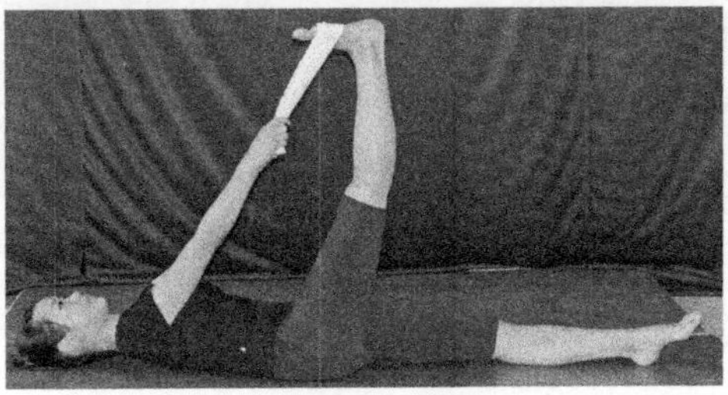
图5-1-277

14. 坐姿“V”型前压

牵拉目标：小腿后群肌。

练习方法：坐姿，双腿分开呈“V”型，双手分别握住双脚脚尖，双手用力向上拉脚尖，保持15~30秒，重复2~3组。如图5-1-278。

图5-1-278

十三、小腿前侧

小腿前肌（胫骨前肌、拇长伸肌、趾长伸肌）可以使踝关节背屈和活动脚及脚趾。拉伸小腿前侧肌有助于预防胫骨筋膜炎等运动损伤。

1. 坐姿健步内翻脚踝

牵拉目标：小腿前群肌。

练习方法：坐姿，屈左腿，大腿外侧触地，左脚跟接触右腿大腿根部，右脚伸直，左手于右膝外侧触地支撑，右手握住右脚脚趾，向内翻转，保持15~30秒，每侧各重复2~3组。如图5-1-279。

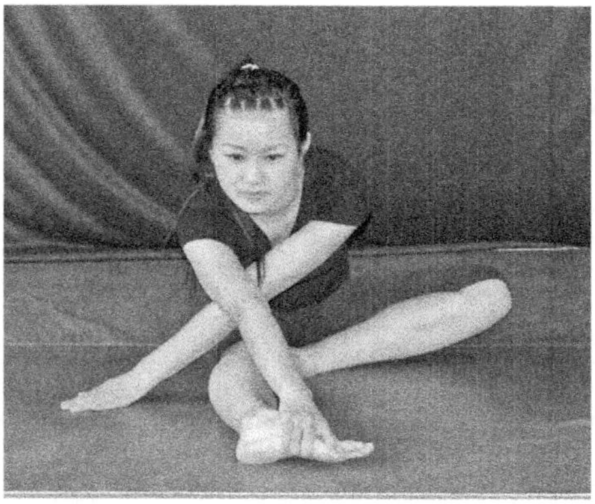

图5-1-279

2. 站姿单脚内翻脚踝

牵拉目标：小腿前群肌。

练习方法：站姿，双脚前后分立，双手扶腰，右脚脚跟离地，脚背外侧触地，脚踝内翻，保持15~30秒，每侧各重复2~3组。如图5-1-280。

图5-1-280

图5-1-281

3. 仰卧分腿内翻脚踝

牵拉目标：小腿前群肌。

练习方法：仰卧，背部触地，臀部靠墙，双腿分开，脚外侧触墙，向内翻转脚踝，保持15~30秒，重复2~3组。如图5-1-281。

4. 斜坡站姿内翻脚踝

牵拉目标：小腿前群肌。

练习方法：双脚站于45° 斜坡两侧，上体直立，双手叉腰，脚踝用力内翻，保持15~30秒，重复2~3组。如图5-1-282。

图5-1-282

5. 俯背内翻脚踝

图5-1-283

牵拉目标：小腿前群肌。

练习方法：靠墙站立，双手扶在髋关节两侧，向前下方逐渐俯身，同时双脚外侧触地支撑，内翻脚踝，保持15~30秒，重复2~3组。如图5-1-283。

6. 跪姿上搬脚趾

牵拉目标：小腿前群肌。

练习方法：跪姿，臀部坐于双脚脚跟上，左手左膝外侧撑地，右手握住右脚脚趾向上提拉，保持15~30秒，每侧各重复2~3组。如图5-1-284、图5-1-285。

图5-1-284

图5-1-285

十四、脚及脚踝

脚背肌（趾短伸肌、骨间背侧肌、拇短伸肌）可以伸脚趾，脚底肌（趾短屈肌、跖方肌、拇短屈肌、小趾屈肌、拇展肌、小趾展肌、骨间足底肌、蚯状肌）可以屈脚趾。拉伸这些肌肉有助于足背屈活动度及预防足底筋膜炎。

1. 跪地

牵拉目标： 脚底肌。

练习方法： 双腿跪地，双手前撑地，背部平直，与头部呈一条直线，两脚脚趾触地，脚跟向上，上体向后下方移动按压脚趾，保持15~30秒，重复2~3组。如图5-1-286、图5-1-287。

图5-1-286

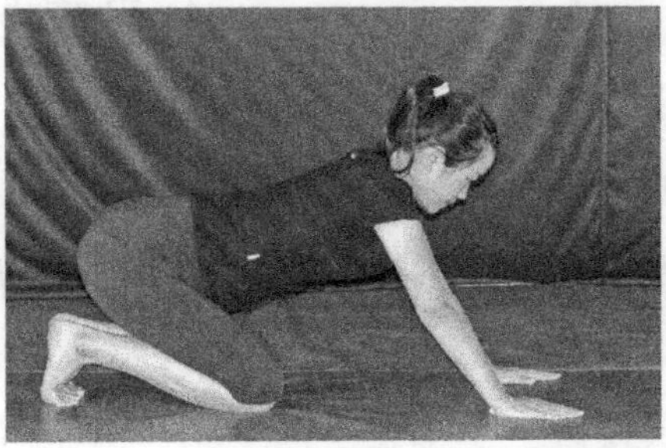

图5-1-287

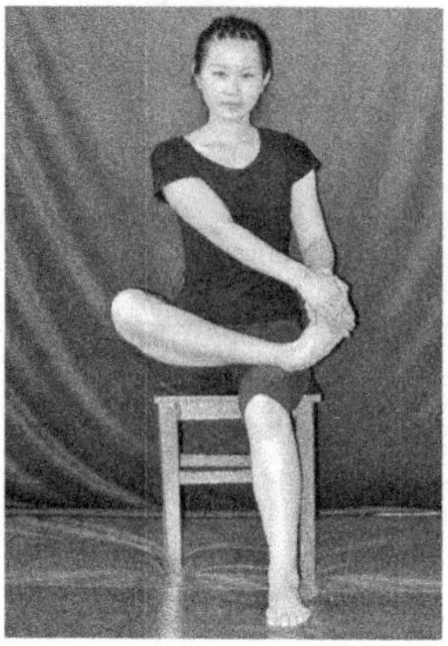

图5-1-288

2. 坐姿搬脚趾

牵拉目标：足背屈肌。

练习方法：坐姿，右腿屈腿放于左腿膝部上方，双手握住右脚脚趾用力向外侧拉伸，保持15~30秒，每侧各重复2~3组。如图5-1-288。

3. 站姿压脚趾

牵拉目标：足背屈肌、踮屈肌。

练习方法：站姿，右腿微屈站于左脚前，双手重叠放于右腿大腿中部，上体向前移动，按压右脚脚趾，保持15~30秒，每侧各重复2~3组。如图5-1-289。

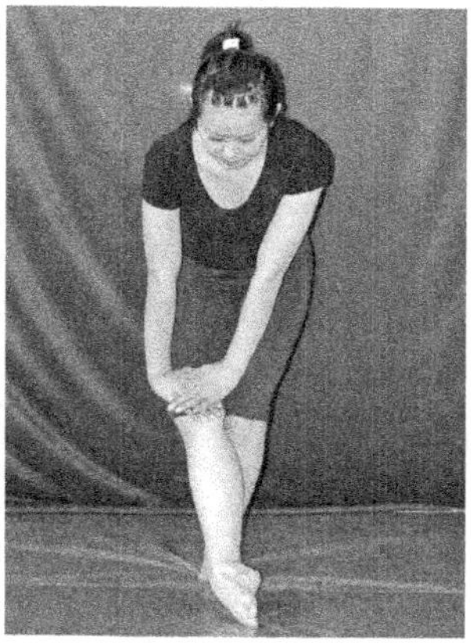

图5-1-289

图5-1-290

4. 弓箭步压脚趾

牵拉目标：脚底肌。

练习方法：双手扶墙呈弓箭步，左脚在前，脚尖向前，全脚掌触地，右脚微屈，脚跟离地，上体向前移动，按压右脚脚趾，保持15~30秒，每侧各重复2~3组。如图5-1-290。

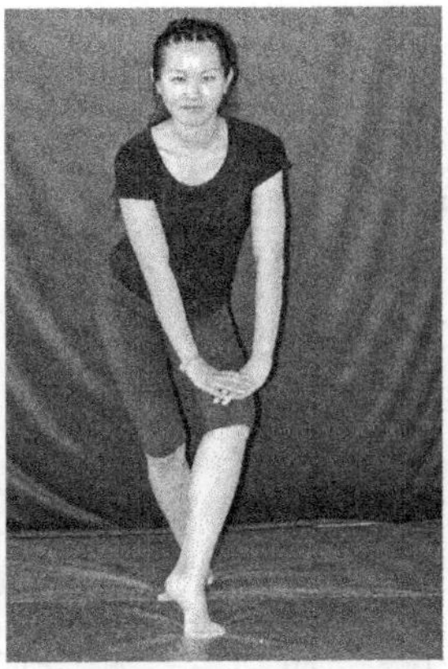

图5-1-291

5. 站姿按压脚趾

牵拉目标：脚底肌。

练习方法：站姿，左腿微屈，脚尖触地，站于右脚前，双手重叠放于左腿大腿中部，上体向前移动，按压左脚脚趾，保持15~30秒，每侧各重复2~3组。如图5-1-291。

6. 跪姿按压脚背

牵拉目标：足背屈肌、趾屈肌。

练习方法：跪姿，上体及臀部先抬起，两腿大腿与小腿垂直，脚背触地，双手扶于大腿面上，臀部后坐于两脚脚跟上方，保持15~30秒，重复2~3组。如图5-1-292。

图5-1-292

图5-1-293

7. 蹲姿拉伸跟腱

牵拉目标：跟腱。

练习方法：双脚并拢，团身下蹲，双臂抱于膝关节处，身体前倾，脚跟不离地，保持15~30秒，重复2~3组。如图5-1-293。

第二节　柔韧训练方法的应用

一、主动静力性柔韧训练法应用

在实施主动静力性柔韧训练过程中应注意以下几点：第一，静力状态下拉伸的时间保持在15~30秒为宜；第二，静力牵拉的幅度应适度，感觉肌肉或韧带组织有绷紧感或出现轻微痛感为宜；第三，如果是左右肢体练习，可交替进行；第四，主动静力所占比重要适宜，可作为主动动力性柔韧训练的辅助。

1. 站立分腿俯背下压

牵拉目标：大腿后群肌、背肌。

练习方法：双腿开立，距离约两倍肩宽，双腿直膝或微屈膝，一侧脚趾向外45°，缓慢俯身使胸部靠近膝关节，背部保持平直，拉伸目标肌直至感到紧张（绷紧），保持15~30秒，每侧各重复2~3组。如图5-2-1。

图5-2-1

2. 站立分腿（双腿）俯背撑地

牵拉目标：大腿后群肌、背肌。

练习方法：分腿站立，距离两倍肩宽，微屈膝，脚趾向外呈45°，缓慢向前弯腰，双手体前撑地，背部保持平直，拉伸直到目标肌感到紧张（绷紧），保持15~30秒，重复2~3组。如图5-2-2。

图5-2-2

3. 侧压腿

牵拉目标：大腿内收肌（腹股沟）、股二头肌。

练习方法：呈侧向健步，背部保持直立，足部外转45°，左膝关节下压投影点不超过左脚尖，右脚脚尖指向上方。向下用力保持15~30秒，每侧各重复2~3组。如图5-2-3。

图5-2-3

4. 站姿直腿交叉俯背下压

牵拉目标：臀肌、股二头肌、阔筋膜张肌。

练习方法：站立姿，右脚交叉置于左脚前，双脚并拢，指向前，膝关节微屈，缓慢俯身双手同时向后下方触摸左脚内侧踝关节。保持15~30秒，每侧各重复2~3组。如图5-2-4。

图5-2-4

5. 坐式蝴蝶拉伸

牵拉目标：大腿内收肌。

练习方法：坐姿，双脚脚掌及脚跟相对，膝关节指向外侧，双手握住两个膝关节，上臂用力下压双腿，身体前倾，直到大腿内侧腹股沟肌肉紧张，保持15~30秒，重复2~3组。如图5-2-5、图5-2-6。

图5-2-5

图5-2-6

6. 仰卧单腿屈膝下拉

牵拉目标：臀肌、骶棘肌。

练习方法：仰卧姿势，右腿呈直腿微屈膝，双手握住左腿膝关节向胸部用力牵拉，直到目标肌肉紧张，每条腿保持15~30秒，各重复2~3组。如图5-2-7。

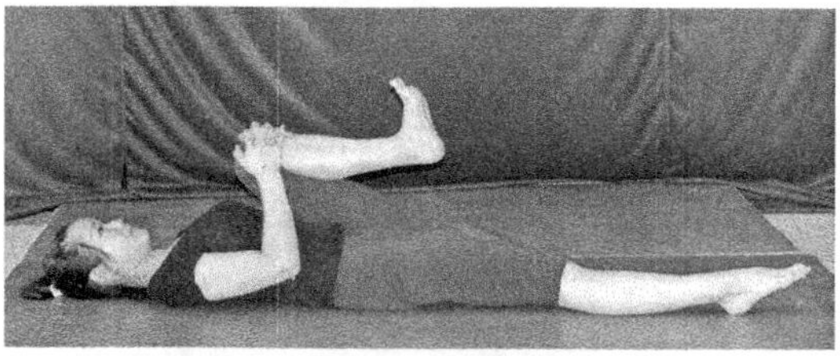

图5-2-7

7. 仰卧单腿下拉

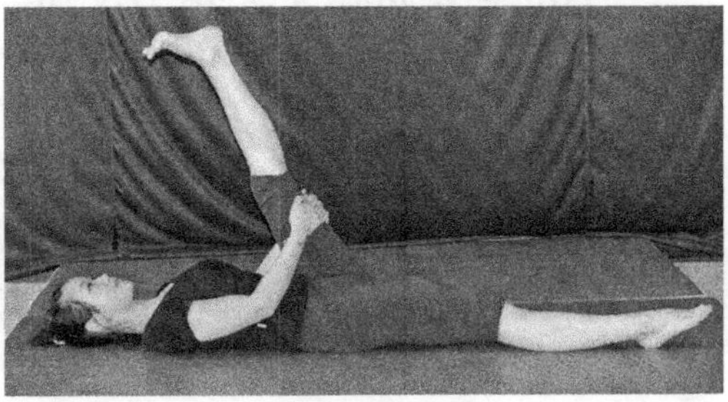

图5-2-8

牵拉目标： 股二头肌、臀肌。

练习方法： 仰卧姿势，双手握住左腿膝关节向胸部牵拉，逐渐伸直左腿，左脚脚尖指向上方，收紧小腿前群肌，保持15~30秒，后左脚脚尖指向头部，收紧小腿三头肌，保持15~30秒。每侧各重复2~3组。如图5-2-8。

8. 仰卧双腿交叉牵拉

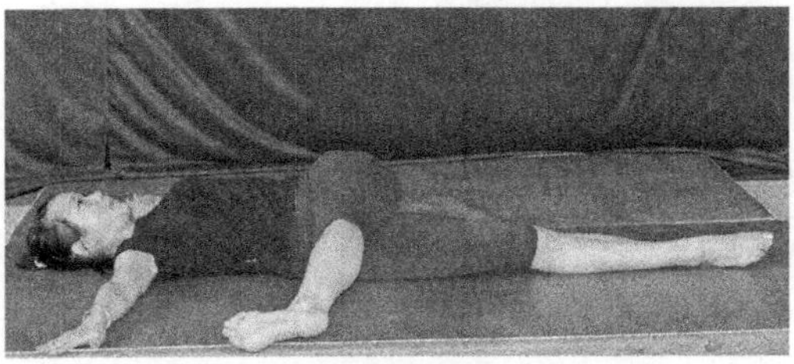

图5-2-9

牵拉目标： 臀肌、腹外斜肌、阔筋膜张肌、骶棘肌。

练习方法： 仰卧姿势，左腿直腿向右侧旋转，与右腿（直腿）呈90°，双臂水平伸展，左脚脚尖指向右手，肩部始终与地面接触。保持这一姿势15~30秒，每侧各重复2~3组。如图5-2-9。

9. 仰卧盘腿上提

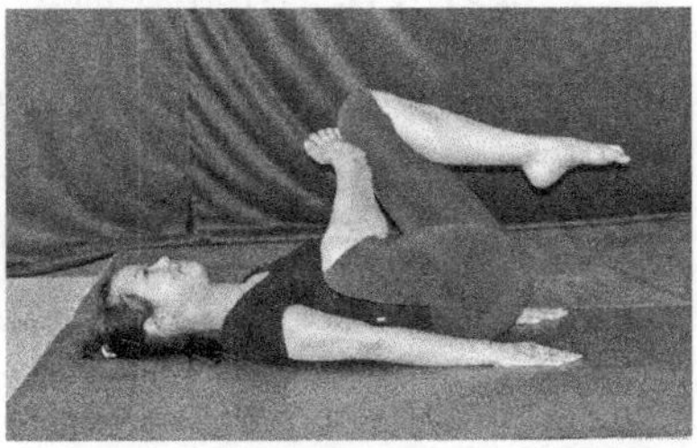

图5-2-10

牵拉目标： 梨状肌、臀肌、阔筋膜张肌。

练习方法： 仰卧姿势，屈右腿置于左腿上，使右脚踝关节置于左腿大腿前部，双手平放于垫上，上抬左膝，直到感觉右侧臀部被拉伸。拉伸过程中，背部、肩部和头与地面保持接触。保持15~30秒，每侧各重复2~3组。如图5-2-10。

10. 坐姿屈腿交叉躯干反扭

牵拉目标：骶棘肌、臀肌、腹肌。

练习方法：坐姿，右手放于身体侧后方，头与肩向右转，左腿伸直放于地面，屈右腿交叉置于左腿外侧，左侧肘关节置于右腿膝关节外侧并向左侧用力推，直到感觉右侧臀部和躯干肌肉紧张，保持15~30秒，每侧各重复2~3组。如图5-2-11。

图5-2-11

11. 弓箭步压腿

牵拉目标：髂腰肌、股直肌。

练习方法：左腿在前呈弓箭步，双手重叠置于左腿膝关节上，左腿膝关节投影点不超过左脚脚尖。右侧臀部向下方移动，保持15~30秒，每侧各重复2~3组。如图5-2-12。

图5-2-12

12. 站姿单腿上提

牵拉目标：股四头肌、髂腰肌、胫骨前肌。

练习方法：站姿，右手扶墙或支撑物，左手握住左脚脚背向后上方提拉至脚跟触及臀部，左侧臀部尽量前移。保持15~30秒，每侧各重复2~3组。如图5-2-13。

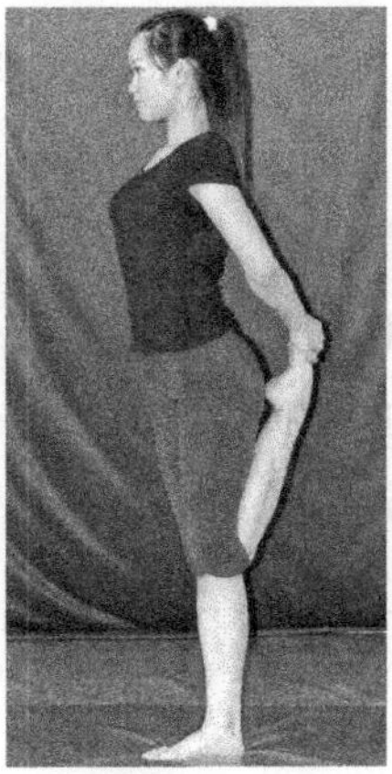

图5-2-13

图5-2-14

13. 站姿弓箭步前压

牵拉目标：腓肠肌（直膝时），比目鱼肌（屈腿时）。

练习方法：双手扶墙呈弓箭步站立，后腿伸直，脚掌触地，保持15~30秒，随后屈后腿，脚掌触地，保持15~30秒。每侧各重复2~3组。如图5-2-14。

二、主动动力性柔韧训练法应用

主动动力性柔韧训练在实施中应尽量降低牵张反射对训练效果的影响。反弹式、匀速式与专项式训练是三种基本形式。匀速式是指缓慢匀速大幅度的绕环、旋转、往复等动力性拉伸练习。这种练习方式通过柔和地伸展与关节连接的肌肉、肌腱和韧带，通过刺激关节润滑液分泌，减少关节摩擦，从而使关节更好地运动。实践中应注意：第一，单侧可重复10~15次；第二，单组间应保证1分钟左右的恢复时间，期间可对被牵拉肌肉组织进行按摩放松；第三，应安排在一般热身后进行，降低肌肉、韧带组织损伤的可能。

1. 站姿体前左右摆腿

牵拉目标：大腿内收肌、股二头肌、臀肌。

练习方法：面向肋木，双手握住齐腰肋木，左脚与肋木保持适度垂直距离，左膝微屈，向两侧摆动右腿，向左侧时转髋，动作过程中感觉大腿后群肌被牵拉，头部随摆动腿移动。每条腿做10~15次，各重复2~3组。如图5-2-15、图5-2-16。

图5-2-15

图5-2-16

2. 甩腰

牵拉目标：腰腹部肌肉及脊柱。

练习方法：双脚开立，先成体前屈，双手前平举，后以腰部为轴逆时针大幅度慢速转动。每个方向做10~15次，各重复2~3组。如图5-2-17至图5-2-20。

图5-2-17

图5-2-18

图5-2-19

图5-2-20

3. 正踢腿

牵拉目标：股二头肌、臀肌、竖脊肌。

练习方法：双臂侧平举，立掌，掌心向外，左脚在前，右脚向前一步，同时右脚尖翘起，向额头方向上踢。在走动中左右交替完成10~15次，重复2~3组。如图5-2-21。

备注：要求挺胸、塌腰、松髋、两腿伸直，前踢腿脚尖勾起上踢，支撑脚脚趾抓地。

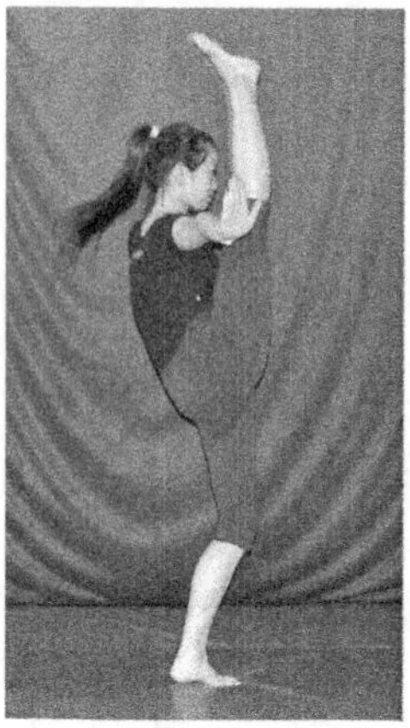

图5-2-21

图5-2-22

4. 侧踢腿

牵拉目标：大腿内收肌、股二头肌、臀肌。

练习方法：双臂侧平举，立掌，掌心向外，左脚撑地，右脚脚尖上翘向体侧（头侧部）踢起，左手上举掌心朝上，右手屈臂内收于体前，立掌，掌心向左。在走动中左右腿交替各完成10~15次，重复2~3组。如图5-2-22。

备注：立腰、直膝、勾脚尖、髋关节放松。

5. 外摆腿

牵拉目标：大腿内收肌、股二头肌、臀肌、竖脊肌。

练习方法：双臂侧平举，立掌，左脚支撑，右脚脚尖勾起，由下经体前，向右侧外摆后脚尖着地支撑。在走动中左右腿交替各完成10~15次，重复2~3组。如图5-2-23。

备注：立腰、直膝、勾脚尖、髋关节放松。

图5-2-23

6. 里合腿

牵拉目标：臀肌、竖脊肌、大腿内收肌、阔筋膜张肌。

练习方法：双臂侧平举，立掌，左脚支撑，右脚脚尖勾起，由下经体前，向左侧外摆后脚尖着地支撑。在走动中左右腿交替各完成10~15次，重复2~3组。如图5-2-24。

备注：立腰、直膝、勾脚尖、髋关节放松。弧线尽量圆。

图5-2-24

7. 转髋跳

牵拉目标：臀肌、下背肌、腹外（内）斜肌。

练习方法：双脚开立，略比肩宽，双手叉腰站立，脚尖向前，双手握住肋木，双臂微屈，上体直立，向左转髋，左右脚同时向左转90°，脚跟着地支撑，后迅速转向右侧。左右交替做10~15次，重复2~3组。如图5-2-25、图5-2-26。

备注：最大限度转髋，上体保持稳定，髋部转动灵活、自然、协调。

图5-2-25

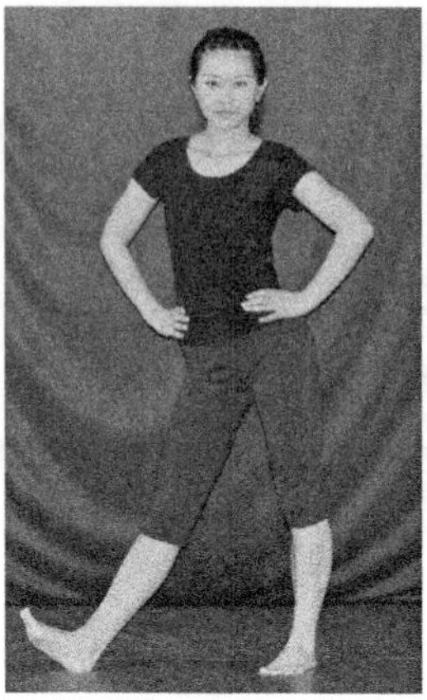

图5-2-26

8. 扩胸

牵拉目标：胸大肌、三角肌前束。

练习方法：双脚开立，体前屈肘，双手相对，向后方有节奏地进行扩展，行进间做10~15次，重复2~3组。如图5-2-27、图5-2-28。

备注：可以伸展双臂，也可增加向上和向下直臂振摆。

图5-2-27

图5-2-28

9. 振臂

牵拉目标：胸肌、三角肌前束。

练习方法：双臂伸直，左臂上举，右臂放于体侧，双臂同时向后振摆，原地或行进间各做10~15次，重复2~3组。如图5-2-29、图5-2-30。

备注：上体直立，双脚开立与肩同宽。

图5-2-29

图5-2-30

10. 分腿跳

牵拉目标：内收肌、大腿后群肌、下背肌。

练习方法：纵跳后分腿（分腿腾跃），上体前倾，双手置于体前或分别向两侧触双脚脚踝，落地还原。做10~15次，重复2~3组。如图5-2-31。

备注：控制跳跃节奏，上体尽量直立向上，注意落地缓冲。

图5-2-31

11. 俯卧撑击掌

牵拉目标：三角肌、胸大肌。

练习方法：双手撑地，比肩宽（宽支撑），双脚前脚掌撑地，双腿并拢，身体成一条直线，向下屈肘后快速撑起身体并击掌，随后迅速恢复为开始姿势，做10~15次，重复2~3组。如图5-2-32、图5-2-33。

备注：注意屈肘缓冲，立腰，胸部靠近地面。

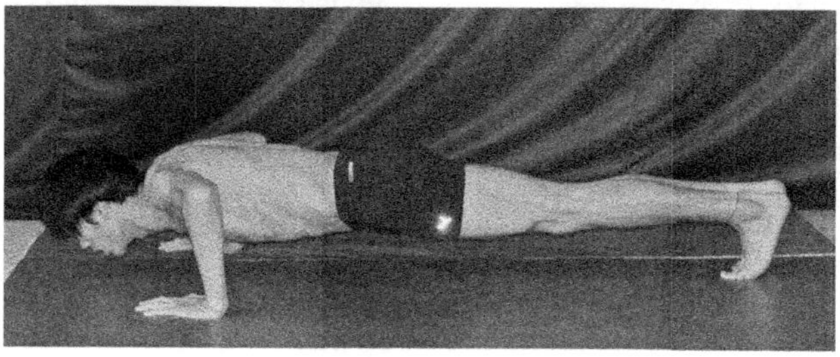

图5-2-32

图5-2-33

12. 头绕环

牵拉目标：颈部肌肉。

练习方法：站姿，双手叉腰，上体直立，保持稳定，匀速大幅度头绕环（画圆），一个方向10~15次，各重复2~3组。如图5-2-34至图5-2-37。

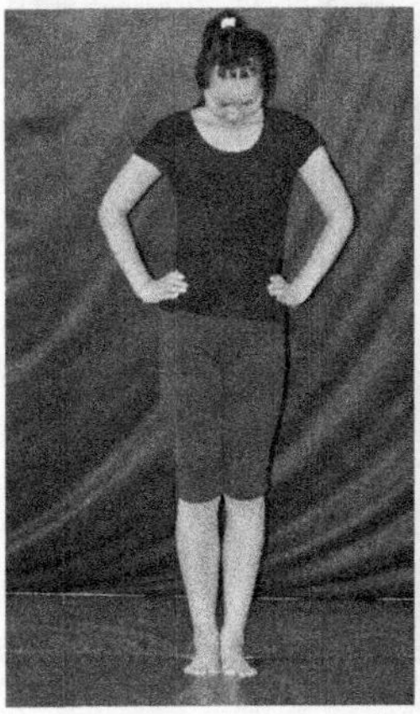

图5-2-34

图5-2-35

图5-2-36

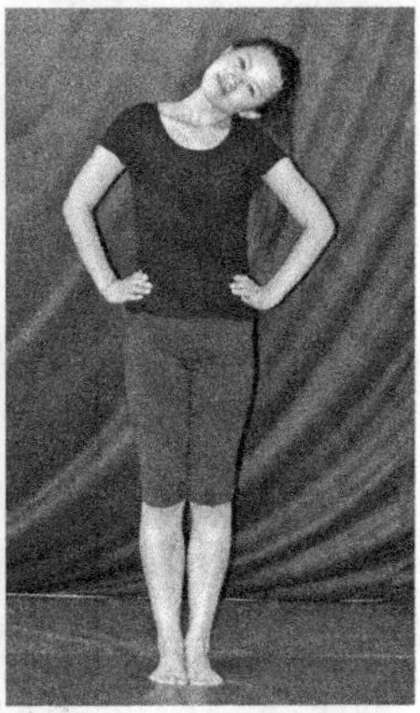

图5-2-37

13. 肩绕环

牵拉目标：肩带肌群。

练习方法：站姿，双脚开立与肩同宽，上体直立，直臂沿体侧大幅度匀速绕环（画圆），前后各重复10~15次，重复2~3组。如图5-2-38至图5-2-41。

备注：变化动作：体侧屈肘，双手扶肩绕环。

图5-2-38

图5-2-39

图5-2-40

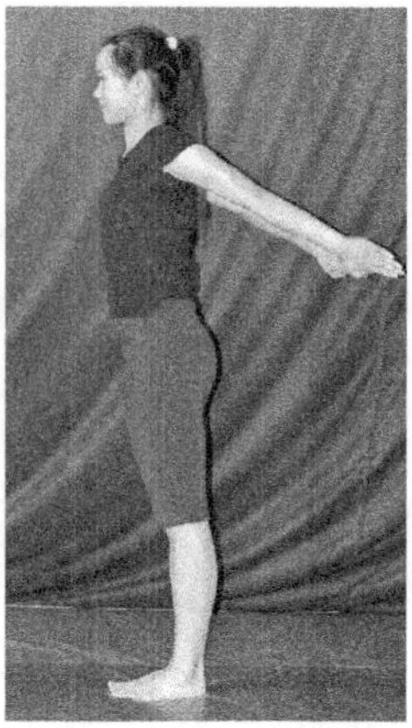

图5-2-41

14.（手）腕绕环

牵拉目标：手腕部肌群。

练习方法：站姿，双脚并拢，上体直立，两臂前平举，手腕匀速大幅度绕环，逆时针和顺时针各做10~15次，重复2~3组。如图5-2-42至图5-2-45。

备注：变化动作：双手十指交叉在体前缓慢大幅度绕"∞"形。

图5-2-42

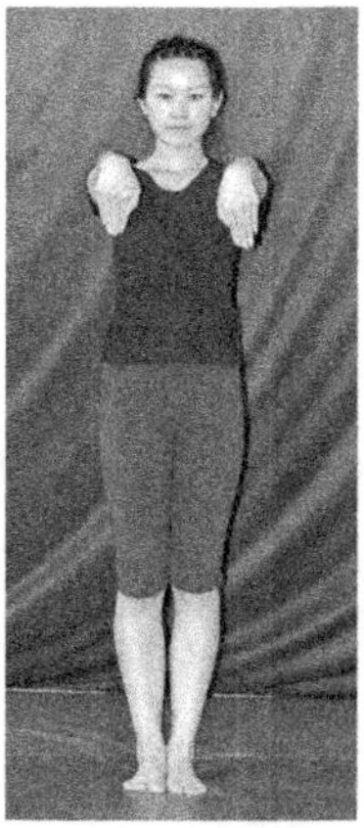

图5-2-43

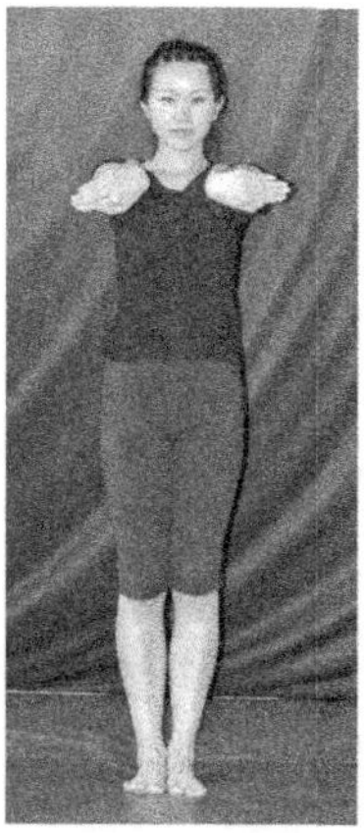

图5-2-44

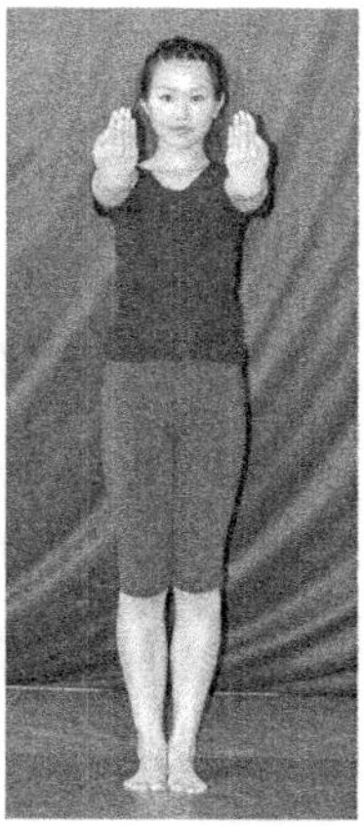

图5-2-45

15. 腰绕环

牵拉目标：腰部肌群。

练习方法：站姿，双脚开立与肩同宽，上体直立，双手叉腰，腰部匀速大幅度绕环（画圆），逆时针和顺时针方向各重复10~15次，重复2~3组。如图5-2-46至图5-2-49。

备注：在控制身体平衡的基础上，绕环幅度尽量达最大。

图5-2-46

图5-2-47

图5-2-48

图5-2-49

16. 屈膝绕环

牵拉目标：膝关节周围肌群。

练习方法：站姿，双脚并拢，体前屈，双手扶住膝关节，背部保持平直，匀速大幅度绕环（画圆），逆时针和顺时针各重复10~15次，重复2~3组。如图5-2-50至图5-2-52。

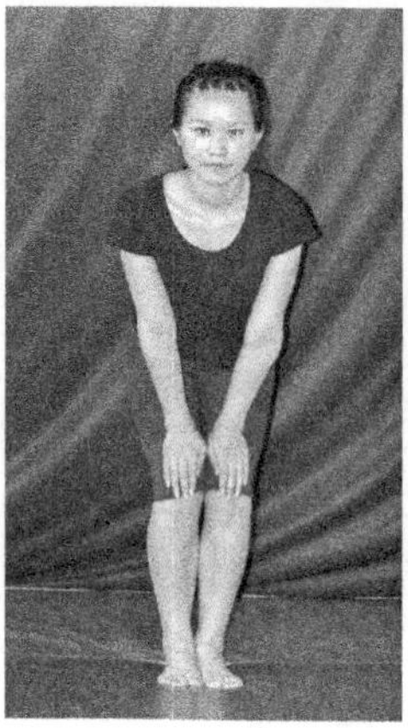

图5-2-50

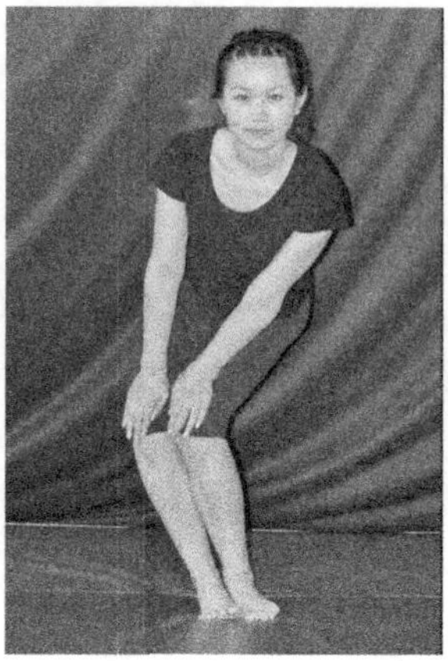

图5-2-51

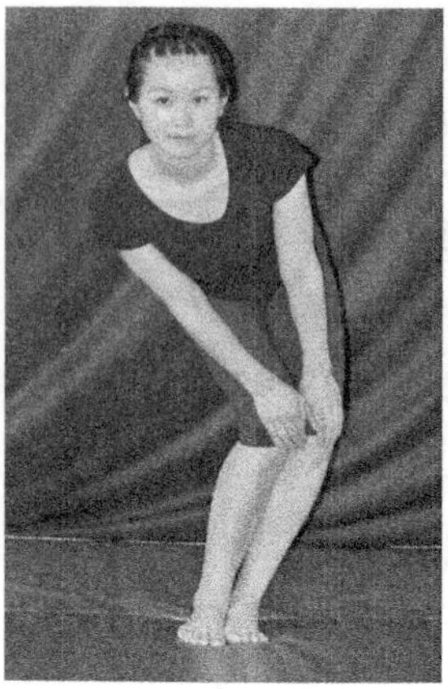

图5-2-52

17. 脚绕环

牵拉目标：踝关节周围肌群。

练习方法：站姿，双脚自然开立，一侧腿直膝支撑，另一侧腿微屈膝脚尖触地，匀速大幅度绕环（画圆），逆时针和顺时针各重复10~15次，重复2~3组。如图5-2-53、图5-2-54。

图5-2-53

图5-2-54

18. 高抬垫步跳

牵拉目标：臀肌、股二头肌。

练习方法：双脚交替垫步跳，单腿屈膝上抬靠近胸部，保持抬起脚呈跖屈，支撑脚掌着地。原地或行进间各做10~15次，重复2~3组。如图5-2-55、图5-2-56。

图5-2-55

图5-2-56

19. 前踢腿

牵拉目标：臀肌、小腿前群肌、股二头肌。

练习方法：双脚交替前踢腿，双臂前后摆动或叉腰，单腿屈膝前摆至水平位置时，前踢小腿，随后屈膝下压。原地或行进间各做10~15次，重复2~3组。如图5-2-57。

图5-2-57

图5-2-58

20. 后踢腿

牵拉目标：股四头肌、小腿前群肌。

练习方法：向前跑时，屈膝后踢腿，脚后跟尽量触及臀部，大腿与地面保持垂直，后摆时，脚尖指向后方。原地或行进间各做10~15次，重复2~3组。如图5-2-58。

21. 转体侧平移

牵拉目标：臀肌、股四头肌。

练习方法：侧对移动方向，转髋，右腿在左腿前后交叉侧向跑，双臂侧平举。原地或行进间做10~15次，重复2~3组。如图5-2-59。

图5-2-59

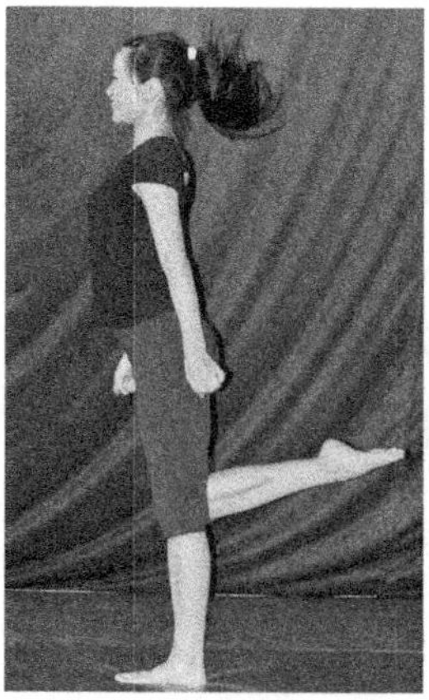

图5-2-60

22. 后退跑

牵拉目标：股四头肌、小腿前群肌。

练习方法：向后跑，两腿交替屈膝后摆，脚掌着地，小腿后伸幅度尽量（增）大。原地或行进间各做10~15次，重复2~3组。如图5-2-60。

23. 车轮跑

牵拉目标：股四头肌、小腿前群肌、股二头肌。

练习方法：向前跑时，屈膝上抬靠近胸部，后伸（小）腿，大腿下压，大小腿做圆弧运动。原地或行进间各做10~15次，重复2~3组。如图5-2-61、图5-2-62。

图5-2-61

图5-2-62

24. 换腿蹲跳

牵拉目标：股二头肌、臀肌。

练习方法：蹲姿，右腿屈膝提踵，脚跟离地，左腿前伸（直膝），脚跟着地，右腿蹬地伸直，同时左腿屈膝，前脚掌撑地，双脚交替进行。各做10~15次，重复2~3组。如图5-2-63、图5-2-64。

备注：腿尽量前伸，保证直膝（拉伸大腿后群肌），重心应落在支撑脚前脚掌上。

图5-2-63

图5-2-64

25. 负重弓箭步走

牵拉目标：股四头肌、髂腰肌、臀大肌、小腿三头肌等。

练习方法：双手宽握杠铃置于肩部，向前做弓箭步10~15步，重复2~3组，上体保持正直，前腿膝关节投影点不超过该脚脚尖。如图5-2-65。

备注：双腿尽量分开，后腿伸直，上体下沉幅度越大，拉伸越明显。

图5-2-65

26. 双人背对转体传实心球

牵拉目标：胸肌、腹外斜肌、竖脊肌等。

练习方法：队友背对站立相距1~1.5米，双腿微屈，双脚与肩同宽，一人双手体前持实心球，后转体，另一队友右转相对接实心球，后交换方向做，各做10~15次，重复2~3组。如图5-2-66、图5-2-67。

备注：变化动作：另一队友向左转体，两队友转体后在一条直线上。保证适中的传接球速度及尽可能大的动作幅度。

图5-2-66

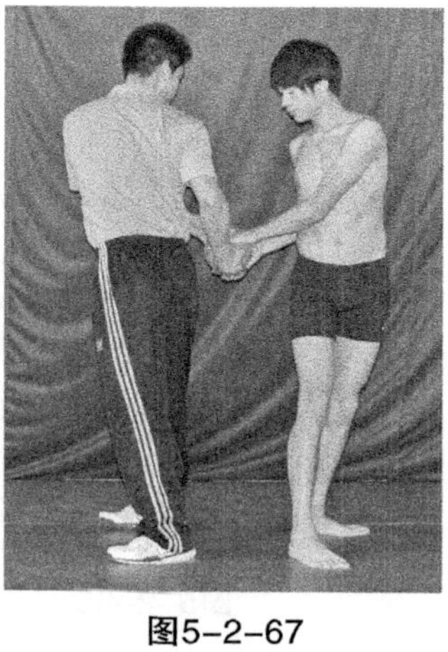

图5-2-67

27. 双人上下传实心球

牵拉目标：腹直肌、胸肌、肩带肌群、颈部前部肌、竖脊肌等。

练习方法：队友背对站立相距1~1.5米，双腿微屈，双脚与肩同宽，一人双手上举持实心球，后成背弓，将球传给队友，队友接球后俯身前屈，双手经胯下传给队友，各做10~15次，重复2~3组。如图5-2-68、图5-2-69。

备注：保持速度适中的传接球节奏，背弓及俯身幅度尽可能大。

图5-2-68

图5-2-69

28. 摆臂

牵拉目标：肩带肌群等。

练习方法：双脚前后站立，上体直立，双臂屈肘，大幅度前后摆臂，各做20~30次，重复2~3组。如图5-2-70。

图5-2-70

三、被动静力性柔韧训练法应用

1. 坐姿分腿前压

牵拉目标：股二头肌、大腿内收肌、竖脊肌。

练习方法：呈V字坐姿，队友在背后双手推中背部并缓慢均匀向前用力，背部平直，屈髋，可向前、向左、向右下压，保持15~30秒，重复2~3组。如图5-2-71、图5-2-72。

图5-2-71

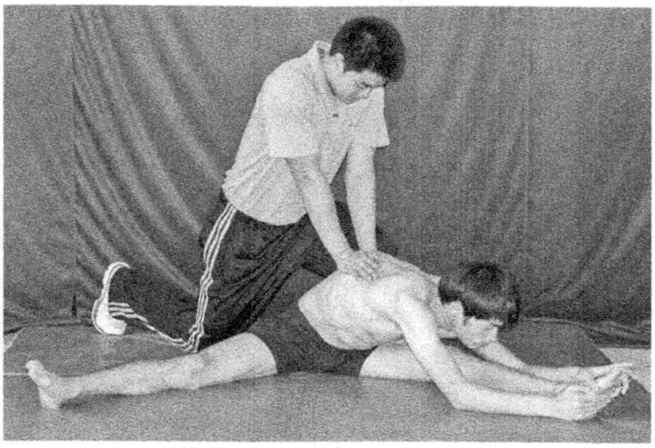
图5-2-72

2. 仰卧屈膝下压

牵拉目标：臀肌、竖脊肌。

练习方法：仰卧屈膝，队友双手按住脚掌，缓慢均匀用力下压，使膝关节接近或触及胸部。保持15~30秒，重复2~3组。如图5-2-73。

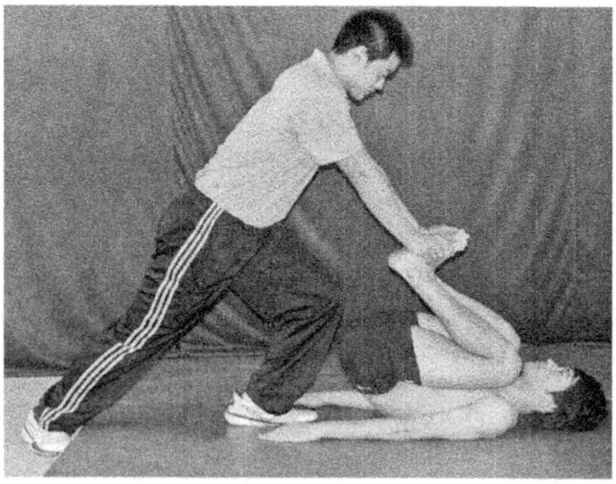
图5-2-73

3. 仰卧单腿屈膝下压

牵拉目标：臀肌、竖脊肌。

练习方法：仰卧，单腿屈膝，足部上抬，队友握住脚踝向髋部下压，使膝关节接近或触及胸部，保持15~30秒，每侧各重复2~3组。如图5-2-74。

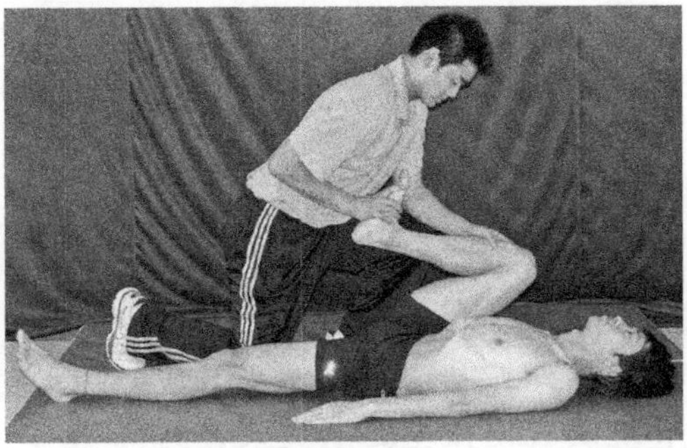

图5-2-74

4. 仰卧单腿上举

牵拉目标：臀肌、股二头肌、大腿内收肌。

练习方法：仰卧，双手置于体侧，右腿上举，队友一只手握住右脚踝用力前推，另一只手扶住左膝，保持15~30秒，每侧各重复2~3组。如图5-2-75。

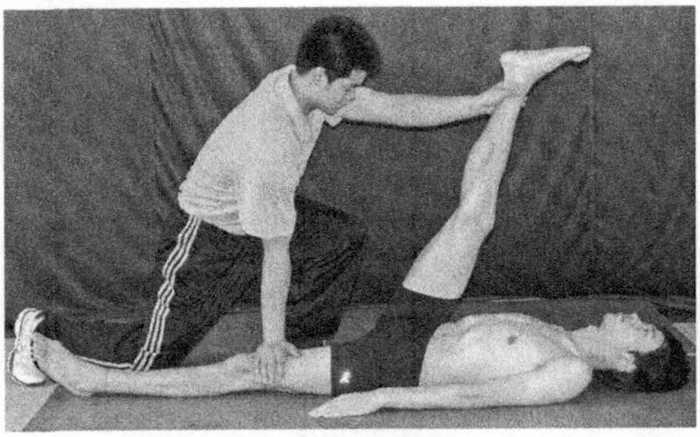

图5-2-75

5. 仰卧屈腿交叉前压

牵拉目标：梨状肌、臀肌。

练习方法：仰卧，双手放于体侧，双腿屈，右腿踝关节置于左腿膝关节上，队友双手扶住左右膝，向胸前施力下压，保持15~30秒，每侧各重复2~3组。如图5-2-76。

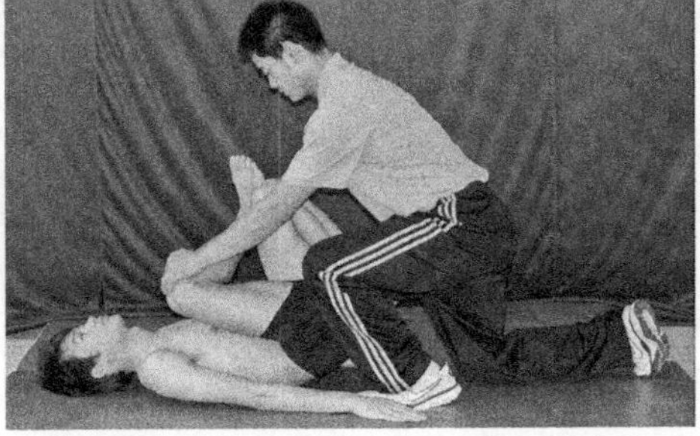

图5-2-76

6. 仰卧单腿直膝侧压

牵拉目标： 阔筋膜张肌、臀肌、股二头肌。

练习方法： 仰卧，双手侧平举，队友一只手握住右腿膝关节，使右腿在左腿上交叉，另一只手按住右侧肩部，运动员左腿保持不动，右腿与左腿呈90°。保持15~30秒，每侧各重复2~3组。如图5-2-77。

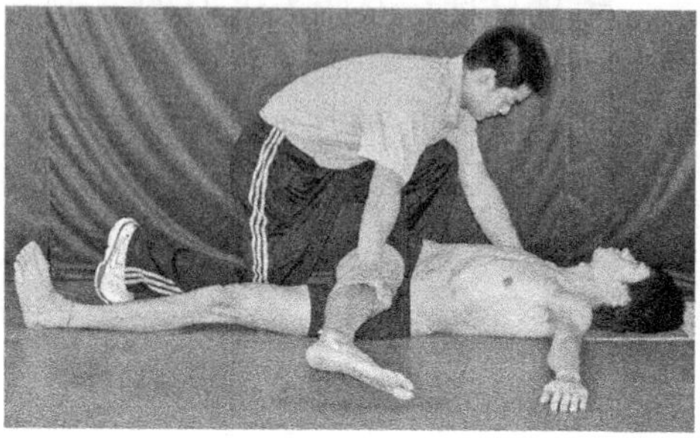

图5-2-77

7. 仰卧"蝴蝶式"下压

牵拉目标： 大腿内收肌。

练习方法： 仰卧，双脚脚掌相对接触，队友双手同时按住左右膝关节内侧，施力向地面下压，保持15~30秒，重复2~3组。如图5-2-78。

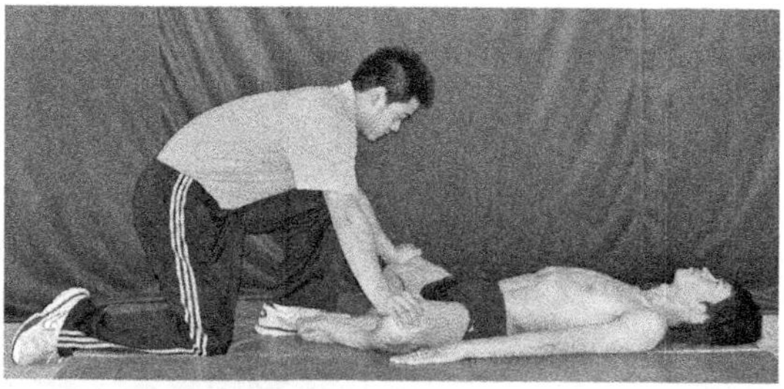

图5-2-78

8. 俯卧单腿上抬

牵拉目标：股四头肌、髂腰肌、股直肌。

练习方法：俯卧，右腿伸直，左腿直膝向上后伸，队友一只手按住该运动员下腰部，另一只手扶住左膝关节施力上抬，保持15~30秒，每侧各重复2~3组。如图5-2-79。

图5-2-79

9. 坐姿展胸

牵拉目标：胸肌、三角肌前束。

练习方法：坐姿，双手放于头后部，双臂后展，队友双手握住肘关节向后用力，保持15~30秒，重复2~3组。如图5-2-80。

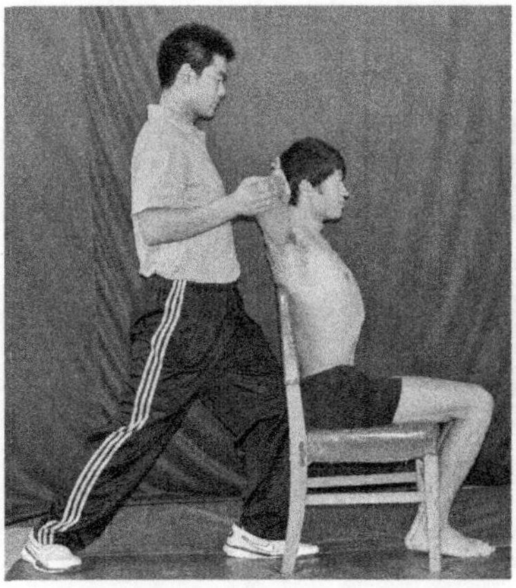

图5-2-80

10. 坐姿双臂背后上抬

牵拉目标：肱二头肌、三角肌前束、胸肌。

练习方法：坐姿，双臂背后上抬，掌心相对，队友双手握住其腕关节，向上用力，保持15~30秒，重复2~3组。如图5-2-81。

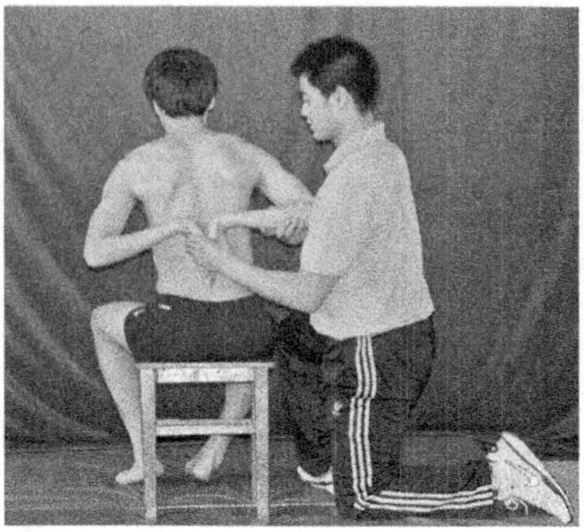

图5-2-81

11. 坐姿脚尖助力下压

牵拉目标：踝关节及足伸肌。

练习方法：双腿直膝并拢坐于垫子上，上体直立，双手体后直臂撑地，队友一只手按住运动员脚踝处，另一只手按压脚尖，或双手按住双脚脚尖下压，保持15~30秒，重复2~3组。如图5-2-82。

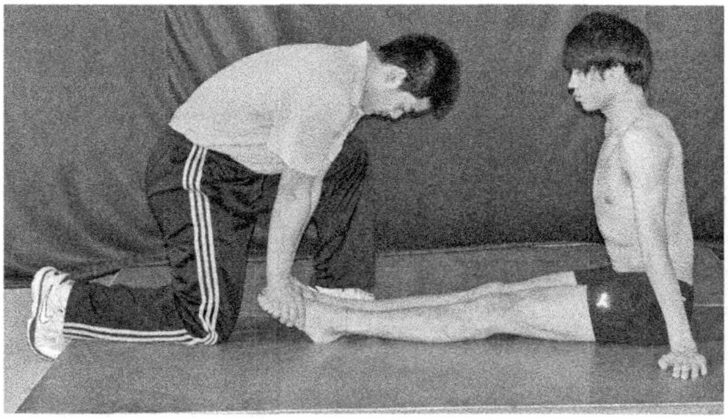

图5-2-82

四、“PNF”柔韧训练法应用

1. 股二头肌“PNF”拉伸

牵拉目标：股二头肌。

练习方法：平躺在垫子上，一条腿直膝上抬50°~60°，踝关节背屈（接近90°）。队友呈跪姿位于运动员体侧，右手握住运动员右脚脚踝，左手握住运动员右腿膝关节。如图5-2-83。

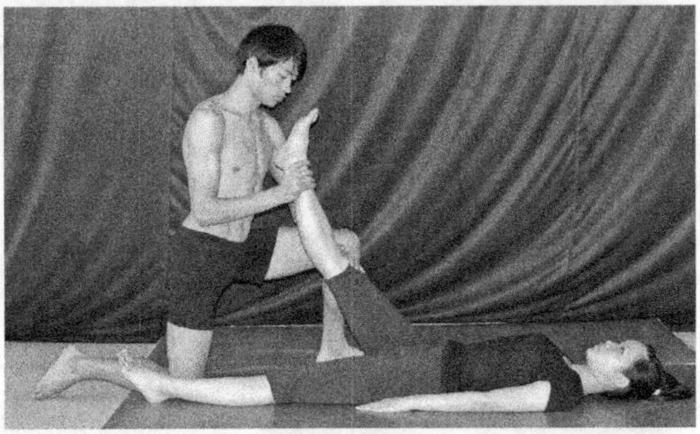

图5-2-83

备注：以下其他部位的“PNF”拉伸动作步骤及事项同股二头肌，如图5-2-84至图5-2-87。

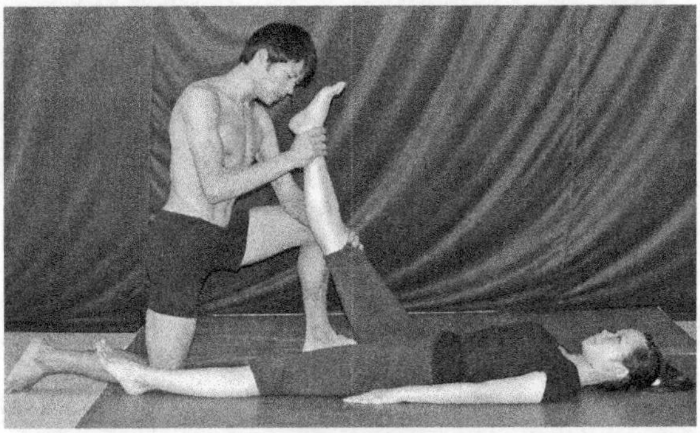

图5-2-84

保持—放松式：①队友向前逐渐用力拉伸运动员右腿股二头肌，随后队友说“用力”，运动员在保持右腿不动的前提下，持续等长收缩3~4秒；②随后，股二头肌做最大等长收缩5~6秒；③队友再向前拉伸股二头肌，持续10秒；④还原拉伸位置后，重复以上步骤2~4次。

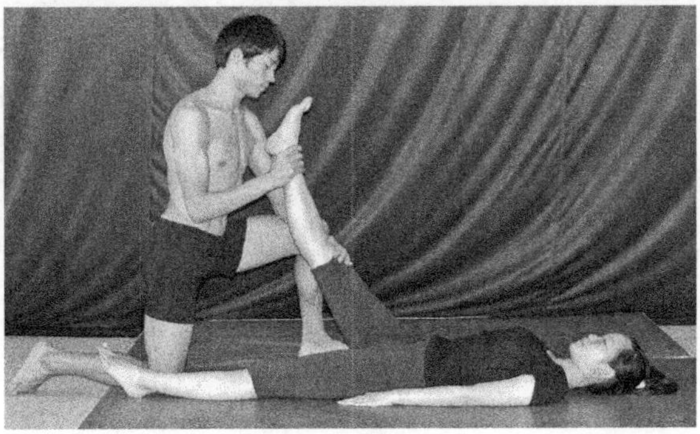

图5-2-85

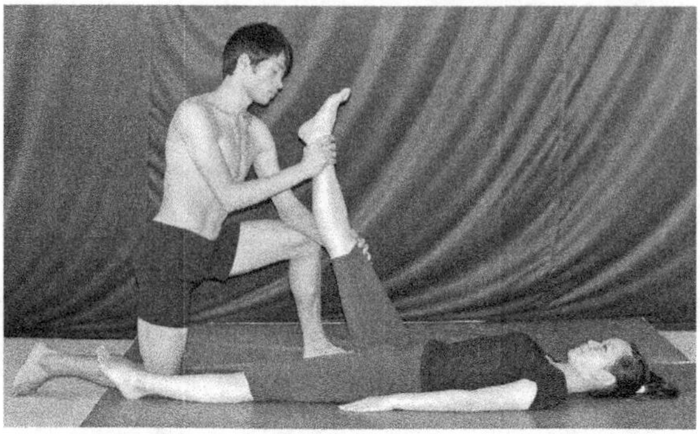

图5-2-86

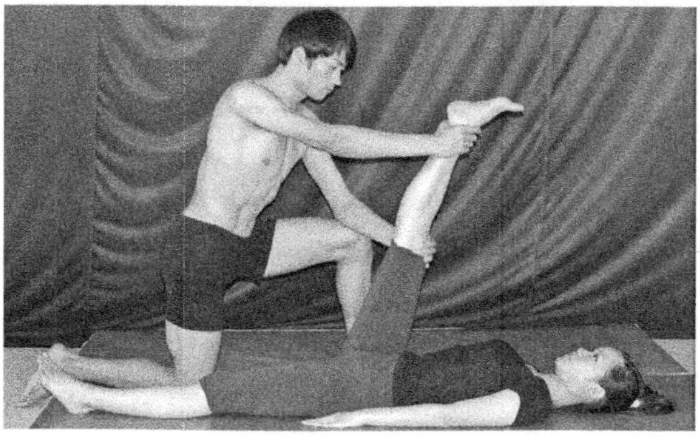

图5-2-87

收缩—放松式：①队友拉伸该运动员股二头肌4~6秒，在队友保持拉伸时，运动员屈髋肌肉向心收缩4~6秒，随后，队友说“放松”；②再静力拉伸股二头肌10秒，重复2~4遍，还原拉伸腿；③重复以上步骤2~4次。

缓慢—反向—保持—放松式：①队友逐渐拉伸运动员股二头肌，直到运动员感到不适；②当队友拉伸该运动员股二头肌过程中感到一定阻力时（即向前推感到有些费劲时），对该运动员说“用力”，该运动员对抗阻力等长收缩6~10秒；③当运动员继续对抗时，队友说“反向用力”，这时，运动员迅速收缩股四头肌和屈髋肌群，试图将足跟从队友手中挣脱，但保持静止不动；④然后，队友借势向前推，放松股二头肌，增加两腿间距，运动员继续收缩股四头肌和屈髋肌，直到队友说“放松”（为止）；⑤队友保持这一姿势等长拉伸10秒；⑥在还原之前，可重复②—⑤步2~3遍；⑦在完成最后一次最大幅度拉伸后，运动员逐渐减少股二头肌肌力，重复2~3遍。

2. 小腿后群肌及踝关节“PNF”拉伸

牵拉目标：小腿后群肌和踝关节肌肉、韧带。

练习方法：运动员坐姿，双手扶住膝关节，并腿，脚尖向上。队友双手扶住脚尖上抬采用“PNF”拉伸。如图5-2-88至图5-2-91。具体拉伸方法和步骤见股二头肌“PNF”拉伸。

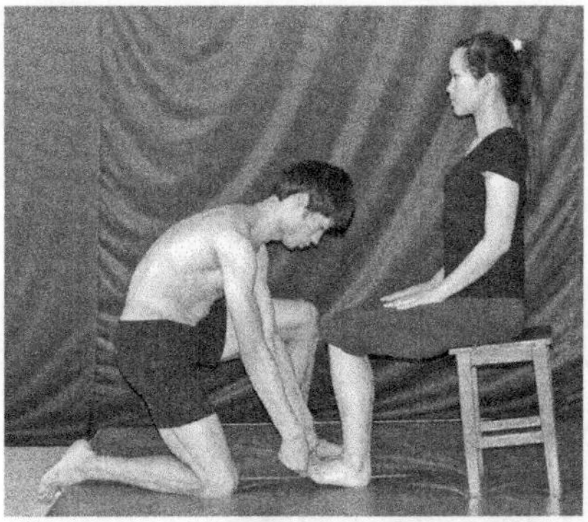

图5-2-88

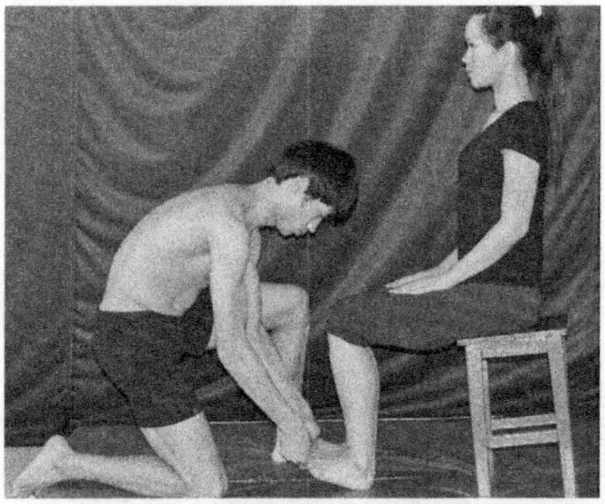

图5-2-89

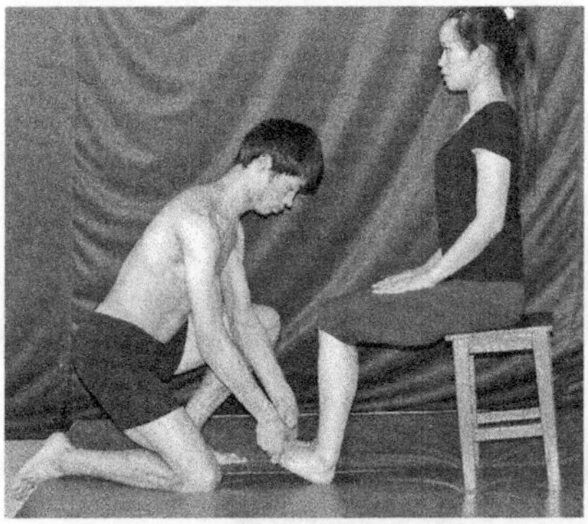

图5-2-90

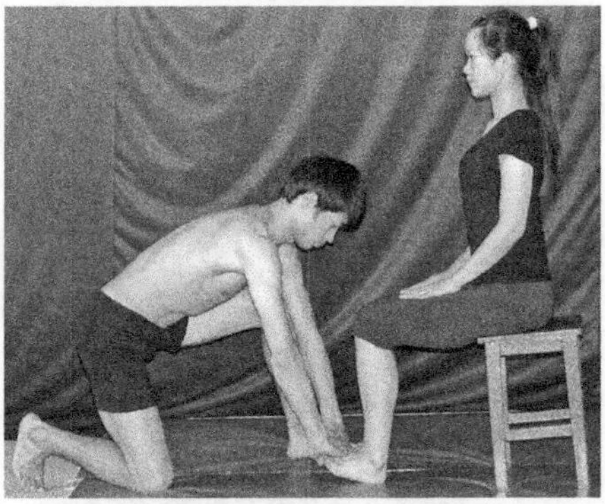

图5-2-91

3. 胸肌“PNF”拉伸

牵拉目标：胸部肌肉。

练习方法：运动员跪姿，屈臂交叉上举，队友双手握住运动员肘关节，向后进行“PNF”拉伸。如图5-2-92至图5-2-95。具体拉伸方法和步骤见股二头肌“PNF”拉伸。

备注：变化动作：两人背对背站立，双臂侧平举，相互握住对方手腕或十指交叉，分别向体前施力拉伸胸部肌肉。

图5-2-92

图5-2-93

图5-2-94

图5-2-95

4. 内收肌“PNF”拉伸

牵拉目标：大腿内侧肌肉。

练习方法：运动员坐姿，双脚脚掌相对，脚跟靠近身体，双手握住脚尖，队友双手按住该运动员膝关节，向下进行“PNF”拉伸。如图5-2-96至图5-2-99。具体拉伸方法和步骤见股二头肌“PNF”拉伸。

图5-2-96

图5-2-97

图5-2-98

图5-2-99

5. 股四头肌及屈髋肌群“PNF”拉伸

牵拉目标：股四头肌及屈髋肌群。

练习方法：运动员俯卧，双手撑地，队友一只手按住运动员腰部，另一只手抬运动员右侧大腿，向上进行“PNF”拉伸。如图5-2-100至图5-2-103。具体拉伸方法和步骤见股二头肌“PNF”拉伸。

图5-2-100

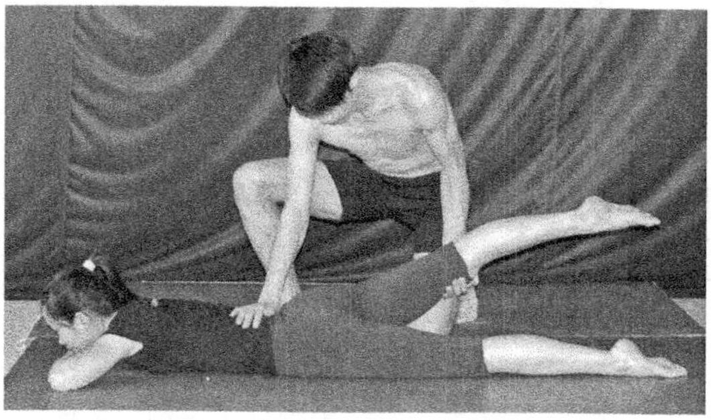

图5-2-101

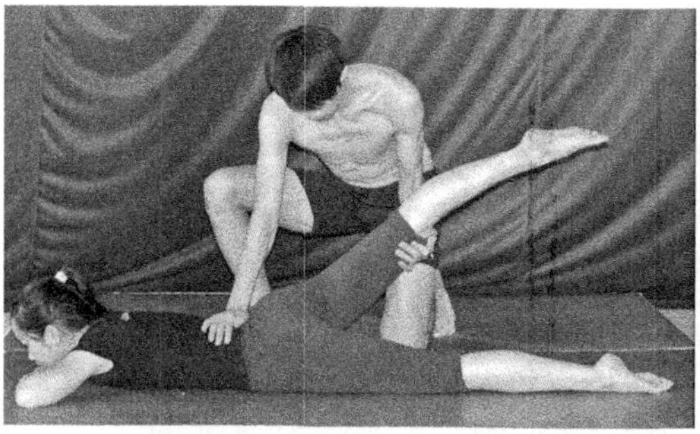

图5-2-102

图5-2-103

6. 肩部“PNF”拉伸

牵拉目标：肩部肌肉。

练习方法：运动员跪姿，双手后背，队友双手握住运动员手腕，向上进行“PNF”拉伸。如图5-2-104至图5-2-107。

备注：变化动作：两人背对背站立，双臂上举，相互握住对方手腕或十指交叉，分别向体前上方用力拉伸胸部肌肉及肩带肌群。

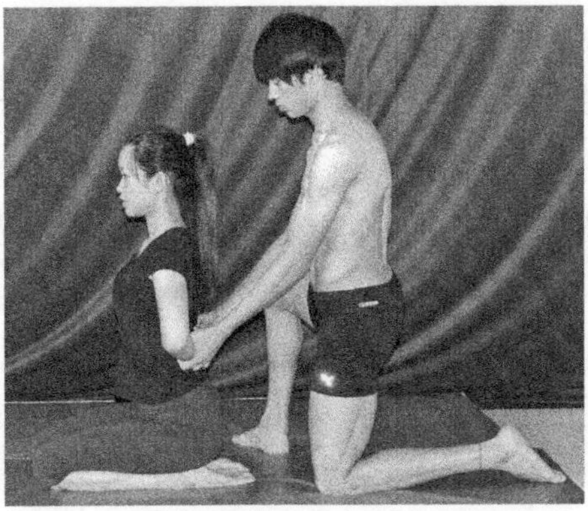

图5-2-104

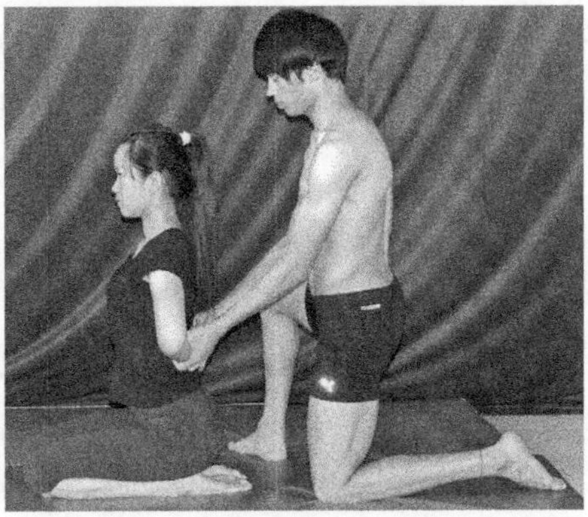

图5-2-105

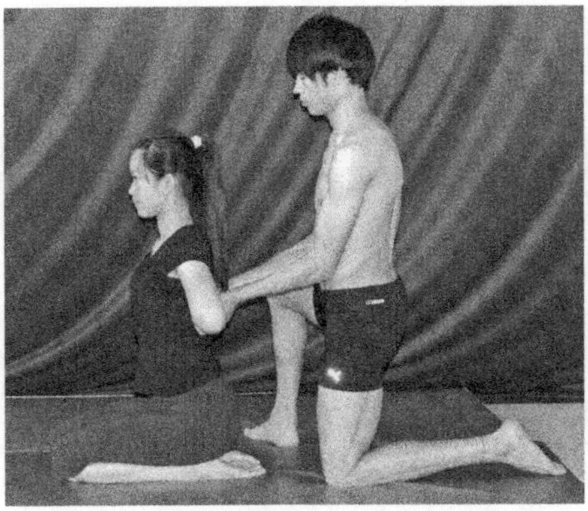

图5-2-106

图5-2-107

本章小结

第一，从肌肉部位划分柔韧练习手段及动作变化程度可以发现，大肌肉群或大关节处设计的手段多于小肌肉群，关节在不同运动面内活动能力越强（越灵活），越能设计出更多的柔韧训练手段。

第二，同一肌肉群的柔韧练习手段通常在坐姿、站姿、俯身与利用墙、桌子、椅子及同伴助力等形式中发生变化，设计的手段形式不同，对同一块肌肉的拉伸角度和程度也有区别。手段变化形式多，不仅可以使该肌肉得到全面深入的拉伸，而且可以提供多种选择，提高训练兴趣。

第三，柔韧训练的不同形式体现在主动与被动形式及静力与动力形式上。两类拉伸形式又可组合成主动静力、主动动力、被动静力等形式。其中“PNF”是被动静态拉伸的特殊形式，涉及肌肉的（静力或等长）收缩用力、放松与拉伸。

第四，不同形式的柔韧训练应注意负荷安排。通常情况下，静态拉伸以每个部位每组15~30秒，重复2~3组为宜；动态拉伸以每个部位每组完成10~15次，重复2~3组为宜。在不同训练阶段中，柔韧训练（课）内容所占比重应有所调整，准备期以全面、多样训练为主，时间相对较长（如40~60分钟），竞赛前期及竞赛期多以专项突出、针对性强的训练为主，时间相对较短（20~40分钟）。作为常规训练或比赛热身活动，应在训练前后和比赛前后特定时间安排形式各异的拉伸环节。

第六章　不同运动项目的柔韧训练

运动项目特点决定了柔韧训练的差异性。柔韧训练应从项目特征出发，在一般性柔韧训练中突出专项特征。一方面，柔韧训练可有效避免运动损伤，提高身体训练准备状态，促进机体训练后恢复；另一方面，柔韧训练应发挥改善肌肉用力条件、增强关节稳定性和灵活性、促进专项成绩提高的作用。

运动项目不同，柔韧训练手段及方法应有所侧重，选择或设计针对该项目主要肌群和关节的拉伸手段，并根据项目动作速度、幅度、轨迹以及生物力学等要素特点，结合多种拉伸方法进行综合训练。从整体上说，柔韧训练涵盖了对全身各主要关节和肌肉群、肌腱及韧带的拉伸。从下到上的顺序为脚、脚踝、小腿（前后群）、大腿（前后群）、内收肌（髂腰肌、缝匠肌等）、臀肌、竖脊肌、腹肌、背肌、胸肌、肩关节和肩带肌群、手臂肌群、手腕、手指等。因此，教练员和运动员可根据项目特点确定重点拉伸部位和手段。

第一节　球类运动员的柔韧训练

一、篮球运动员的柔韧训练

（一）篮球运动特点与专项柔韧训练

篮球是以投篮为主的对抗性体育运动项目。篮球技术多样且复杂，主要包括进攻技术和防守技术。篮球运动对运动员体能和技能要求高，需要快速移动、爆发用力（弹跳）、精准投篮等。篮球运动员的柔韧训练可以增加关节的活动范围，提高篮球运动能力和动作技能。同时，关节活动范围增加也意味着关节损伤概率的下降。肩、髋、膝、腕、踝关节的柔韧性会影响篮球运动表现。提高柔韧性必须依靠规律性、高效率的练习方法与手段。篮球运动员常用手指、手腕、膝、髋、踝等关节的柔韧训练手段有：

1. 直臂手指交叉前伸

牵拉目标：伸腕肌、手指关节。

练习方法：站姿，胸前屈臂，双手交叉，掌心向内，手腕内旋，掌心向外，伸直双臂至最大程度，掌跟部施力前顶，保持15~30秒，重复2~3组。如图6–1–1、图6–1–2。

备注：可在原有动作基础上向上、向后进行拉伸。

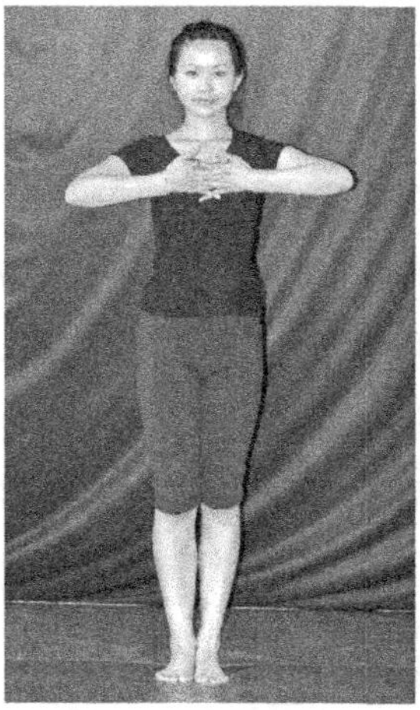

图6–1–1

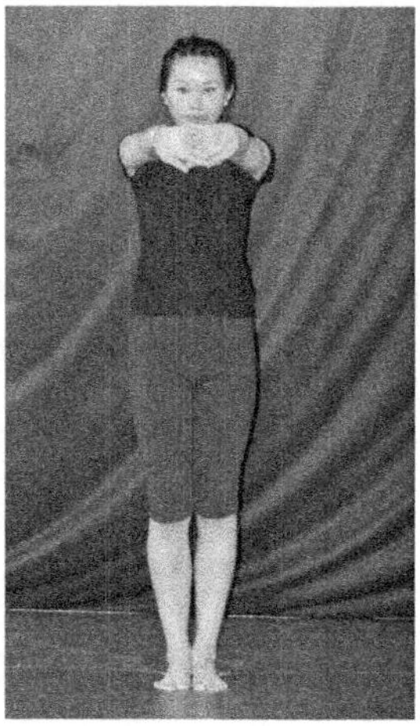

图6–1–2

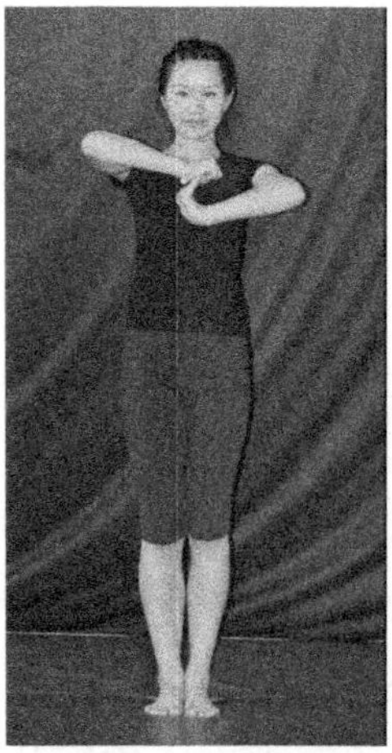

图6–1–3

2. 掰指

牵拉目标：手指关节，屈腕肌。

练习方法：站姿，胸前屈臂，右手握住左手手指，左臂与地面保持平行，右手向左下用力掰左手手指，保持15~30秒，每侧各重复2~3组。如图6–1–3。

备注：也可反方向按压指根。

3. 掰腕

牵拉目标：伸腕肌、手指关节。

练习方法：站姿，胸前屈臂，右手握住左手手背，左手手臂与地面保持平行，右手向左下方用力掰左手手腕，保持15~30秒，每侧各重复2~3组。如图6-1-4。

图6-1-4

4. 跪地压肩

牵拉目标：肩关节及背阔肌等。

练习方法：双腿跪地，双脚脚背触地，上体后坐，臀部置于双脚脚跟上，双臂伸直，双手前伸触地，用力下压，胸部靠近地面，保持15~30秒，重复2~3组。如图6-1-5。

备注：动作变化：双手扶住肋木，体前屈压肩或双人直臂压肩。

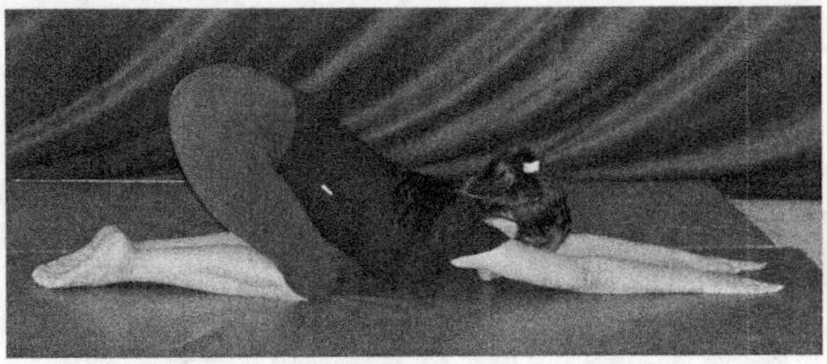

图6-1-5

5. 站姿膝外展内收

牵拉目标：膝关节。

练习方法：双脚并拢成站姿，膝关节弯曲，膝外展，上体前倾，双手扶住膝关节，后双脚分立，大腿内收，膝关节相对，保持15~30秒，各重复2~3组。如图6-1-6、图6-1-7。

图6-1-6

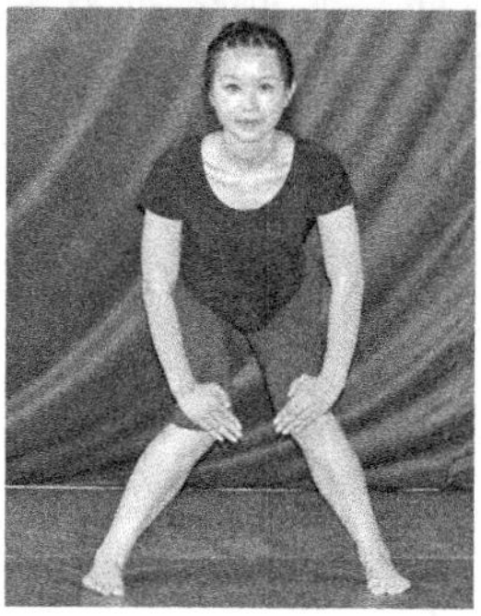

图6-1-7

6. 并腿负重深蹲

牵拉目标：膝关节。

练习方法：站姿，双脚并拢，杠铃负重深蹲，脚跟触地，臀部尽量后坐，保持15~30秒，重复2~3组。如图6-1-8、图6-1-9。

备注：可用哑铃代替或施加助力。

图6-1-8

图6-1-9

7. 跪地后仰

牵拉目标：踝关节及大腿前群肌。

练习方法：跪姿，并脚，脚背触地，上体逐渐后仰至上体倒地，双臂肘关节撑于身体两侧地面，保持15~30秒，重复2~3组。如图6-1-10。

备注：根据实际情况可逐渐向后仰，直至上体接触垫子。

图6-1-10

（二）常用篮球专项柔韧训练手段

常用篮球专项柔韧训练手段还有：①跪地（脚及踝关节）；②俯背倒“V”直膝（小腿后群肌）；③单腿坐姿前屈（大腿后群肌）；④“蛙爬式”（大腿内收肌）；⑤站姿屈腿脚背上提（大腿前群肌）；⑥仰卧盘腿上抬（髋及臀部）；⑦跪姿背桥（下背部）；⑧单臂体前侧拉（上背及肩部）。

二、足球运动员的柔韧训练

（一）足球运动特点与专项柔韧训练

足球运动是以脚支配球为主，在同一场地内进行攻守的激烈的体育运动项目。足球运动包括带球、接球、踢球、头球、射门等基本技术，同时伴有奔跑、急停、转身、倒地、跳跃、冲撞等动作。足球运动员的柔韧练习手段有：正脚背、外脚背原地较大幅度的踢腿模仿练习；左右脚背外侧和内侧分别交替进行颠球模仿练习；模仿凌空踢球的动作；左右脚交替踢倒钩球；以髋关节为轴，进行腿和躯干的屈伸、绕环练习；坐姿体前屈；肩倒立等。

前踢腿、后踢腿、侧踢腿、腿绕环；模仿颠球动作，单、双腿连续做内翻、外翻练习；模仿内扣、外扣动作，单腿连续做内转、外传动作；两腿交叉跨步或转体；踢球、顶球和抢截球等各种技术动作模仿练习；大幅度振摆踢球与侧身凌空传、射、倒钩踢球，以及跳起展腹头顶球等。部分如图6-1-11至图6-1-14。

图6-1-11

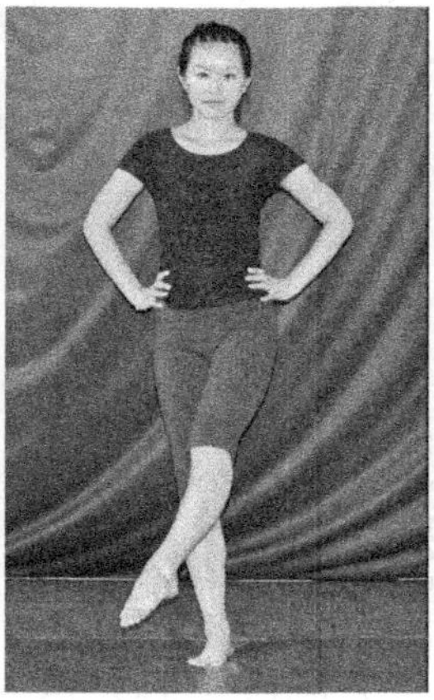
图6-1-12

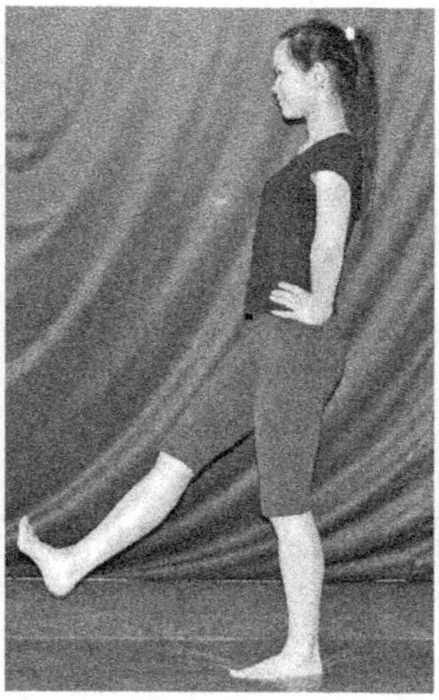
图6-1-13

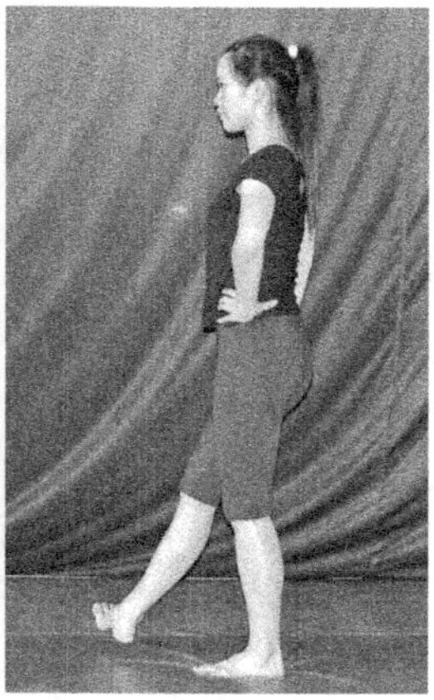
图6-1-14

（二）常用足球专项柔韧训练手段

常用足球专项柔韧训练手段还有：①坐姿搬脚背（脚及踝关节）；②扶墙弓箭步前压（小腿后群肌）；③坐姿体前屈（大腿后群肌）；④坐式屈腿体前屈（大腿内收肌）；⑤站姿屈腿脚背上提（大腿前群肌）；⑥坐姿屈腿转体（髋及臀部）；⑦仰卧团身（下背及脊柱）；⑧坐姿屈腿抱腿（上背部）；⑨扶墙上提前顶（胸肌）；⑩体后直臂上抬（肩部）；⑪站姿背后屈肘下拉（肱三头）；⑫坐姿屈腿后仰（大腿前群肌）。

三、排球运动员的柔韧训练

（一）排球运动特点与专项柔韧训练

排球是隔网对抗项目，要求运动员具备良好的滞空，在稳定和非稳定条件下灵活、快速、准确改变动作的能力。排球的扣球具有动作复杂、幅度大、参与肌群与关节多、各项素质协调配合的特点。反身鱼跃动作难度大，在完成拦网后即转身鱼跃救球，运动员肩、腰、腿具有很好的柔韧性才能顺利完成。对二传运动员来说，手指、手腕良好的柔韧性可以提高背传球质量和传球前缓冲及传球到位率。扣球力量大，对肩、腰部的压力大，发展柔韧性可以减少关节、肌肉运动损伤。

排球运动员肩、腰部柔韧性影响挥臂幅度、扣球速度以及击球点的范围。髋部柔韧性好有助于弯腰跨步低姿防守，以及倒地和起立等动作的有效完成。

排球运动员肩、臂、腰、髋、腿、手部各关节的活动幅度，特别是附着在这些关节完成各专项动作所需肌肉和韧带的伸展性，直接影响技术动作的节奏感、协调性、动作幅度和技术动作质量。具体手段有肩、腰、手、脚的绕环及专项拉伸手段。部分如图6-1-15至图6-1-17。

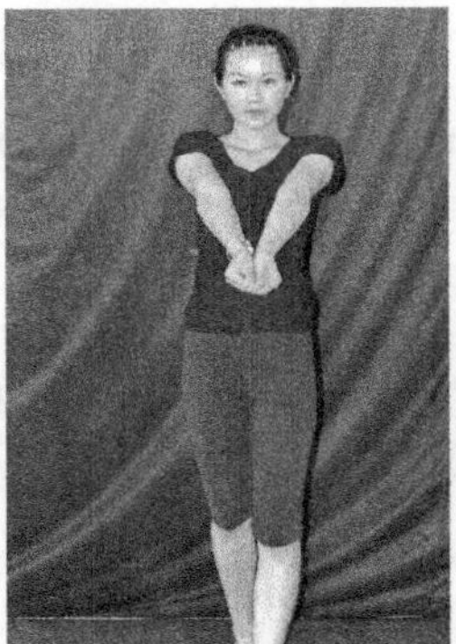

图6-1-15

图6-1-16

图6-1-17

（二）常用排球专项柔韧训练手段

常用排球专项柔韧训练手段还有：①弓箭步压脚趾（脚及踝关节）；②站姿沉踵（小腿后群肌）；③坐姿体前屈（大腿后群肌）；④坐式屈腿体前屈（大腿内收肌）；⑤站姿屈腿脚背上提（大腿前群肌）；⑥仰卧屈腿上抬（髋及臀部）；⑦坐姿（椅子）体前屈（下背部及脊柱）；⑧坐姿屈腿抱腿（上背部）；⑨扶墙上体前顶（胸肌）；⑩站姿直臂交叉后引（肩部）；⑪站姿背后屈肘下拉（肱三头肌）。

四、网球运动员的柔韧训练

（一）网球运动特点与专项柔韧训练

通常，一场网球比赛会持续120分钟或以上。尤其是在室外，越接近比赛尾声，运动员体力消耗越大，肌力随之下降，技术动作会出现变形。如果有良好的柔韧素质，就可以有效地避免损伤。即使出现了大幅度的动作，良好的柔韧性可增加运动时关节的活动幅度，对动作的随意支配能力更加精确，可降低受伤概率。

网球运动员的柔韧性直接影响技术动作的协调性和伸展性，有利于提高进攻与防守的质量。柔韧性对网球运动员力量，特别是速度–力量的发挥有重要影响，如发球、扣杀时的挥拍效果。网球运动员的柔韧性主要表现在肩能拉开、髋有开度、腰可侧屈、胸可旋转。因此，网球运动员肩关节、髋关节、脊柱关节、下肢关节及肌肉伸展性是柔韧训练的重点。部分如图6–1–18至图6–1–21。

图6-1-18

图6-1-19

图6-1-20

图6-1-21

（二）常用网球专项柔韧训练手段

常用网球专项柔韧训练手段有：①肋木压肩；②上臂屈伸、内外收展、内外旋、前后绕环；③前臂屈伸、内外收展、内外旋、前后绕环；④手腕屈伸、内外收展、内外旋、前后绕环；⑤摆腿；⑥劈叉；⑦跪姿压髋；⑧俯卧后仰；⑨仰卧起坐；⑩跪地（脚及踝关节）；⑪屈腿沉臀（小腿后群肌）；⑫仰卧举腿上拉（大腿后群肌）；⑬弓箭步下沉（大腿内收肌）；⑭站姿屈腿脚背上提（大腿前群肌）；⑮仰卧屈腿转髋（髋及臀部）；⑯跪姿背桥（下背部）；⑰俯身肋木沉肩（上背部）；⑱站姿颈侧屈（颈部）；⑲坐姿倒肩（胸肌）；⑳站姿直臂交叉后引（肩部）；㉑站姿背后屈肘下拉（肱三头肌）。

五、羽毛球运动员的柔韧训练

（一）羽毛球运动特点与专项柔韧训练

羽毛球运动员要在场地上不停地进行脚步移动、跳跃、转体、挥拍，合理地运用各种击球技术和步法将球在场上往返对击，需要强大的力量和良好的柔韧性。此外，羽毛球运动要求练习者在短时间对瞬息万变的球路做出判断，果断地进行反击，因此，需要人体神经系统的灵敏性和协调性。羽毛球运动员肩部、髋关节、踝关节、膝关节以及各部位肌肉牵拉对提高动作实效性和工作距离具有重要的作用。部分如图6–1–22至图6–1–24。

图6–1–22

图6–1–23

图6–1–24

（二）常用羽毛球专项柔韧训练手段

常用羽毛球专项柔韧训练手段有：①持球拍绕肩；②手腕屈伸、内收、外展、顺时针、逆时针绕环；③持拍肩绕环；④持拍小臂绕环；⑤拉跟腱；⑥踢腿；⑦弓箭步跨步；⑧俯卧上体屈；⑨跪姿按压脚背（脚及踝关节）；⑩俯背倒“V”直膝（小腿后群肌）；⑪俯身体前屈（大腿后群肌）；⑫坐式屈腿体前屈（大腿内收肌）；⑬屈腿沉臀（小腿后群肌）；⑭跪姿屈腿后仰（大腿前群肌）；⑮仰卧盘腿上抬（髋及臀部）；⑯跪姿弓腰（下背部）；⑰坐姿屈腿抱腿（上背部）；⑱坐姿头侧拉（颈部）；⑲坐姿倒肩（胸肌）；⑳握杆肩绕环（肩部）；㉑站姿背后屈肘下拉（肱三头肌）。

六、乒乓球运动员的柔韧训练

（一）乒乓球运动特点与专项柔韧训练

乒乓球运动是以速度、爆发力、灵敏等为主的有氧代谢和非周期性的运动项目，是技能、体能、智能的有机结合，也是高速度、强对抗的比赛项目。乒乓球对运动员灵活、速度、力量等素质要求较高，乒乓球运动员下肢灵活性依靠髋、膝、踝关节的活动幅度和肌肉的柔韧性，上肢的灵活性与上肢各关节及腰腹肌、手臂肌群、肩部肌群、胸部肌群、背部肌群有着紧密的联系。

（二）常用乒乓球专项柔韧训练手段

常用乒乓球专项柔韧训练手段有：①手腕绕环；②肩绕环；③颈绕环；④手臂拉伸及旋内、旋外；⑤“甩腰”；⑥弓箭步压脚趾（脚及踝关节）；⑦俯背倒“V”直膝（小腿后群肌）；⑧坐式屈腿体前屈（大腿内收肌）；⑨弓箭步下沉（大腿内收肌）；⑩坐姿屈腿后仰（大腿前群肌）；⑪仰卧屈腿上抬（髋及臀部）；⑫跪姿背桥（下背部）；⑬俯身肋木沉肩（上背部）；⑭跪姿沉肩（胸肌）；⑮握杆肩绕环（肩部）；⑯直臂扶框内旋（肱二头肌）。

七、棒球运动员的柔韧训练

（一）棒球运动特点与专项柔韧训练

棒球运动是一项集体性、对抗性很强的球类运动项目。棒球基本技术有接球、传球、击球和跑垒。其中进攻技术包括击球（挥棒击、执棒触击、执棒推击）、跑垒和滑垒等，防守技术包括接球、传球、投球、触杀、封杀和追杀。

棒球运动员挥棒动作与肩关节灵活性及肩部肌肉、韧带、肌腱组织的柔韧性联系紧密。跑动与下肢关节灵活性和肌肉伸展性有直接联系。肩部力量和活动能力是投手有效投球的基础，很大程度决定了投球速度。同时，投手躯干及下肢关节灵活性也是技术发挥的基本保证。

（二）常用棒球专项柔韧训练手段

常用棒球专项柔韧训练手段有：①压（拉、顶）肩；②肩绕环；③踝绕环；④压（顶）踝；⑤手指、手腕关节的绕环（压、顶）；⑥坐姿搬脚背（脚及踝关节）；⑦俯背倒“V”直膝（小腿后群肌）；⑧单腿坐姿前屈（大腿后群肌）；⑨“蛙爬式”（大腿内收肌）；⑩站姿屈腿脚背上提（大腿前群肌）；⑪坐姿屈腿转体（髋及臀部）；⑫坐姿（椅子）体前屈（下背部及脊柱）；⑬俯身肋木沉肩（上背部）；⑭扶墙上体前顶（胸肌）；⑮直臂扶框内旋（肱二头肌）。

八、高尔夫球运动员的柔韧训练

（一）高尔夫球运动特点与专项柔韧训练

高尔夫球是一项集体力、技术、战术、艺术于一体的运动项目。大幅度的挥杆（躯干扭转、肩内收等）、小幅度的推球和各种附加动作都需要良好的柔韧性。高尔夫球运动员柔韧训练以肩部、躯干部、上肢关节和肌肉群牵拉为重点。

（二）常用高尔夫球专项柔韧训练手段

常用高尔夫球专项柔韧训练手段有：①手腕绕环；②肩绕环；③颈绕环；④手臂拉伸及旋内旋外；⑤“甩腰”；⑥弓箭步压脚趾（脚及踝关节）；⑦俯身腿交叉下压（小腿后群肌）；⑧单腿坐姿前屈（大腿后群肌）；⑨坐姿屈腿体前屈（大腿内收肌）；⑩站姿屈腿脚背上提（大腿前群肌）；⑪坐姿屈腿转体（髋及臀部）；⑫站姿体侧屈（腹部及下背部）；⑬坐姿屈体抱腿（上背部）；⑭坐姿头侧拉（颈部）；⑮站姿直臂交叉后引（肩部）；⑯扶墙上体前顶（胸肌）。

第二节　体操、健美操、舞蹈运动员的柔韧训练

一、体操运动员的柔韧训练

（一）体操运动特点与专项柔韧训练

对于单双杠运动员，肩带的柔韧性和稳定性能够保证规定动作高质量完成。肩部柔韧训练手段非常适合体操运动员。根据体操的特点，男运动员应着

重发展肩、腕、腰、髋关节等部位的柔韧性，女运动员则要重点加强肩、胸、髋、腰和踝关节等部位的柔韧性。腿部柔韧训练主要发展腿部前、侧、后群肌伸展性和拉伸髋、踝关节四周的肌肉、韧带。体操运动员应经常采用前、侧、后等不同方向的压、扳、踢、控、劈腿等练习动作。

可结合各种体操器械设计专项性练习动作。如单杠（双杠、吊环）悬垂、鞍马背桥、各种体前屈、吊腰等。

1. 吊腰

牵拉目标：脊柱、腹直肌。

练习方法：分腿站立，双臂抵住臀部，上体向后屈到一定程度保持静止，保持15~30秒，重复2~3组。如图6-2-1。

图6-2-1

图6-2-2

2. 弓步拉肩

牵拉目标：肩带肌群等。

练习方法：背对肋木成弓箭步站立，双臂后举反握肋木，适度沉臀，上体向前移动拉肩，保持15~30秒，重复2~3组。如图6-2-2。

备注：上体保持直立。

3. 吊肩

牵拉目标： 肩带肌群等。

练习方法： 单杠正握或反握吊，利用自身重力拉肩，保持15~30秒，重复2~3组。如图6-2-3。

备注： 吊肩时双手的宽度可逐渐缩短。

图6-2-3

（二）常用体操专项柔韧训练手段

常用体操专项柔韧训练手段还有：①摆腿；②纵（横）叉；③仰卧压腿；④跪姿背桥（下背部）；⑤俯身肋木沉肩（上背部）；⑥跪姿沉肩（胸肌）；⑦握杆肩绕环（肩部）；⑧站姿屈腿脚背上提（大腿前群肌）；⑨弓箭步压脚趾（脚及踝关节）；⑩站姿沉踵（小腿后群肌）。

二、艺术体操运动员的柔韧训练

（一）艺术体操运动特点与专项柔韧训练

在艺术体操中，大量的动作是由运动员身体各环节大幅度的屈、伸或扭转来完成的。这些动作能够充分表现出运动员的柔韧素质，增添柔美性。躯干的弯曲扭转构成了多曲线的身体造型，显示了女性的自然美，大幅度的分腿动作增加了自由肢体的动态美。在跳跃、转体和平衡动作中加入大幅度的分腿和弯曲等动作，会使动作的难度系数和艺术性得到提高。

柔韧素质是艺术体操最主要的素质之一。良好的柔韧素质是完成艺术体操动作技术和提高动作质量的基础，可提升动作表现力和塑造优美的造型。艺术体操动作包含大量弹动、摆动、绕环、波浪、转体、平衡以及跑、小跳、中跳、大跳类动作。艺术体操运动员重点拉伸部位有上肢、肩、脊柱、髋、下肢、踝与腕关节及肌肉。

（二）常用艺术体操专项柔韧训练手段

常用艺术体操专项柔韧训练手段有：①“结环”（脊柱、腹直肌）；②“踹燕”（脊柱、腹直肌、大腿前群肌）；③纵（横）叉（大腿后群肌、内收肌）；④下腰（下背及腹部肌）；⑤握杆肩绕环（肩部）；⑥屈臂体侧拉（腹肌）；⑦跪地（脚及踝）；⑧俯身前压（小腿后群肌）；⑨高凳仰卧屈腿下拉（大腿前群肌）；⑩跪姿沉肩（胸肌）；⑪跪姿反手撑地后坐（屈腕肌）。

三、健美操运动员的柔韧训练

（一）健美操运动特点与专项柔韧训练

柔韧素质是健美操运动员必须具备的专项素质之一，特别是肩、胸、腰、腿的柔韧性关系到动作幅度、动作质量和舞姿造型的优美程度及表现力。因此，必须对健美操运动员进行系统的专项柔韧素质训练。竞技健美操规则规定必须完成特定动作，这些特定动作中就有高踢腿、高腾空大幅度的姿态跳，高质量地完成这类动作也对运动员的柔韧素质提出了很高的要求。

健美操运动员的柔韧训练应与专项充分结合。在静力牵拉及动力摆腿、踢腿练习后，可进行控腿练习。如在腿部牵拉后，将腿抬高45° 或135° ，保持10~30秒。健美操柔韧训练“套餐”包括：①5~10分钟热身；②静力牵拉3~5分钟；③动力摆动3~5分钟；④被动静力牵拉3~5分钟；⑤专项性动力摆动3~5分钟；⑥控腿1分钟；⑦局部放松。

健美操的主要拉伸部位有：肩部、胸肌、背阔肌及菱形肌、竖脊肌、股四头肌、胫骨前肌、臀大肌、股二头肌、腓肠肌、比目鱼肌、腹直肌等。

（二）常用健美操专项柔韧训练手段

常用健美操专项柔韧训练手段有：①手腕绕环；②肩绕环；③颈绕环；④手臂拉伸及旋内、旋外；⑤“甩腰”；⑥膝绕环；⑦“涮腰”；⑧弓箭步压脚趾（脚及踝关节）；⑨扶墙弓箭步前压（小腿后群肌）；⑩坐姿纵叉（大腿后群肌）；⑪坐姿分腿体前屈（大腿内收肌）；⑫高凳仰卧屈腿下拉（大腿前群肌）；⑬触膝弓箭步下沉（髋及臀部肌）；⑭下腰（下背及腹部肌）；⑮俯身肋木沉肩（上背部）；⑯肩肘倒立（颈部）；⑰扶墙上体前顶（胸肌）；⑱握杆肩绕环（肩部）；⑲跪姿撑地正手前倾（手臂及手腕）。

四、体育舞蹈运动员的柔韧训练

（一）体育舞蹈运动特点与专项柔韧训练

体育舞蹈分两大类：摩登舞和拉丁舞。摩登舞分华尔兹、探戈、狐步、快步及维也纳华尔兹（快三步）。拉丁舞分桑巴、恰恰、伦巴、斗牛及牛仔。每种舞姿对柔韧性都有专门要求。灵活、协调的舞姿建立在宽幅、舒展的动作基础上。

（二）常用体育舞蹈专项柔韧训练手段

常用体育舞蹈专项柔韧训练手段有：①手腕绕环；②肩绕环；③颈绕环；④手臂拉伸及旋内、旋外；⑤“甩腰”；⑥膝绕环；⑦“涮腰”；⑧弓箭步压脚趾（脚及踝关节）；⑨俯背倒“V”直膝（小腿后群肌）；⑩坐姿纵叉（大腿后群肌）；⑪“蛙爬式”（大腿内收肌）；⑫高凳仰卧屈腿下拉（大腿前群肌）；⑬坐姿屈腿后仰（大腿前群肌）；⑭下腰（下背及腹部肌）；⑮俯身肋木沉肩（上背部）；⑯俯身前顶（颈部）；⑰跪姿沉肩（胸肌）；⑱站姿背后掌合十（肩及手腕）；⑲站姿背后屈肘下拉（肱三头肌）。

第三节　田径运动员的柔韧训练

一、走、跑及跨栏运动员的柔韧训练

（一）竞走运动特点与专项柔韧训练手段

竞走规则规定，在竞走时前腿从触地瞬间至垂直部位应该伸直（膝关节不得弯曲）。这要求运动员每走一步，其摆动腿在前脚着地的瞬间必须伸直并且一直保持到支撑于身体重心投影线时止。为了达到这一规则要求，从柔韧角度来看，运动员必须具备大小腿后群肌良好的柔韧性。

由于竞走规则要求脚着地瞬间至垂直阶段应该伸直，膝关节就无法参与反作用力的产生，只能依靠踝关节及骨盆（髋关节）向前回旋来完成，髋关节在向前回旋时使腿部产生鞭打的扒地意识。此外，肩关节的柔韧性对于运动员摆臂动作的舒展有直接作用。

可见，竞走运动员髋部灵活性和腿部（尤其是后群）肌肉伸展性对步幅、步频有直接的影响。髋关节、臀部肌群、大小腿后群肌以及踝关节、肩关节的柔韧训练必须符合竞走项目技术要求与特点。

竞走运动员常用柔韧训练手段有：①坐姿搬脚趾（脚及踝关节）；②俯身单腿抬脚尖（小腿后群肌）；③坐姿“V”前压（小腿前群肌）；④坐姿（变式）体前屈（大腿后群肌）；⑤站姿分腿下沉（大腿内收肌）；⑥站姿屈腿脚背上提（大腿前群肌）；⑦坐姿屈腿（交叉）前倾（髋及臀部肌）；⑧站（坐）姿肩侧拉（肩部、上背部肌）；⑨跪姿沉肩（胸肌、上背肌）。

（二）短跑运动特点与专项柔韧训练手段

短跑是人体在最大跑速下完成的运动。短跑运动员下肢的柔韧性对提高步幅具有重要作用。研究表明，腾空阶段大腿间夹角增加5°～7°，步幅可以提高10~12厘米。因此，柔韧程度的好坏对动作幅度影响显著，是增加步长的重要途径。训练是最直接、最有效的途径，但是训练方法是否正确将决定训练结果与目标完成的程度。短跑运动员在力量训练中往往忽视薄弱肌群的训练。这些肌群主要有趾屈肌、躯干肌群、上肢肌群、大腿后群腘绳肌等。因此，柔韧与力量训练对于大腿后群肌等薄弱肌群的拉伸和强化具有防止运动损伤、提高动作幅度的作用。

短跑专项需要运动员具备良好的大腿前后肌群、髋关节周围肌群、小腿与踝关节肌群以及肩关节肌群等部位的柔韧性，以便在短跑运动中提高髋、膝、踝、肩关节的运动范围。

1. 高弓箭步压腿

牵拉目标：屈髋肌群、大腿内收肌、股四头肌等。

练习方法：距肋木一步距离，一腿直立支撑，一腿上举将脚置于比髋稍低的肋木上，双腿成高弓箭步姿势，上体直立，双手扶住肋木，髋部向前下方压（前顶），保持15~30秒，每侧各重复2~3组。如图6-3-1。

图6-3-1

备注：后腿不弯曲，上体直立稳定。

2. 连续轻杠铃弓箭步抓举

牵拉目标：屈髋肌群、大腿内收肌、股四头肌、胸大肌、三角肌前束、腹直肌等。

练习方法：双脚开立，双手宽握（略比肩宽）杠铃杆靠近身体，提踵、提肩，屈臂上提杠铃后身体下行成弓箭步，头上举成直臂支撑，后连续换腿进行，每侧做10~15次，重复2~3组。如图6-3-2、图6-3-3。

备注：双臂尽量向上伸展，后腿伸直。

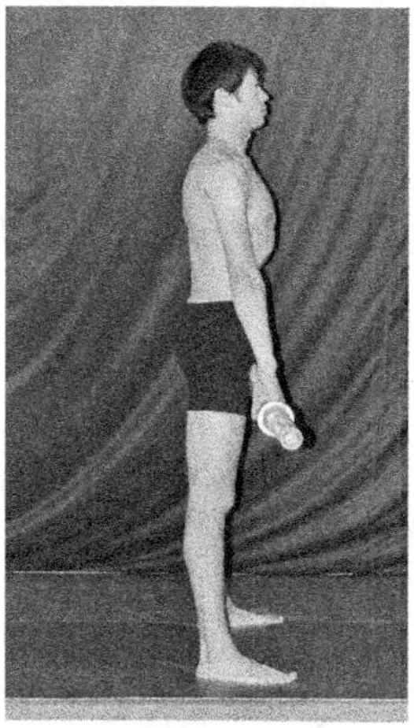

图6-3-2

图6-3-3

3. 体侧屈

牵拉目标：腹内外斜肌、背阔肌、前锯肌、肱三头肌。

练习方法：双脚开立，侧对肋木，上体侧屈，双手分别握住肋木，上体侧移使身体侧屈至最大程度，保持15~30秒，每侧各重复2~3组。如图6-3-4。

备注：双臂伸展，侧屈时头、躯干与下肢在同一平面内。

图6-3-4

4. 常用短跑专项柔韧训练手段

此外，常用短跑专项柔韧训练手段还有：①跪地（脚及脚踝）；②俯背倒“V”直膝（小腿后群肌）；③单腿坐姿体前屈（大腿后群肌）；④弓箭步下沉（大腿内收肌）；⑤高凳仰卧屈腿下拉（大腿前群肌）；⑥仰卧屈腿上抬（髋及臀部肌）；⑦跪姿背弓（腹肌）；⑧站（坐）姿肩侧拉（肩部、上背部肌）；⑨跪姿沉肩（胸肌、上背肌）。

（三）跨栏运动特点与专项柔韧训练手段

跨栏运动员应具备良好的髋部和躯干部以及下肢肌肉的柔韧性。从跨栏专项出发设计的训练手段围绕髋、膝、踝等重点关节和肌群展开。

跨栏步动作需要攻栏腿屈髋伸膝，起跨腿过栏时需要髋关节良好的柔韧性完成“侧平拉”动作。跨栏运动员的柔韧性不是静态的，而是动态的，不仅需要关节的灵活性，且要求在肌肉快速用力的条件下完成。

1. 栏侧正摆腿绕栏

牵拉目标：大腿内收肌、髂腰肌等。

练习方法：正对栏侧30~50厘米处站立，直腿连续左右绕栏，每侧腿做10~15次，每侧各重复2~3组。如图6–3–5至图6–3–7。

图6–3–5

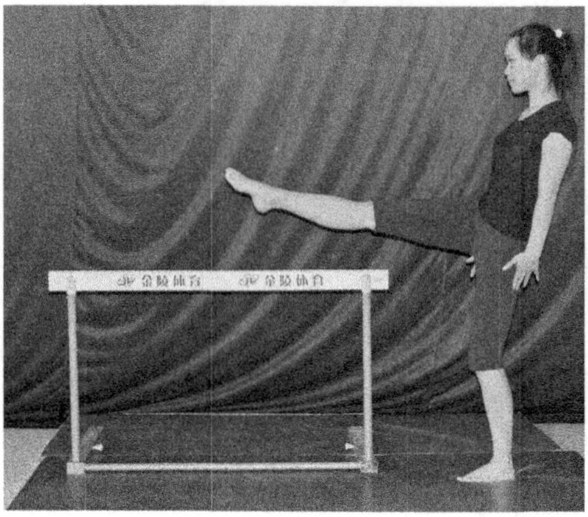

图6–3–6

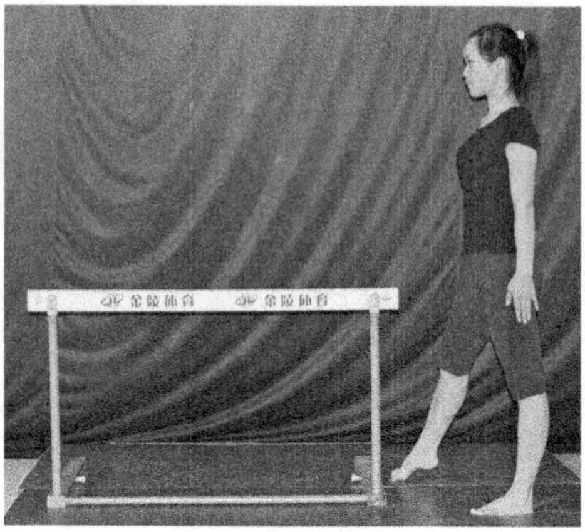

图6–3–7

备注：变化动作：行进间单腿单向或左右腿交换连续绕栏。

2. 俯卧“起跨过栏”

牵拉目标：大腿内收肌、髂腰肌等。

练习方法：俯卧支撑，躯干与头部成一平面，右腿模仿起跨过栏动作，屈腿体侧外展，与地面平行前拉，前脚掌撑地，每侧腿做10~15次，每侧各重复2~3组。如图6–3–8至图6–3–10。

备注：动作变化：对墙提拉起跨腿。

图6–3–8

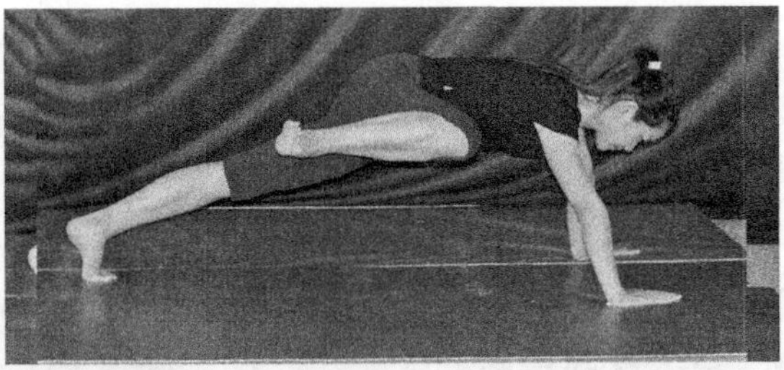

图6-3-9

图6-3-10

3. 行进间“走栏”

牵拉目标：大腿内收肌、股二头肌等。

练习方法：栏架高度适中，栏间距2~3米，走动中向前依次摆腿及起跨过栏，10~15个栏，重复2~3组。如图6-3-11至图6-3-13。

备注：上体保持直立，起跨腿达到“侧、平、拉”的标准。

图6-3-11

图6-3-12

图6-3-13

4. 垫步跳

牵拉目标： 大腿内收肌、股二头肌等。

练习方法： 双手叉腰或双臂自然上摆，单腿直膝支撑，另一条腿屈膝上摆，向前运动40~60米，重复2~3组。如图6-3-14。

备注： 变化动作：侧向垫步跳。

图6-3-14

5. 仰卧侧摆腿

牵拉目标： 大腿内收肌、髂腰肌、臀肌等。

练习方法： 仰卧双腿交替侧摆，上体姿势不变，摆动腿侧摆幅度接近最大，大腿与上体成90°，摆至触地后再摆回，双腿交替进行，每侧10~15次，重复2~3组。如图6-3-15、图6-3-16。

备注： 身体不能离开垫子。

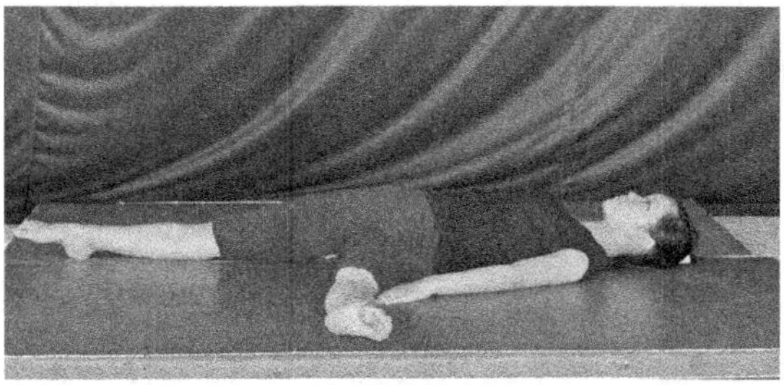

图6-3-15

图6-3-16

6. 常用跨栏专项柔韧训练手段

此外，常用跨栏专项柔韧训练手段还有：①站姿压脚趾（脚及踝）；②俯身前压（小腿后群肌）；③坐姿横叉（大腿内收肌）；④纵叉（大腿后群肌）；⑤仰卧屈腿助力下压（大腿前群肌）；⑥屈肘助力后拉（胸肌）；⑦站姿直臂下蹲（肩部肌群）；⑧握杠后屈体（背弓）（腹肌）；⑨头后仰（颈部）。

（四）中长跑运动特点与专项柔韧训练手段

中长跑是典型的周期性耐力项目，其能量代谢特点是有氧代谢、糖酵解和磷酸原（ATP-CP）三种供能系统兼有的混合代谢。代谢类型随着项目距离的增加，逐渐从以无氧代谢为主的混合代谢过程向以有氧代谢为主的混合代谢过程过渡。优秀的中长跑运动员既要有良好的耐力能力作基础，又要具备很高的速度水平。中长跑运动员的柔韧训练应在保证短跑运动员柔韧训练的基础上，进行重点肌群和躯干部位的柔韧发展。

常用中长跑专项柔韧训练手段有：①扶墙弓箭步前倾（跟腱、小腿后群肌）；②顶肩屈膝（背部）；③站姿体前屈（大腿后群肌）；④负重触膝弓箭步（大腿内收肌）；⑤跪地（脚及踝关节）；⑥站姿或侧卧屈腿拉伸（大腿前群肌）；⑦跪姿沉肩（肩、胸部）；⑧坐姿屈腿上抬（髋部）。

二、跳跃运动员的柔韧训练

跳跃运动包括跳高、跳远、三级跳远和撑竿跳高。这类运动员身材苗条，体型匀称，体重较轻，运动项目特点为克服体重的爆发性动作。项目不同，对于柔韧练习的要求也不尽相同。

（一）跳远、三级跳远运动特点与专项柔韧训练手段

跳远和三级跳远主要是跑、跳结合而成的项目。三级跳远由单足跳、跨步跳和跳跃组成。跳远和三级跳远是一个完整的统一体。因此，正确地完成跳远技术的各部分动作，以及实现各部分动作的有机结合是跳远技术的关键。二者相似之处在于对运动员下肢及全身爆发力、速度和灵活性具有很高的要求。跳远、三级跳远运动员柔韧训练的重点是发展下肢柔韧性，应做到“柔”和“韧”兼顾，使髋、膝、踝关节的活动幅度加大。

跳远、三级跳远对柔韧性要求高，基本的标准是在双手后背、脚跟不离地进行全蹲时，臀部应紧贴后脚跟而不后倒；在进行体前屈时能做到胸和大腿贴紧；大腿的活动幅度应能保证两臂侧平举长度的横叉与纵叉。具体柔韧训练手段如下。

1. 跳跃绕腿

牵拉目标： 大腿内收肌、髂腰肌等。

练习方法： 单腿支撑，直膝跳两次，另一条腿顺时针或逆时针在体前绕环，每侧腿做15~30次，各重复2~3组。如图6-3-17至图6-3-19。

备注： 上体保持直立，绕腿幅度大。

图6-3-17

图6-3-18

图6-3-19

2. 仰卧“高抬腿跑”

牵拉目标：大腿内收肌、臀肌等。

练习方法：仰卧，双手掌心向下平放于体侧，双腿交替进行高抬腿，大腿间夹角尽可能大，每侧各做15~30次，重复2~3组。如图6-3-20、图6-3-21。

备注：变化动作：可由仰卧变成肩倒立进行“车轮跑”。

图6-3-20

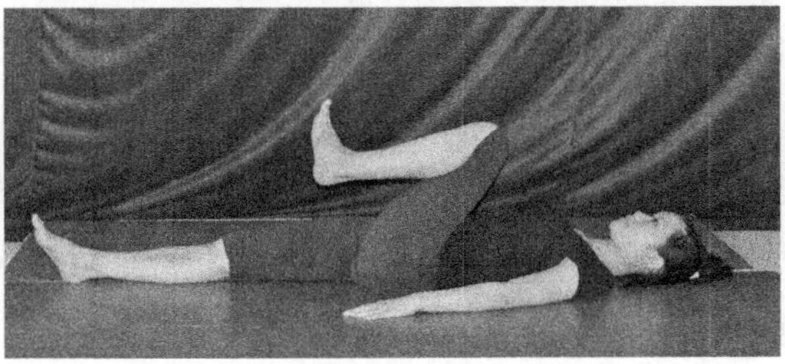

图6-3-21

3. 原地弓步剪绞跳

牵拉目标：大腿内收肌、髂腰肌等。

练习方法：弓步站立开始，起跳后两腿微屈膝在空中做前后方向的剪绞，上体保持正直，每侧腿做10~15次，各重复2~3组。如图6-3-22。

图6-3-22

4. 常用（三级）跳远专项柔韧训练手段

此外，常用（三级）跳远专项柔韧训练手段还有：①仰卧屈腿上抬（髋部及臀肌）；②站姿分腿下沉（内收肌）；③扶墙弓箭步前压（小腿后群肌）；④单腿坐姿体前屈（大腿后群肌）；⑤高凳仰卧屈腿下拉（大腿前群肌）；⑥顶肩屈膝（下背部）；⑦坐姿屈腿抱腿（上背部）；⑧坐姿头侧拉（颈部）；⑨跪姿沉肩（胸肌）；⑩上肢徒手或持轻器械向各个方向做摆、振、绕或绕环。

（二）跳高运动特点与专项柔韧训练手段

背越式跳高由有节奏的助跑、单脚起跳、腾空过杆与落地等动作组成。背越式跳高的柔韧性主要体现在髋关节部位韧带、肌腱、肌肉的伸展幅度和背部的弯曲度上，这是保证完成专项动作的基本前提。训练中，应把柔韧训练放在重要位置，每次训练课都应坚持柔韧练习。

背越式跳高过杆时的“桥”是由肩、（腰部）脊柱、髋等关节部位的柔韧性决定的。换句话说，跳高专项运动链上各关节及肌肉等组织的柔韧性共同决定了专项运动效果。同时，在完成跳高专项柔韧练习时，应加强快速蹬伸、摆动意识，培养动作的节奏，如腿、臂摆动练习和有杆、无杆的背弓练习等。

1. “涮腰”

牵拉目标：脊柱关节韧带及肌肉等。

练习方法：双脚左右开立比肩稍宽，两臂侧平举或微下放（体侧），从体前屈开始，从左到后到右再到前“涮”，再反方向做，分别重复10~15次，各重复2~3组。如图6-3-23至图6-3-26。

备注：以腰椎为轴大幅度绕环。

图6-3-23

图6-3-24

图6-3-25

图6-3-26

2. 常用跳高专项柔韧训练手段

此外，常用跳高专项柔韧训练手段还有：①跪地（脚及脚踝）；②俯背倒“V”直膝（小腿后群肌）；③仰卧举腿上拉（大腿后群肌）；④坐姿横叉（大腿内收肌）；⑤高凳仰卧屈腿下拉（大腿前群肌）；⑥下腰（背肌）；⑦背向肋木拉肩（肩部及胸肌）；⑧原地（负重）转髋（下背及腹肌）；⑨头后仰（颈部）；⑩站姿搬掌（手腕）。

（三）撑竿跳高运动特点与专项柔韧训练手段

撑竿跳高是一项技术复杂的田径运动项目。撑竿跳高运动员通过大量的体操和技巧练习，可获得高度发达的一般或专项协调能力。某些体操动作不仅能发展撑竿跳高专项所需要的灵巧、协调性和柔韧性，而且还具有和专项技术相似的动作结构。可以说，撑竿跳高是空中体操。可见，协调、柔韧能力是撑竿跳高运动员素质中的灵魂，是掌握技术、提高成绩、防止受伤的有效手段。因此，必须把协调、柔韧能力训练贯穿于整个训练过程。体操运动员的常规柔韧训练手段同样适用于撑竿跳高运动员。

根据撑竿跳高的特点，运动员应着重发展肩、腕、腰、髋关节等部位的柔韧性。腿部柔韧训练主要发展腿部前、侧、后群肌的伸展性和髋、踝关节的灵活性。撑竿跳高运动员应经常采用前、侧、后等不同方向的压、扳、踢、控、劈腿等练习动作。

常用撑竿跳高专项柔韧训练手段有：①跪地（脚及脚踝）；②俯背倒“V”直膝（小腿后群肌）；③仰卧举腿上拉（大腿后群肌）；④坐姿横叉（大腿内收肌）；⑤高凳仰卧屈腿下拉（大腿前群肌）；⑥下腰（背肌）；⑦背向肋木拉肩（肩部及胸肌）；⑧“涮腰”（脊柱及腰腹肌）；⑨头后仰（颈部）；⑩站姿扳掌（手腕）。

三、投掷运动员的柔韧训练

（一）掷标枪运动特点与专项柔韧训练手段

从生物力学角度看，掷标枪动作人体各环节依次发力→制动→传递→高速的特点尤为突出。掷标枪技术水平的提高对运动员柔韧性提出了非常高的要求，尤其是肩带、躯干、髋关节的柔韧性。掷标枪的技术发展趋势之一是更加注重运动员专项身体素质的提高，要求运动员不仅具有良好的速度和力量素质，还应具备高度的灵敏性、柔韧性和协调性，真正向“全面型”方向发展，为改进和完善掷标枪技术动作创造条件。

1. 前后直臂绕环

牵拉目标：肩带肌群等。

练习方法：手持标枪做双臂向前或向后绕环练习。一个方向做10~15次，重复2~3组。如图6-3-27至图6-3-29。

备注：根据实际能力加大或缩短两手间的距离。

图6-3-27

图6-3-28

图6-3-29

2. 悬垂转肩

牵拉目标：肩带肌群等。

练习方法：双手（正）握单杠或吊环，握距与肩同宽，身体自然下垂，随后双腿上举越过头顶并向后，由双臂间逐渐下落至最大限度，保持15~30秒，重复2~3组。如图6-3-30。

备注：可根据实际能力缩短握距。

图6-3-30

3. “满弓”练习

牵拉目标：肩带肌群等。

练习方法：手持标枪，标枪与墙斜向支撑，做出“满弓”动作，保持15~30秒，重复2~3组。如图6-3-31。

备注：动作变化一：标枪放于体后做“满弓”；动作变化二：队友体后助力做“满弓”；动作变化三：仰卧鞍马上，持枪做“满弓”。

图6-3-31

4. 常用掷标枪专项柔韧训练手段

此外，常用掷标枪专项柔韧训练手段还有：①弓箭步顶肩（肩部）；②站姿背后肩外旋（肩部）；③跪姿沉肩（胸肌）；④仰卧飞鸟（胸肌）；⑤弓箭步压脚趾（脚及踝）；⑥俯身腿交叉下压（小腿后群肌）；⑦“蛙爬式”（大腿内收肌）；⑧坐姿纵（横）叉（大腿后群肌）；⑨站姿直腿交叉俯背下压（髋及臀部）；⑩原地（负重）转髋（下背及腹肌）；⑪坐姿屈腿抱腿（上背部）；⑫头前探（颈部）。

（二）推铅球运动特点与专项柔韧训练手段

推铅球是由运动员单手持球于肩颈之间，通过滑步或旋转将球从肩上推出，并使球落在40° 的扇形投掷区内。铅球对增强体质，特别是发展躯干和上下肢力量有显著的作用。铅球项目对运动员躯干柔韧性要求较高。经常会遇到运动员躯干力量大，但柔韧性差，技术动作幅度受限的问题，而且躯干柔韧性直接影响动作的协调性。

推铅球运动员常用柔韧训练手段有：①俯身肋木沉肩（上背部）；②坐（椅子）姿体前屈（下背部）；③弓箭步顶肩（肩部）；④跪姿屈腿后仰（大腿前群肌）；⑤单腿坐姿体前屈（大腿后群肌）；⑥跪姿沉肩（胸肌）；⑦跪姿按压脚背（脚及踝关节）；⑧坐姿头侧拉（颈部）。

（三）掷铁饼、掷链球运动特点与专项柔韧训练手段

大幅度、大半径和低姿势是优秀掷铁饼运动员的突出特点，这需要运动员具备较高水平的专项柔韧性。肩关节（肩带肌群）、髋关节、臀部肌群以及手臂、踝关节的柔韧性对掷铁饼运动员具有特殊的意义。

掷链球运动员经过预摆和3~4圈连续加速旋转及最后用力后将链球掷出。链球完整技术动作中，预摆、旋转和最后用力需要运动员具有高水平的力量、速度和平衡及稳定性。而柔韧能力在其中起着增加动作幅度、促进加速以及预防损伤的作用，对运动员髋关节、脊柱、肩关节、踝关节等的活动幅度

以及躯干、上下肢主要肌群的伸展性具有重要意义。具体柔韧训练手段有：

1. 站姿转体

牵拉目标： 肩带肌群等。

练习方法： 肩负标枪，左右、上下转体。上下转体时，标枪触及脚尖或地面，一个方向做15~30次，各重复2~3组。如图6–3–32、图6–3–33。

备注： 上体在旋转中保持背部收紧。

图6–3–32

图6–3–33

2. 助力体转

牵拉目标： 肩带肌群、脊柱、腹部肌群等。

练习方法： 体前屈，背部平直，与地面平行，转体，双臂上下处于一条直线上，同伴双手分别握住运动员左右臂，用力进一步转体，保持15~30秒，每侧各重复2~3组。如图6–3–34。

备注： 可根据实际能力增加助力。

图6–3–34

3. 俯卧屈腿左右摆

牵拉目标：臀肌、股四头肌、髂腰肌等。

练习方法：仰卧双手体侧伸直平放，右腿屈膝至最大，向右摆动至最大，随后向左摆动至最大。每侧腿做10~15次，各重复2~3组。如图6-3-35、图6-3-36。

备注：背部贴紧地面。

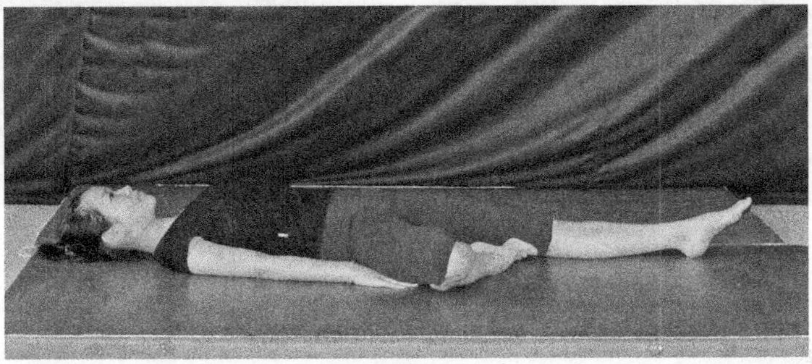

图6-3-35

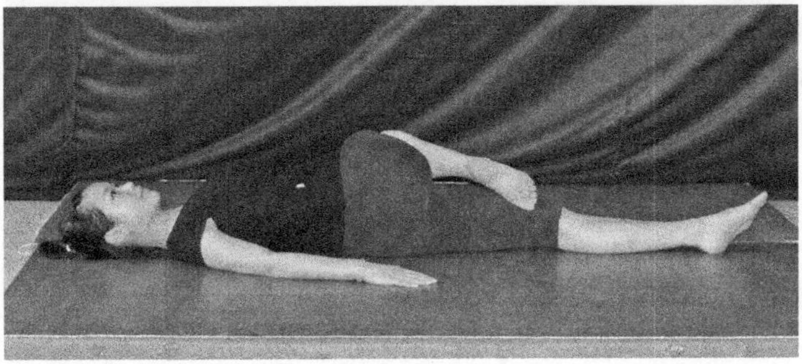

图6-3-36

4. 转体跨步跳

牵拉目标：腹部肌肉、大腿前后肌群、髋关节等。

练习方法：跨步跳过程中，上体向前腿方向转体，双手叉腰随身体转动（上体处于扭转状态）。向前跳跃行进距离50~60米，重复2~3组。如

图6-3-37、图6-3-38。

备注：上体保持直立。

图6-3-37

图6-3-38

5. 常用铁饼、链球专项柔韧训练手段

此外，常用铁饼、链球专项柔韧训练手段还有：①背桥（腹肌）；②体前屈压肩（胸肌及上背肌）；③持杆（标）枪前后转肩；④俯身体前屈（大腿前后群肌）；⑤负重触膝弓箭步（内收肌）。

第四节　游泳、跳水运动员的柔韧训练

一、游泳、跳水运动特点与主要专项柔韧训练

游泳项目包括不同的泳姿，有自由泳、蛙泳、仰泳、蝶泳及（或）混合泳。当代游泳运动中，如何挖掘、发展、利用身体的柔韧性是游泳技术发展的趋势。游泳运动员柔韧训练以上肢肩带、下肢内收肌、大腿前后肌群、小腿及踝关节的牵拉为主。颈部、胸部、躯干、背部肌群的牵拉发挥

辅助作用。3米板和10米台跳水运动员团身对背部肌肉柔韧性与起跳双手上举时肩部、手臂、背部及下肢肌群（尤其是腿部后群肌）柔韧性有更高的要求。

具体柔韧训练手段有：手腕绕环、肩绕环、颈绕环、手臂拉伸及旋内、旋外、“甩腰”（腰绕环）、膝绕环、“涮腰”、大腿前后群肌肉拉伸、髋及臀部肌肉拉伸、膝及踝关节绕环及肌肉拉伸等。

二、常用游泳、跳水专项柔韧训练手段

此外，常用游泳、跳水专项柔韧训练手段有：①跪姿按压脚背（脚及踝关节）；②俯背倒“V”直膝（小腿后群肌）；③站姿沉踵（小腿后群肌）；④站姿体前屈（大腿后群肌）；⑤单腿坐姿体前屈（大腿后群肌）；⑥坐姿分腿体前屈（大腿内收肌）；⑦高凳仰卧屈腿下拉（大腿前群肌）；⑧跪姿屈腿后仰（大腿前群肌）；⑨坐姿屈腿转体（髋及臀部）；⑩坐姿屈腿抱腿（上背部）；⑪跪姿弓腰（下背部）；⑫坐姿头侧拉（颈部）；⑬俯身前顶（颈部）；⑭跪姿沉肩（胸肌）；⑮握杆肩绕环（肩部）；⑯站（坐）姿肩侧拉（肩部）。

第五节　自行车运动员的柔韧训练

一、自行车运动特点与主要专项柔韧训练

进行自行车运动时，手臂和躯干多为静力性工作，两腿多为动力性工作，心率变化随踏蹬动作的速度和地势的起伏有所不同。自行车运动员下肢柔韧训练是专项柔韧的重点。自行车运动以下肢肌肉做功和躯干肌群稳固为主要特点。大腿后群肌的牵拉在下肢柔韧训练中占有突出的比重，有颈、肩、腰、髋、膝、踝关节的绕环、内收、外展，以及下肢与躯干部肌群静力、慢速、“PNF”拉伸等。

二、常用自行车专项柔韧训练手段

常用自行车专项柔韧训练手段有：①跪姿按压脚背（脚及踝关节）；②扶墙弓箭步前压（小腿后群肌）；③单腿坐姿体前屈（大腿后群肌）；④坐姿分腿体前屈（大腿内收肌）；⑤高凳仰卧屈腿下拉（大腿前群肌）；⑥坐姿屈腿转体（髋及臀部）；⑦顶肩屈膝（下背部）；⑧坐姿屈腿抱腿（上背部）；⑨坐姿头侧拉（颈部）；⑩跪姿沉肩（胸肌）；⑪站（坐）姿肩侧拉（肩部）；⑫跪姿撑地正手前倾（手臂及手腕）。

第六节　射击、射箭运动员的柔韧训练

一、射击、射箭运动特点与主要专项柔韧训练

射击、射箭是在静态工作条件下，技心能和技体能的综合发挥的运动项目，稳定的身体姿势和充分的伸展幅度是优异成绩的保证。射击、射箭运动员的柔韧性对于技术水平的发挥有着重要作用。射击、射箭运动员柔韧训练突出躯干稳定肌、下肢支撑肌、上肢稳定肌的重点性牵拉。射击分为卧射、多项飞碟、漫射、25米气步枪、50米气步枪、气手枪速射等项目。躯干部位肌肉的牵拉可以预防肌肉僵硬、抽筋和过早疲劳。对于俯卧姿射击，上肢支撑肌肉的牵拉也可以有效预防肌肉紧张以及手指、手腕肌肉的弹性、灵敏性下降。

射箭运动员柔韧训练突出拉弓时上肢、躯干部及下肢参与肌肉的牵拉。肩部、背部、胸部、腹部、手臂以及下肢大小腿前后群肌肉的针对性牵拉可以保证运动员动作的稳定发挥。柔韧训练包括对脚踝、跟腱、小腿、大腿后群、大腿内收肌、大腿前群肌、髋关节、臀部、腰、上背、颈、胸部、肩、手臂、手腕等关节、肌群的拉伸。

二、常用射击、射箭专项柔韧训练手段

常用射击、射箭专项柔韧训练手段有：①坐姿搬脚背（脚及踝关节）；②坐姿箭步触脚尖（小腿后群肌）；③仰卧举腿上拉（大腿后群肌）；④仰卧直腿转髋（髋及臀部）；⑤坐（椅子）姿体前屈（下背部）；⑥坐姿屈腿抱腿（上背部）；⑦屈腿仰卧起（颈部）；⑧扶墙上体前顶（胸肌）；⑨站姿直臂下蹲（肩部）；⑩站姿背后屈肘下拉（肱三头肌）。

第七节　滑冰运动员的柔韧训练

一、滑冰运动特点与主要专项柔韧训练

滑冰运动包括速度滑冰、花样滑冰等。滑冰运动不仅能够增强人体的平衡能力、协调能力以及身体的柔韧性，同时还可增强人的心肺功能。速度滑冰是通过两腿轮流蹬冰、收腿、下刀、滑进及与全身协调配合而形成的周期性动作来获得滑行的最快速度。滑冰运动员柔韧训练以肩带、手臂、下肢、踝关节柔韧训练为主。柔韧训练包括肩、腰、膝、踝及手腕关节的大幅度绕环、内收、外展等活动，以及上肢、躯干及下肢各大肌群的静力性拉伸与“PNF”拉伸等。

二、常用滑冰专项柔韧训练手段

常用滑冰专项柔韧训练手段有：①坐姿搬脚背（脚及踝关节）；②俯背单腿抬脚尖（小腿后群肌）；③单腿坐姿体前屈（大腿后群肌）；④弓箭步下沉（大腿内收肌）；⑤跪姿屈腿后仰（大腿前群肌）；⑥仰卧盘腿上抬（髋及臀部）；⑦跪姿弓腰（下背部）；⑧坐姿屈腿抱腿（上背部）；⑨坐姿头侧拉（颈部）；⑩跪姿沉肩（胸肌）；⑪站姿直臂交叉后引（肩部）；⑫站姿背后屈肘下拉（肱三头肌）。

第八节　武术、搏击运动员的柔韧训练

一、武术运动员的柔韧训练

武术运动以套路为主，套路中涉及踢、摆、转、旋子、纵横叉等动作及组合。这些动作的完成质量与关节和肌肉的柔韧性或灵活性有着密切的联系。武术运动员应主要发展肩、腰、腿、腕、踝关节的柔韧性。

武术运动员柔韧训练以专项或专门性练习为主，突出动作要素，如踢腿、摆腿、撩腿动作。腿部柔韧是武术运动员柔韧训练的重点，其次是躯干部和上肢、头颈部的柔韧训练。

对柔韧性较差的运动员可以采用渐进式的训练方式，以静力性压腿、耗腿、搬腿等为主，通过静力牵拉提高肌肉、韧带、肌腱的伸展性，再通过动力性专门练习提高关节的灵活性。

对柔韧性较好的运动员，可采用以动力性为主、静力性为辅的训练安排，在训练中增加速度性练习比重，如可采用在腿上绑沙袋的方式，增加摆动惯量，提高摆动速度和强度。

1．搬腿

牵拉目标：股后肌群。

练习方法：站姿，单腿直膝上举，两手抓住脚踝抬起靠近头部，另一条腿直膝站立支撑，保持15~30秒，每侧各重复2~3组。如图6-8-1。

备注：支撑腿和上举腿伸直。

图6-8-1

2. 扑步

牵拉目标： 踝关节及大腿内收肌群。

练习方法： 成侧压腿姿势，左腿屈膝，右腿直膝，左右脚在同一条直线上，右手靠近右脚脚踝，右脚脚掌触地，上体向右侧倾斜至最大程度，保持15~30秒，每侧各重复2~3组。如图6-8-2。

备注： 身体在同一平面内。

图6-8-2

图6-8-3

3. 勾手

牵拉目标： 手指关节、屈腕肌。

练习方法： 站姿，双手成勾拳翻掌状，双臂伸直，成弓箭步，保持15~30秒，每侧各重复2~3组。如图6-8-3。

备注： 增加强度，可将手背靠住墙面，用力向内扣腕。

4. 常用武术专项柔韧训练手段

此外，常用武术专项柔韧训练手段还有：①弓箭步压脚趾（脚及踝关节）；②扶墙弓箭步前压（小腿后群肌）；③坐姿纵叉（大腿后群肌）；④坐姿分腿体前屈（大腿内收肌）；⑤高凳仰卧屈腿下拉（大腿前群肌）；⑥触膝弓箭步下沉（髋及臀部肌）；⑦下腰（下背及腹部肌）；⑧俯身肋木沉肩（上背部）；⑨肩肘倒立（颈部）；⑩扶墙上体前顶（胸肌）；⑪握杆肩绕环（肩部）；⑫跪姿撑地正手前倾（手臂及手腕）。

二、散打运动员的柔韧训练

（一）散打运动特点与主要专项柔韧训练

散打也称散手，是中国武术一个主要的表现形式，以踢、打、摔、拿四大技法为主要进攻手段。另外，还有防守、步法等技术。散打也是现代体育运动项目，双方按照规则，利用踢、打、摔等攻防战术进行徒手搏击、对抗。腿部柔韧性训练可使腿部韧带、肌腱肌肉有很强的伸展性，同时也能增加髋、膝、踝关节的活动范围；实战中如能使腿法灵活多变，则可扩大攻击范围，充分展现腿击的威力。

柔韧训练主要有压腿（正压腿、侧压腿、后压腿、仆步压腿）、劈腿（横劈腿、纵劈腿）、耗腿（正耗腿、侧耗腿、吻靴）、踢腿（正踢腿、斜踢腿、侧踢腿、里合腿、外摆腿）及搬腿（正搬腿、侧搬腿、后搬腿）、吊腿（正吊腿、侧吊腿）等。

（二）常用散打专项柔韧训练手段

此外，常用散打专项柔韧训练手段还有：①跪姿按压脚背（脚及踝关节）；②俯背倒“V”直膝（小腿后群肌）；③坐姿纵叉（大腿后群肌）；④坐姿屈腿转体（髋及臀部）；⑤下腰（下背及腹部肌）；⑥俯身肋木沉肩（上背部）；⑦俯身前顶（颈部）；⑧扶墙上体前顶（胸肌）；⑨站姿直臂下蹲（肩部）；⑩站姿背后屈肘下拉（肱三头肌）。

三、拳击运动员的柔韧训练

（一）拳击运动特点与主要专项柔韧训练

拳击运动是两人在正方形的绳围场地中戴着特制的柔软手套，按一定的规则和技术要求，进行攻防对抗的比赛。拳击运动要求运动员具有力量、耐力、速度、灵活、凶猛、协调、果断和勇敢等素质。

通过柔韧训练，可以增强运动员韧带和肌肉的伸展能力，加大关节活动范围，增强身体的柔韧性。良好的柔韧性是正确掌握动作要领和达到动作要求的重要条件。拳击运动员尤其需要有较好的肩、髋关节的柔韧性，如果肩、髋关节的柔韧性好、灵活性强，就能从不同角度用更大的力量去击打对方。若脊柱的柔韧性好，则有助于提高发力效果，头部的柔韧性和灵活性有利于躲闪。拳击柔韧训练主要有横叉、纵叉、压腿、正踢腿、侧踢腿等。

（二）常用拳击专项柔韧训练手段

此外，常用拳击专项柔韧训练手段还有：①跪姿按压脚背（脚及踝关节）；②扶墙弓箭步前压（小腿后群肌）；③仰卧举腿下压（大腿后群肌）；④仰卧屈腿外展（大腿内收肌）；⑤触膝弓箭步下压（髋及臀部）；⑥头绕环（颈部）；⑦跪姿弓腰（下背部）；⑧坐姿屈腿抱腿（上背部）；⑨单侧拉肩（胸肌）；⑩弓箭步顶肩（肩部）；⑪站姿搬掌（手臂）。

四、跆拳道运动员的柔韧训练

（一）跆拳道运动特点与主要专项柔韧训练

跆拳道起源于韩国，如今世界普及，是以下肢腿法为主攻击对手，得点获胜的运动项目。跆拳道运动以踢法为主，对腿部和腰髋的柔韧性有极高的要求。跆拳道运动员主要柔韧训练有横叉、纵叉、正踢腿、侧踢腿及各方向压腿、各关节（主要是腰、膝、踝）绕环等。

（二）常用跆拳道专项柔韧训练手段

此外，常用跆拳道专项柔韧训练手段还有：①跪姿按压脚背（脚及踝关节）；②屈腿仰卧起（颈部）；③仰卧直腿脚尖下拉（小腿后群肌）；④坐姿纵叉（大腿后群肌）；⑤弓箭步下沉（大腿内收肌）；⑥单臂体前侧拉（上背部）；⑦坐（椅子）姿体前屈（下背部）；⑧扶墙上体前顶（胸肌）；⑨体后直臂上抬（肩部）；⑩站姿背后屈肘下拉（肱三头肌）。

第九节　健美运动员的柔韧训练

一、健美运动特点与专项柔韧训练

健美运动员肌肉发达，肢体肌肉维度明显大于其他项目运动员。硕大的肢体会阻碍发展柔韧性，而且巨大的肌肉块会影响关节的伸展性。因此，人们往往会有健美运动员柔韧性差的印象。

其实，健美运动对柔韧性的要求和重视程度非常高。韦德健美法明确了柔韧对发展肌肉外形、预防运动损伤的重要性。训练前的柔韧练习主要是为了热身、舒展肢体、预防受伤。训练中，每组之间的柔韧练习主要是拉伸受训肌肉（群），健美是肌肉克服高强度阻力的收缩过程，在这一过程中，肌肉强力收缩，会造成肌肉中结缔组织和超微结构的粘连与重合，如果得不到有效的放松和牵拉，时间长了会影响肌肉的外形，同时会由于肌肉柔韧性减弱增加受伤的可能。全幅度的健美力量训练在发展肌力和增肌的同时，也可以有效增加肌肉的伸展性。

二、常用健美专项柔韧训练手段

常用健美专项柔韧训练手段有：①头后仰（颈部）；②俯背倒“V”直膝（小腿后群肌）；③站姿屈腿脚背上提（大腿前群肌）；④分腿坐姿体前屈（大腿内收肌）；⑤握杆肩绕环（肩部）；⑥俯身肋木沉肩（上背部）；⑦坐（椅子）姿体前屈（下背部）；⑧扶墙上体前顶（胸肌）；⑨站姿背后屈肘下拉（肱三头肌）；⑩跪姿撑地正手前倾（手臂及手腕）。

第十节　登山、攀岩运动员的柔韧训练

一、登山、攀岩运动特点与主要专项柔韧训练

登山是运动员徒手或使用专门装备攀登各种不同地形的山峰或山岭的运动。专业登山可分为金字塔形兵站式登山、阿尔卑斯式登山和技术登山等。登山过程中，运动员会遇到上坡、下坡、迂回等复杂的路线，身体姿势也不断发生改变和调整。因此，身体各关节的灵活性和各部位肌肉的伸展性显得格外重要。

攀岩是从登山运动中衍生出来的竞技运动项目。攀登对象主要是岩石峭壁或人造岩墙。攀登时不用工具，仅靠手脚和身体的平衡向上运动，手和手臂要根据支点的不同，采用各种用力方法，如抓、握、挂、抠、撑、推、压等。攀岩运动员应具有良好的柔韧性、节奏感及攀岩技巧，这样才能娴熟地在不同高度、不同角度的陡峭岩壁上轻松、准确地完成身体的腾挪、转体、跳跃、引体等惊险动作，给人以优美、流畅、刺激、力量的感受。登山、攀岩运动员要充分表现灵敏素质，还需要相当的力量、心肺功能及柔韧性作保证。通过训练，柔韧性和协调性的改善可增加动作幅度。

二、常用登山、攀岩专项柔韧训练手段

常用登山、攀岩专项柔韧训练手段有：①跪姿按压脚背（脚及踝关节）；②俯背单腿抬脚尖（小腿后群肌）；③仰卧举腿下压（大腿后群肌）；④仰卧屈腿外展（大腿内收肌）；⑤单臂体前侧拉（上背部）；⑥跪姿沉肩（上背、胸部）；⑦坐姿后仰（胸部）；⑧体后直臂上抬（肩部）；⑨站姿背后屈肘下拉（肱三头肌）；⑩跪姿撑地正手前倾（手臂及手腕）。

本章小结

第一，运动项目不同，对柔韧性的要求也有差异。大多数运动项目的柔韧训练应遵循适度、长期、渐进、多元、针对的原则。有些项目对柔韧性要求高，柔韧训练的方法、手段以及强度、标准相对更高。

第二，柔韧训练对任何一项运动都必不可少。项目不同，柔韧训练所占比重各异，但都应从一般到专门、从易到难、从一节训练课到全年（大周期）进行系统训练。

第三，柔韧训练手段不仅要多样化，同时要充分考虑专项特点，包括主动肌群、单（多）关节活动幅度及顺序、对抗肌及稳定肌群等因素，做到既全面又突出专项。

参考文献

[1] 奥特. 牵伸训练［M］. 刘卫军，袁守龙，译. 北京：北京体育大学出版社，2007：121−238.

[2] 阿诺德·G.纳尔逊，尤卡·科科宁. 牵伸解剖指南［M］. 刘润芝，译. 北京：北京体育大学出版社，2008.

[3] 罗伯特·E.麦卡蒂，杰夫·沙兰德. 易化牵伸术——简便易学的PNF牵伸及力量训练［M］. 矫伟，译. 北京：人民体育出版社，2010：8−10.

[4] 陈方灿. 运动拉伸实用手册［M］. 北京：北京体育大学出版社，2008：135−143.

[5] 张佩文，王安利. 运动牵拉图解［M］. 北京：北京体育大学出版社，2008.

[6] 莱斯利·卡米诺夫. 瑜伽解剖学［M］. 王启荣，刘烨，译. 北京：人民体育出版社，2009：1−34.

[7] 金季春. 运动生物力学高级教程［M］. 北京：北京体育大学出版社，2007：212−229.

[8] 王金灿. 运动选材学［M］. 北京：人民体育出版社，2009：176−180.

[9] 田麦久. 论运动训练计划［M］. 北京：北京体育大学出版社，1999.

[10] 徐本力. 运动训练学［M］. 北京：人民体育出版社，1999：193.

[11] 杨亚琴. 素质练习［M］. 北京：东方出版社，1999：90−114.

[12] 南仲喜，王林. 身体素质训练指导全书［M］. 北京：北京体育大学出版社，2002.

[13] 丽希·内伯伦特. 10类美体塑身书［M］. 马睿，译. 北京：中国友谊出版公司，2003：238−259.

[14] 田麦久. 运动训练学词解［M］. 北京体育大学运动学教研室专业课参考

教材，2002：44.

[15] 徐本力. 运动训练学 [M]. 北京：人民体育出版社，1999：304-310.

[16] 解放军体育学院军体理论研究所. 美国陆军体育训练 [M]. 北京：军事谊文出版社，2000：110-134.

[17] 全美篮球体能教练员协会. NBA体能训练 [M]. 孙欢，译. 北京：人民体育出版社，2004：4-32.

[18] 樱井静香. 随时随地舒展瘦身操 [M]. 尤维芬，译. 杭州：浙江科学技术出版社，2005：3-4.

[19] 龚明波，李仕美，震宇. 健美完全手册 [M]. 北京：北京体育大学出版社，2006：4-20.

[20] 娄琢玉. 娄琢玉健美世界 [M]. 上海：世界图书出版公司，2001：240-242.

[21] 王保成，王川. 球类运动员体能训练理论与方法 [M]. 北京：北京体育大学出版社，2005：38-41.

[22] 比尔·弗兰，罗宾·庞德. 篮球体能训练 [M]. 张莉清，译. 北京：人民体育出版社，2009：25-39.

[23] 葛春林. 最新排球训练理论与实践 [M]. 北京：北京体育大学出版社，2003：110-111.

[24] 周海雄，郑建岳，许强. 网球运动员体能与心理训练手册 [M]. 北京：人民体育出版社，2009：97-121.

[25] 张英波. 现代田径运动训练方法 [M]. 北京：北京体育大学出版社，2006：83-119.

[26] 王琳，牟少华. 竞走运动及竞走运动员训练 [M]. 北京：民族出版社，2005：18-39.

[27] 李山. 健身跑实用指南 [M]. 北京：人民体育出版社，2008：170-175.

[28] 于鸿森. 中长跑现代技术训练与健身 [M]. 北京：北京体育大学出版社，2003：59-60.

[29] 李晓东，谭智平. 现代中长跑运动科学训练方法 [M]. 长沙：湖南人民出版社，2008：29-32.

[30] 王港，徐向军. 跨栏 [M]. 北京：人民体育出版社，1997：39.

[31] 袁运平，王保成. 短跑 [M]. 北京：人民体育出版社，1997：67.
[32] 宫下宪，李鸿江. 跨栏 [M]. 北京：人民体育出版社，2001：23.
[33] 夏伟恩，吕红，杨洁. 马拉松运动 [M]. 北京：中国田径运动协会，1998：187-190.
[34] 和平，王健，孟凡林. 三级跳远训练理论与实践研究 [M]. 天津：天津科学技术出版社，1999：53-58.
[35] 邹纯学. 背越式跳高教学与训练 [M]. 长沙：湖南大学出版社，2007：131-136.
[36] 孙守正，徐良彦. 跳高 [M]. 北京：人民体育出版社，1997：72.
[37] 席凯强，李昕. 标枪 [M]. 北京：人民体育出版社，1997：43.
[38] 张英波，张景龙. 铁饼 [M]. 北京：人民体育出版社，1997：52-53，60-63，71.
[39] 全国体育学院教材委员会审定. 体操 [M]. 北京：人民体育出版社，1991：181-185.
[40] 董进霞，何俊. 现代体操运动训练方法 [M]. 北京：北京体育大学出版社，2005：196-200.
[41] 童昭岗. 体操 [M]. 北京：高等教育出版社，2005：199-202.
[42] 王洪. 竞技健美操训练方法 [M]. 北京：人民体育出版社，2009：361-367.
[43] 全国体育学院教材委员会审定. 艺术体操 [M]. 北京：人民体育出版社，1991：107-110，243-254.
[44] 缑小燕. 艺术体操运动教程 [M]. 北京：北京体育大学出版社，2007：15-42.
[45] 山崎浩子，王其明. 艺术体操塑身法 [M]. 福州：福建科学技术出版社，2004：56-61.
[46] National Basketball Conditioning Coaches Association. NBA Power Conditioning [M]. Champaign：Human Kinetics，1997：4-32.
[47] Thomas R. Baechle. Essentials of Strength Training and Conditioning [M]. Champaign：Human Kinetics，1994：289-313.

[48] Michel J. Alter. Sport Stretch（2nd）[M]. Champaign：Human Kinetics，1998：1−221.

[49] Michel J. Alter. Science of Stretching [M]. Champaign：Human Kinetics，2006：34−37.

[50] Mark H. Anshel. Dictionary of the Sport and Exercise Sciences [M]. Champaign：Human Kinetics，1991：60.

[51] Jay Blahnik. Full−Body Flexibility [M]. Champaign：Human Kinetics，2008：13−27.

[52] Joe Weider，Bill Reynolds. Joe Weider's Ultimate Bodybuilding [M]. New York：Mc Graw Hill，1989：28−37.

后　记

柔韧训练实践的理论化、系统化是近些年的事。部分研究成果来自国外，真正意义上的“本土化”的论著还不多见。在国内，柔韧训练多数以章节的形式散落在各类运动训练、项目训练等著作、教材中，单独将柔韧训练系统化进行研究的专著很大程度上还不健全。

从理论上，如何设计柔韧训练计划、如何区别各种训练方法优劣、怎样结合各专项针对训练、如何处理柔韧与其他训练内容的关系等问题还没有得到很好的解决。

本书的编写在考虑上述问题的同时，兼顾运动训练、健身、体育教学实际需要，并在学术性、理论化与实用性、普适化之间做出协调和权衡，保证了本书的可读、可信与可用。在编写过程中，参考了不少国内外学者相关学术资料，他们的研究成果丰富了本书的内容，并为篇章布局、结构设计提供了有益的启示，在此深表敬意。

家人的理解和鼓励为笔者完成本书提供了巨大的精神动力。感谢南仲喜教授对本书提出的宝贵意见和建议，感谢李阳、陶蕙萱、赵玉龙担任本书模特，感谢李明老师协助拍摄。